JIAONI QINGSONGKAN TUZHI

张海鹰 主编

教你轻松看图纸

建筑结构施工图

中国电力出版社
CHINA ELECTRIC POWER PRESS

内 容 提 要

　　本书主要讲述了建筑结构的图纸识读，全书共分为三章，第一章建筑结构施工图基础知识，介绍了建筑结构施工图的内容和规定、施工图的基础知识、建筑结构施工图基础；第二章建筑结构施工图识读，不仅总结了建筑结构施工图识读步骤与技巧，还按建筑结构施工图实际组成部分逐个进行介绍，并配以范例辅以形象的说明和讲解；第三章工程实例，以一套完整的建筑结构施工图展示了建筑结构施工图的整体效果，更附有导读，悉心地给出以读图指导、要点提示等信息。

　　本书适合从事建筑结构设计、施工、管理等人员学习参考，也可以作为高等院校相关专业用书。

图书在版编目（CIP）数据

建筑结构施工图／张海鹰主编 . —北京：中国电力出版社，2016.5（2025.5重印）
（教你轻松看图纸）
ISBN 978-7-5123-8703-4

Ⅰ.①建… Ⅱ.①张… Ⅲ.①建筑制图-识别 Ⅳ.①TU204

中国版本图书馆 CIP 数据核字（2015）第 315554 号

中国电力出版社出版发行
北京市东城区北京站西街 19 号　100005　http：//www.cepp.sgcc.com.cn
责任编辑：未翠霞　　　　　　联系电话：010-63412611
责任印制：杨晓东　　　　　　责任校对：常燕昆
北京天宇星印刷厂印刷·各地新华书店经售
2016 年 5 月第一版·2025 年 5 月第十四次印刷
787mm×1092mm　1/16·12.5 印张·277 千字
定价：39.80 元

前　言

随着建筑行业的发展，从业人员日益增多，熟悉施工图纸越来越重要。对于刚参加工作和工作很多年但不是施工现场工作的工程师乍一看结构施工图是有点丈二和尚摸不着头的感觉。其实施工图并不难看懂，难就难在没有耐心和兴致看下去。

施工图是建筑工程施工的依据之一，并且是重中之重。为了培养读者具备按照国家标准，正确绘制、阅读、理解施工图的基本能力、理论与实践相结合的能力、对于空间布局的想象能力，我们借助于 11G101 三本图集和现行国家制图标准编写本书。

建筑结构施工图包括目录，结构设计说明，基础平面图，各楼层平面图，柱、梁、板的平法图，还有构件详图。

初次接触施工图的人可以买这三本图集：11G101—1、11G101—2、11G101—3，了解图集中的各种标注方法说明。同时找一本施工手册查一查钢筋代号。或者在看结构施工图时备查。把建筑施工图中的标准层平面图找出来，看一看建筑平面布局。看施工图中的标准层梁配筋图。在梁配筋图中可以看到梁的分布，梁一般都是依轴线来布置的。在每一根梁处都有标注梁的代号。按梁的不同代号从一找到最后的或者说最大的编号，每一个代号都能找到对应的一根梁其配有详细的配筋、梁断面尺寸标注，有的还有跨数和悬挑的标注。通过把所有的代号的梁找出来，基本上就能看明白梁配筋图了。对于一些不太明白的细处先放下，看结施时要对照看一看对应的建筑平面图，基本上是墙下就有梁，房间分隔处下就有梁。梁是分框架梁、梁、连系梁的，因此要留意其区别，梁的腰筋有时是要抗扭的，也应特别注意。梁筋标注一般采用的是原位标注，很容易看懂。看完标准层梁配筋图后，看墙柱标准层位置图。注意有些连系梁的配筋是标注在墙柱布置图上的，要将柱布置图与梁图结合看。完成这几步后，基本上能清楚标准层的结构了。在看柱位置图时，可以同时看一看柱子配筋。看标准层板配筋图。结合标识位置将梁、柱、板配筋图中的说明看一遍，包括图左上的文字说明和施工图中的各种详图（大样图）代码。结合楼梯看标准层的楼梯配筋和与梁、墙、柱的结合。回过头去看桩基施工图、承台、地梁图。看非标准层的施工图和地下室的结构施工图。看屋面施工图。看水池、坡道、屋顶楼梯间、电梯间等的结构施工图。看施工图总说明，了解各种施工要点。如有审图意见和图纸会审、设计变更文件，要将其对照施工图看，并注写在结构施工图上。对照不同楼层的施工图找出不同之处。将施工图带到施工现场，对照看。看施工图时注意不时翻看建筑的各层平面图。仔细看各种大样图，模仿着画钢筋走向，然后看着标注位置想象如何布置和支模。这样看图，实际上也是一个现场工程师的审图过程。再加上一些诸如梁柱断面、柱的位置的对比就是比较完整的审图了。审好图还需要更多的知识，多看几套图纸就熟练了。

本书的编写目的主要有三个：一是培养读者具备按照国家标准，正确阅读和理解施工图的基本能力；二是培养读者具备理论与实践相结合的能力；三是培养读者具备对于空间布局的想象能力。

本书遵循认知规律，将工程实践与理论基础紧密结合，以新规范为指导，通过大量的图文结合，循序渐进地介绍了施工图识读的基础知识及识图的思路、方法、流程和技巧。本书通过识图范例，对各类施工图进行了讲解，即与实践相结合，可以使读者接触大量工程实例，以便快速提高实践中的识图能力。

本书为《教你轻松看图纸》丛书之一，为了更加突出应用性强、可操作性强、实践性强的特点，在书中第三章提供了一套完整的工程实例，以便读者结合真实现场情况，系统地掌握相关知识。

本套丛书共分四册，分别是《建筑施工图》《建筑结构施工图》《建筑水暖施工图》《建筑电气施工图》。

本书由张海鹰主编，陈伟、李辛燕、崔海涛、薛孝东、尚晓峰、高海静、李芳芳、吕君、张蔷等参加了编写。

由于编写时间仓促以及作者编写水平有限，疏漏之处在所难免，恳请广大同仁及读者不吝赐教，在此谨表谢意。

编　者

教你轻松看图纸
建筑结构施工图

目 录

第一章

建筑结构施工图基础知识

第一节　建筑结构施工图概述

一、结构施工图内容

结构施工图是关于承重构件的布置，使用的材料，形状，大小及内部构造的工程图纸，是承重构件以及其他受力构件施工的依据。

结构施工图一般包括结构设计总说明、结构平面布置图和构件详图等。

1. 结构设计说明

结构设计说明是带全局性的文字说明，它包括：选用材料的类型、规格、强度等级，地基情况，施工注意事项，选用标准图集等。

2. 结构平面布置图

结构平面布置图是表示房屋中各承重构件总体平面布置的图样。

（1）基础平面图。

（2）楼层结构布置平面图。如楼层柱配筋图、梁配筋图、板配筋图等。

（3）屋盖结构平面图。如屋盖柱配筋图、梁配筋图、板配筋图等。

3. 构件详图

（1）梁、柱、板及基础结构详图。

（2）楼梯结构详图。

（3）屋架结构详图。

（4）其他详图。如天窗、雨篷、过梁等。

二、结构施工图规定

1. 常用构件代号

常用构件代号用各构件名称的汉语拼音的第一个字母表示见表1-1。

2. 普通钢筋的种类

普通钢筋主要有热轧光圆钢筋（HPB300）、普通热轧带肋钢筋（HRB335、HRB400、HRB500）、细晶粒热轧带肋钢筋（HRBF335、HRBF400、HRBF500）、余热处理带肋钢

1

筋（RRB400）。其中"H"表示热轧，"P"表示光圆，"R"表示带肋或余热，"B"表示钢筋，"F"表示细晶粒。普通钢筋的种类见表1-2。

表1-1 常用构件代号

序号	名称	代号	序号	名称	代号	序号	名称	代号
1	板	B	19	圈梁	QL	37	承台	CT
2	屋面板	WB	20	过梁	GL	38	设备基础	SJ
3	空心板	KB	21	过系梁	LL	39	桩	ZH
4	槽形板	CB	22	基础梁	JL	40	挡土墙	DQ
5	折板	ZB	23	楼梯梁	TL	41	地沟	DG
6	密肋板	MB	24	框架梁	KL	42	柱间支撑	ZC
7	楼梯板	TB	25	框支梁	KZL	43	垂直支撑	CC
8	盖板	GB	26	屋面框架梁	WKL	44	水平支撑	SC
9	挡雨板	YB	27	檩条	LT	45	梯	T
10	吊车安全道板	DB	28	屋架	WJ	46	雨篷	YP
11	墙板	QB	29	托架	TJ	47	阳台	YT
12	天沟板	TGB	30	天窗架	CJ	48	梁垫	LD
13	梁	L	31	框架	KJ	49	预埋件	M
14	屋面梁	WL	32	刚架	GJ	50	天窗端壁	TD
15	吊车梁	DL	33	支架	ZJ	51	钢筋网	W
16	单轨吊车梁	DDL	34	柱	Z	52	钢筋骨架	G
17	轨道连接	DGL	35	框架柱	KZ	53	基础	J
18	车挡	CD	36	构造柱	GZ	54	暗柱	AZ

表1-2 普通钢筋符号表示汇总表

钢筋强度等级	钢筋种类	平法钢筋符号	鲁班钢筋符号	公称直径 d/mm	屈服强度标准值 $f_{cu}/(N/mm^2)$
1	HPB300	Φ	A	6~22	300
2	HRB335 HRBF335	Φ Φ^F	B	6~50	335
3	HRB400 HRBF400 RRB400	Φ Φ^F Φ^R	C	6~50	400
4	HRB500 HRBF500	Φ Φ^F	D	6~50	400

3. 混凝土保护层

混凝土保护层是指混凝土结构构件中钢筋外边缘至构件表面范围用于保护钢筋的混

凝土，简称保护层。混凝土保护层厚度指最外层钢筋外边缘至混凝土表面的距离。混凝土保护层厚度主要取决于环境类别、构件类型、构件混凝土强度等级、结构设计年限四大因素。混凝土结构的环境类别见表1-3。

表 1-3 混凝土结构的环境类别

环境类别	条　件
一	室内正常环境； 无侵蚀性静水浸没环境
二 a	室内潮湿环境； 非严寒和非寒冷地区的露天环境； 非严寒和非寒冷地区与无侵蚀性的水或土壤直接接触的环境； 严寒和寒冷地区的冰冻线以下与无侵蚀性的水或土壤直接接触的环境
二 b	干湿交替的环境； 水位频繁变动环境； 严寒和寒冷地区的露天环境； 严寒和寒冷地区的冰冻线以上与无侵蚀性的水或土壤直接接触的环境
三 a	严寒和寒冷地区冬季水位变动的环境； 受除冰盐影响环境； 海风环境
三 b	盐渍土环境； 受除冰盐作用环境； 海岸环境
四	海水环境
五	受人为或自然的侵蚀性物质影响的环境

第二节　施工图的基础知识

一、施工图的产生

工程建设程序是指从项目投资意向、投资机会选择、项目决策、设计、施工到竣工验收并投入使用的全过程。一般包括以下阶段：项目建议书阶段、可行性研究报告阶段、设计文件阶段、建设准备阶段、建设实施阶段和竣工阶段。

根据批准的可行性研究报告，通过招投标文件，择优选择设计单位。在设计阶段一般可分为初步设计（有的工程要先做设计方案）和施工图设计两个阶段（重大项目或技术复杂项目可增加技术设计阶段）。有的民用建筑工程要进行方案设计的招投标。

1. 初步设计

初步设计是根据批准的可行性研究报告或设计任务书等有关设计的原始资料，拟定工程建设实施的初步方案，阐明工程在拟定的时间、地点以及投资数额内在技术上的可能性和经济上的合理性，并编制项目的总概算。初步设计是第一步要编制的设计文件。

初步设计文件由设计说明书（包括设计总说明和各专业的设计说明书）、设计图纸、主要设备及材料表和工程概算书四部分内容组成。

初步设计文件的编排顺序为：封面—扉页—初步设计文件目录—设计说明书—图纸—主要设备及材料表—工程概算书。

在初步设计阶段，各专业应对本专业内容的设计方案或重大技术问题的解决方案进行综合技术经济分析，论证技术上的适用性、可靠性和经济上的合理性，并将其主要内容写进本专业初步设计说明书中。设计总负责人对工程项目的总体设计在设计总说明中予以论述。为编制初步设计文件，应进行必要的内部作业，有关的计算书、计算机辅助设计的计算资料、方案比较资料、内部作业草图、编制概算所依据的补充资料等均需妥善保存。

初步设计文件编制完成后，按审批权限向有关部门报批，批准后作为进行施工图设计的依据。初步设计的审批权限是：大型项目由主管部委、省（自治区、直辖市）有关部门组织审查，提出意见，报国家发展和改革委员会审批，其中重大项目的初步设计，由国家发展和改革委员会组织聘请有关部门的工程技术专家和经济管理专家参加审查，报国务院审批；中小型建设项目，按隶属关系由主管部委、省（自治区、直辖市）有关部门自行审批，并报国家发展和改革委员会备案。

2. 施工图设计

施工图设计是根据批准的初步设计文件，对工程建设方案进一步具体化、明确化，通过详细的计算和设计，绘制出正确、完整的用于指导施工的图纸，并编制施工图预算。

施工图设计是可供进行施工和安装指导的设计文件。施工图设计的主要任务是满足施工要求，规定施工中的技术措施、用料及具体做法。

施工图设计文件包括工艺、设备、建筑、结构、给水排水、电气、照明、采暖通风、通信、煤气等各专业的全部施工图纸，以及工程说明书、结构计算书和施工图设计预算等。施工过程中，如有变动，可进行局部设计变更，但要征得有关方面及设计人员的同意，并出设计变更图纸。

工程开工之前，需识图、审图，再进行图纸会审工作，其程序是：熟悉拟建工程的功能，熟悉、审查工程的平面尺寸，熟悉、审查工程的立面尺寸，检查施工图中容易出错的部位有无出错，检查有无需要改进的地方。

（1）熟悉拟建工程的功能。图纸到手后，首先了解本工程的功能是什么，是车间还是办公楼，是商场还是宿舍；了解功能之后，再联想一些基本尺寸和装修要求，如厕所地面一般会贴地砖、做块料墙裙，厕所、阳台楼地面标高一般会低几厘米；车间的尺寸一定满足生产的需要，特别是满足设备安装的需要等；最后看建筑说明，熟悉工程装修的情况。

（2）熟悉、审查工程平面尺寸建筑工程施工平面图一般有三道尺寸，由里到外，第一道尺寸是细部尺寸，第二道尺寸是轴线间尺寸，第三道尺寸是总尺寸。

检查第一道尺寸相加之和是否等于第二道尺寸，第二道尺寸相加之和是否等于第三道尺寸，并留意边轴线是否为墙中心线，看工程平面图时，先看建施平面图，再看本层结施平面图，最后看水电空调安装、设备工艺、第二次装修施工图，检查它们是否一致。熟悉本层的平面尺寸后，审查其是否满足使用要求，如检查房间平面布置是否方便使用、采光通风是否良好等。看下一层平面图尺寸时，检查与上一层有无不一致的地方。

（3）熟悉、审查工程立面尺寸建筑工程图一般包括正立面图、剖立面图、楼梯剖面图，这些图有工程的立面尺寸信息；在建施平面图、结施平面图上，一般也标注有本层标高；梁表中，一般有梁表面标高；基础大样图、其他细部大样图中，一般也注明标高。通过这些施工图上的标高，可掌握工程的立面尺寸。正立面图一般有三道尺寸，第一道是窗台、门窗的高度等细部尺寸，第二道是层高尺寸，并标注有标高，第三道是建筑高度尺寸。审查的方法与审查平面图各道尺寸一样，由里到外，看相应的细部尺寸相加之和是否等于总尺寸，不相等的以细部尺寸为准确定总尺寸。检查立面图各楼层的标高是否与建施平面图相同，再检查建施的标高是否与结施标高相符。建施图各楼层标高与结施图相应楼层的标高应不完全相同，因为建施图的楼地面标高是工程完工后的标高，而结施图中楼地面标高是结构面标高，不包括装修面的高度，所以同一楼层建施图的标高应比结施图的标高高几厘米。这一点需特别注意，因为有些施工图，把建施图标高标在了相应的结施图上，如果不留意，施工过程中会出错。

熟悉立面图后，主要检查门窗顶标高是否与其上一层的梁底标高相一致；检查楼梯踏步的水平尺寸和标高是否有错，检查梯梁下竖向净空尺寸是否大于 2 m，是否会出现碰头的现象；当中间层出现露台时，检查露台标高是否比室内低；检查厕所、浴室楼地面是否低几厘米，若不是，需检查有无防溢水措施；最后与水电空调安装、设备工艺、第二次装修施工图相结合，检查建筑高度是否满足功能的需要。

（4）检查施工图中容易出错的地方有无出错。熟悉建筑工程尺寸后，再检查施工图中容易出错的地方有无出错，主要检查内容如下：

1）检查女儿墙混凝土压顶的坡向是否朝内。

2）检查砖墙下是否有梁。

3）结构平面图中的梁的钢筋表中是否全标出了配筋情况。

4）检查主梁的高度有无低于次梁高度的情况。

5）梁、板、柱在跨度相同、相近时，有无配筋相差较大的地方，若有，需验算。

6）当梁与剪力墙同一直线布置时，检查有无梁的宽度超过墙的厚度。

7）当梁分别支承在剪力墙和柱边时，检查梁中心线是否与轴线平行或重合，检查梁宽有无凸出墙或柱外，若有，应提交设计者处理。

8）检查梁的受力钢筋最小间距是否满足施工验收规范的要求，当工程上采用带肋的螺纹钢筋时，由于工人在钢筋加工过程中，用无肋面进行弯曲，所以钢筋直径取值应为原钢筋直径加上约 21mm 肋厚。

9）检查室内出露台的门上是否设计有雨篷，检查结构平面上雨篷中心是否与建施图上门的中心线重合。

10）检查设计要求与施工验收规范有无不同，如柱表中常说明"柱筋每侧少于 4 根可在同一截面搭接"，但施工验收规范要求同一截面钢筋搭接面积不得超过 50%。

11）检查结构说明与结构平面图、大样图、梁柱表中内容以及与建施说明有无相矛盾之处。

12）单独基础系双向受力，沿短边方向的受力钢筋一般置于长边受力钢筋的上面，检查施工图的基础大样图中的钢筋是否画错。

（5）审查原施工图有无可改进的方面。审查建筑施工图时主要从有利于该工程的施工、有利于保证建筑质量、有利于工程美观三个方面对原施工图提出改进意见，见表1-4。

表1-4　　　　　　　　　　　　审查原施工图有无可改进的方面

项目	内容
从有利于工程施工的角度考虑	（1）结构平面图上会出现连续框架梁相邻跨度较大的情况，当中间支座负弯矩筋分开锚固时，会造成梁柱接头处的钢筋太密，捣混凝土困难，可向设计人员建议，负筋能连通的尽量连通 （2）当支座负筋为通长时，就会造成跨度小梁宽较小的梁面钢筋太密，无法捣实混凝土，可建议在保证梁负筋的前提下，尽量保持各跨梁宽一致，只对梁高进行调整，以便面筋连通和浇捣混凝土 （3）当结构造型复杂，某一部位结构施工难以一次完成时，向设计者提出混凝土施工缝如何留置的建议 （4）露台面标高降低后，若露台中间有梁，且此梁与室内相通，梁受力筋在降低处是弯折还是分开锚固，请设计者处理
从有利于工程质量方面考虑	（1）当设计天花抹灰与墙面抹灰同为1:1:6混合砂浆时，可建议将天花抹灰改为1:1:4混合砂浆，以增加其黏结力 （2）当施工图上对电梯井坑、卫生间沉池、消防水池未注明防水施工要求时，可建议在坑外壁、沉池水池内壁增加水泥砂浆防水层，以提高防水质量
从有利于建筑美观方面考虑	（1）若出现露台的女儿墙与外窗相接时，检查女儿墙的高度是否高过窗台，若是，则相接处不美观，建议设计者处理 （2）检查外墙饰面分色线是否连通，若不连通，建议到阴角处收口；当外墙与内墙无明显分界线时，询问设计者，将墙装饰延伸到内墙何处收口最为美观，外墙凸出部位的顶面和底面是否同外墙一样装饰 （3）当柱截面尺寸随楼层的升高而逐步减小时，若柱凸出外墙成为立面装饰线条时，为使该线条上下宽窄一致，建议不缩小凸出部位的柱截面 （4）当柱布置在建筑平面砖墙的转角位，而砖墙转角小于90°时，若结构设计仍采用方形柱，可建议根据建筑平面将方形柱改为多边形柱，以免柱角凸出墙外，影响使用和美观 （5）当电梯大堂（前室）左边有一框架柱凸出墙面10~20cm时，检查右边柱是否凸出相同的尺寸，若不是，建议修改成左右对称

按照"熟悉拟建工程的功能，熟悉、审查工程平面尺寸，熟悉、审查工程的立面尺寸，检查施工图中容易出错的部位有无出错、检查有无需改进的地方"的程序和思路，有计划、全面地展开识图、审图工作。

工程结束后还应由建设单位组织施工单位、设计单位对大型、复杂或意义重大的工程编制工程竣工图，作为工程技术档案备查，并作为使用、管理、维修及工程扩建改造时的依据。

二、施工图的分类

施工图是按照正投影原理和建筑工程施工图的规定画法，把一栋房屋的全貌及各个细微局部完整地表达出来并用于指导施工的图纸。

它是将建筑物的平面布置、外形轮廓、尺寸大小、结构构造和材料做法等内容，按照国家标准的规定，用正投影方法详细准确地画出的图样。

它是用于组织、指导建筑施工，进行经济核算、工程监理，完成整个建筑建造的一套图样。它不仅表示建筑物在规划用地范围内的总体布局，还清楚地表达出建筑物本身的外部造型、内部布置、细部构造和施工要求等。

它是由设计单位根据设计任务书的要求、有关的设计资料、计算数据和建筑艺术等多方面因素设计绘制而成的。

一套完整的施工图一般是按图纸目录、设计施工总说明、建筑施工图、建筑结构施工图、建筑水暖施工图、建筑电气施工图的顺序编排。

1. 建筑施工图

建筑施工图主要表示房屋的总体布局、外部形状、内部布置、内外装修、细部构造、施工要求等情况的图纸。它是房屋施工放线、砌筑墙体、门窗安装、室内外装修等工作的主要依据。

建筑施工图一般包括：设计说明、总平面图、建筑平面图、建筑立面图、建筑剖面图、建筑详图、门窗表和节点详图等。

2. 建筑结构施工图

建筑结构施工图主要表示这些结构构件的布置、形状、材料、做法等内容的图纸。

建筑结构施工图一般包括：结构设计说明、基础图、楼层结构布置图、楼梯结构图、构件详图等。

3. 建筑水暖施工图

建筑水暖施工图主要包括给水排水施工图和采暖通风施工图。

给水排水施工图主要表示房屋内部给水管道、排水管道、用水设备等的图纸。

给水排水施工图一般包括：给水排水设计说明、给水平面图、给水系统图、排水平面图、排水系统图、安装详图等。

采暖通风施工图主要表示房屋采暖、通风管道及设备的图纸，它包括采暖和通风两个专业。一般规模较小的房屋，若通过门窗的自然通风能满足设计要求时，可不设置机械通风设备。但规模较大的房屋自然通风不能满足要求时，必须采用机械通风设备。

采暖施工图一般包括：采暖设计说明、采暖平面图、采暖系统图、安装详图等。

4. 建筑电气施工图

建筑电气施工图包括强电和弱电，强电主要指照明动力等，弱电包括通信、网络、有线电视等。

建筑电气施工图一般包括：电气设计说明、系统图、电气平面布置图等图纸。

三、施工图的特点

1. 正投影法

施工图中的各图纸，均采用正投影法绘制的，所绘图纸都应该符合正投影的投影规律。

2. 合理选用图幅

在图幅大小允许时，可将平面图、立面图、剖面图按投影关系画在同一张图纸上，如果图幅过小，可分别画在几张图纸上。

3. 选取适当比例

由于建筑物形体较大，因此施工图一般采用较小比例绘制。在小比例图中无法表达清楚的细部构造，需要配以比例较大的详图来表达，并用文字加以说明。

4. 采用标准制图

施工图由于比例较小，构配件和材料表达不清，国家标准规定了一系列的图形符号来代表建筑构配件、卫生设备、建筑材料等，这些图形符号称为图例。

第三节　建筑结构施工图基础

一、混凝土基础知识

（1）混凝土是由水泥、砂、石、水等按照一定的比例拌制，经凝固硬化后做成的材料。其强度的大小不仅与组成材料的质量和配合比有关，而且与混凝土的养护条件、龄期、受力情况以及测定其强度时所采用的试件形状、尺寸和试验方法也有着密切的关系。

混凝土的强度等级分为 C15、C20、C25、C30、C35、C40、C45、C50、C55、C60、C65、C70、C75、C80，数字越大表示抗压强度越高。混凝土的抗压强度高，而抗拉强度比抗压强度低得多，仅为抗压强度的 $1/10 \sim 1/20$。

在建筑结构施工图中，一般情况下结构设计总说明中应分类别指出各结构所用的混凝土强度等级。

（2）在工程实际当中，混凝土的选用要做到技术先进、经济合理、安全适用和确保质量。

按照规定，素混凝土结构的混凝土强度等级不应低于 C15；钢筋混凝土结构的混凝土强度等级不应低于 C20；采用强度等级 400MPa 及以上的钢筋时，混凝土强度等级不宜低于 C25；预应力混凝土结构的混凝土结构强度等级不宜低于 C40，且不应低于 C30；承受重复荷载的钢筋混凝土构件，混凝土强度等级不得低于 C30。

（3）为了使钢筋在构件中不被锈蚀，加强钢筋与混凝土的黏结力，在各种构件中的受力筋的外面，必须要有一定厚度的混凝土，这层混凝土就被称为保护层。

构件中受力钢筋的保护层厚度不应小于钢筋的公称直径 d。设计使用年限为 50 年的混凝土结构，最外层钢筋的保护层厚度应符合表 1-5 的规定，设计使用年限为 100 年的混凝土结构，最外层钢筋的保护层厚度不应小于表中数值的 1.4 倍。

表 1-5　　　　　　　　　　　混凝土保护层的最小厚度 c　　　　　　　　　　　（mm）

环境类别	板、墙、壳	梁、柱、板
一	15	20
二 a	20	25
二 b	25	35
三 a	30	40
三 b	40	50

注　1. 混凝土强度不大于 C25 时，表中保护层厚度的数值应增加 5mm。
　　2. 钢筋混凝土基础宜设置混凝土垫层，基础中钢筋的混凝土保护层厚度应从垫层顶面算起，且不应小于 40mm。

二、钢筋基础知识

1. 钢筋的分类

钢筋按其在构件中所起的作用不同，通常加工成各种不同的形状。构件中常见的钢筋可分为主钢筋（纵向受力钢筋）、弯起钢筋（斜钢筋）、架立钢筋、分布钢筋、腰筋、拉筋和箍筋几种类型，如图 1-1 所示。

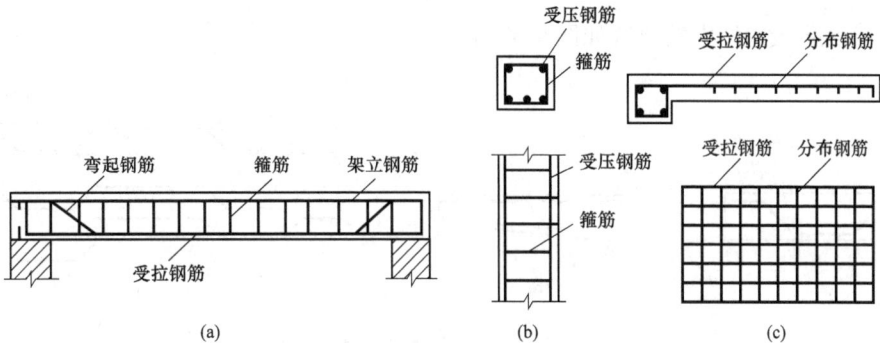

图 1-1　钢筋在构件中的种类
（a）梁；（b）柱；（c）悬臂板

（1）主钢筋。主钢筋又称纵向受力钢筋，可分受拉钢筋和受压钢筋两类。

受拉钢筋，配置在受弯构件的受拉区和受拉构件中，承受拉力；受压钢筋，配置在受弯构件的受压区和受压构件中，与混凝土共同承受压力。

一般在受弯构件受压区配置主钢筋是不经济的，只有在受压区混凝土不足以承受压力时，才在受压区配置受压主钢筋以补强。

受拉钢筋在构件中的位置如图 1-2 所示。

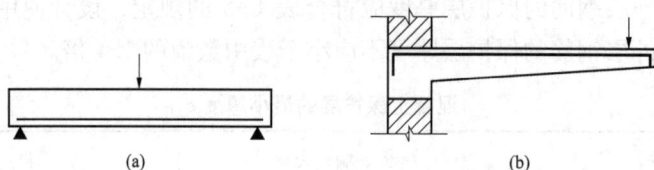

图 1-2　受拉钢筋在构件中的位置

(a) 简支梁；(b) 雨篷

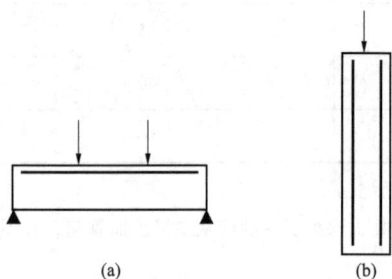

图 1-3　受压钢筋在构件中的位置

(a) 梁；(b) 柱

受压钢筋是通过计算用以承受压力的钢筋，一般配置在受压构件中。虽然混凝土的抗压强度较大，然而钢筋的抗压强度远大于混凝土的抗压强度，在构件的受压区配置受压钢筋，帮助混凝土承受压力，就可以减小受压构件或受压区的截面尺寸。

受压钢筋在构件中的位置如图 1-3 所示。

(2) 弯起钢筋。弯起钢筋是受拉钢筋的一种变化形式。

在简支梁中，为抵抗支座附近由于受弯和受剪而产生的斜向拉力，就将受拉钢筋的两端弯起来，承受这部分斜拉力，称为弯起钢筋。但在连续梁和连续板中，经实验证明受拉区是变化的：跨中受拉区在连续梁、板的下部；到接近支座的部位时，受拉区主要移到梁、板的上部。为了适应这种受力情况，受拉钢筋到一定位置须弯起。

弯起钢筋在构件中的位置如图 1-4 所示。

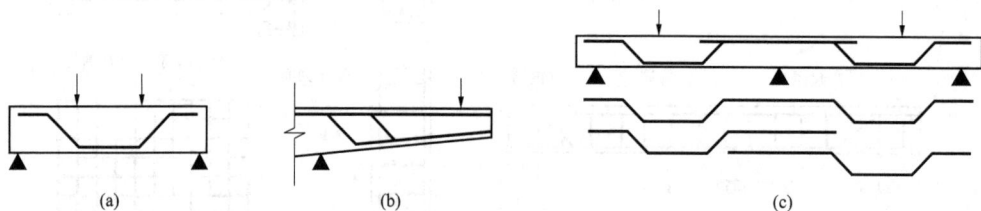

图 1-4　弯起钢筋在构件中的位置

(a) 简支梁；(b) 悬臂梁；(c) 横梁

斜钢筋一般由主钢筋弯起，当主钢筋长度不够弯起时，也可采用吊筋，如图 1-5 所示，但不得采用浮筋。

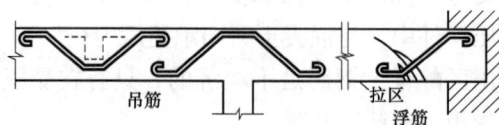

图 1-5　吊筋布置图

（3）架立钢筋。架立钢筋能够固定箍筋，并与主筋等一起连成钢筋骨架，保证受力钢筋的设计位置，使其在浇筑混凝土过程中不发生移动。

架立钢筋的作用是使受力钢筋和箍筋保持正确位置，以形成骨架。但当梁的高度小于 150mm 时，可不设箍筋，在这种情况下，梁内也不设架立钢筋。

架立钢筋的直径一般为 8~12mm。架立钢筋在钢筋骨架中的位置，如图 1-6 所示。

（4）箍筋。箍筋除了可以满足斜截面抗剪强度外，还有使连接的受拉主钢筋和受压区的混凝土共同工作的作用。此外，也可用于固定主钢筋的位置，使梁内各种钢筋构成钢筋骨架。

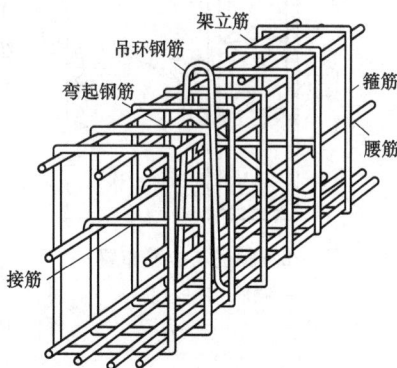

图 1-6　架立筋、腰筋等在钢筋骨架中的位置

箍筋的形式主要有开口式和闭口式两种。闭口式箍筋有三角形、圆形和矩形等多种形式。单个矩形闭口式箍筋也称双肢箍；两个双肢箍拼在一起称为四肢箍。在截面较小的梁中可使用单肢箍；在圆形或有些矩形的长条构件中也有使用螺旋形箍筋的。

箍筋的构造形式，如图 1-7 所示。

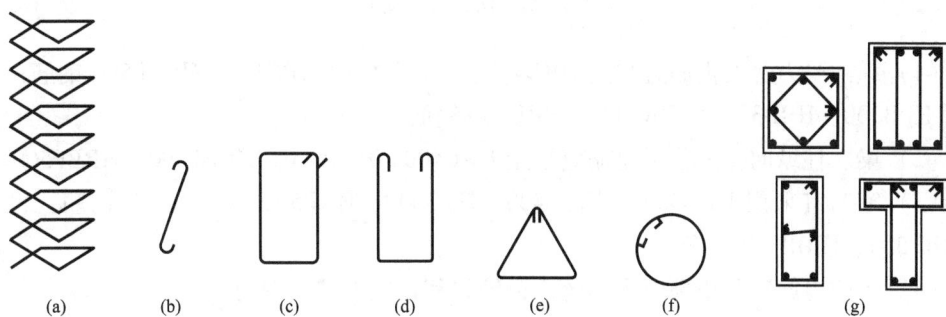

图 1-7　箍筋的构造形式
（a）螺旋形箍筋；（b）单肢箍；（c）闭口双肢箍；（d）开口双肢箍；
（e）闭口三角箍；（f）闭口圆形箍；（g）各种组合箍筋

（5）腰筋与拉筋。腰筋的作用是防止梁太高时，由于混凝土收缩和温度变化导致梁变形而产生的竖向裂缝，同时也可加强钢筋骨架的刚度。腰筋用拉筋连系，如图 1-8 所示。

当梁的截面高度超过 700mm 时，为了保证受力钢筋与箍筋整体骨架的稳定，以及承受构件中部混凝土收缩或温度变化所产生的拉力，在梁的两侧面沿高度每隔 300~400mm 设置一根直径不小于 10mm 的纵向构造钢筋，称为腰筋。腰筋要用拉筋连系，拉筋直径采用 6~8mm。

由于安装钢筋混凝土构件的需要，在预制构件中，根据构件体形和质量，在一定位置设置有吊环钢筋。在构件和墙体连接处，部分还预埋有锚固筋等。

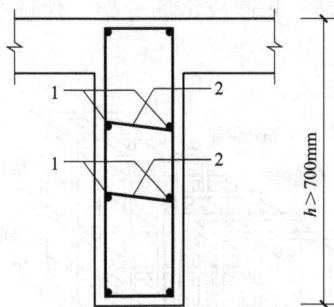

图 1-8　腰筋与拉筋布置
1—腰筋；2—拉筋

（6）分布钢筋。分布钢筋是指在垂直于板内主钢筋方向上布置的构造钢筋。其作用是将板面上的荷载更均匀地传递给受力钢筋，也可在施工中通过绑扎或点焊以固定主钢筋位置，还可抵抗温度应力和混凝土收缩应力。

分布钢筋在构件中的位置如图 1-9 所示。

2. 钢筋等级的选用

根据《混凝土结构设计规范》（GB 50010—2010）中的相关规定，混凝土结构中的钢筋应按下列规定选用。

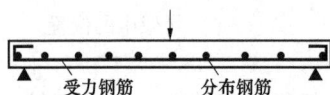
受力钢筋　　分布钢筋

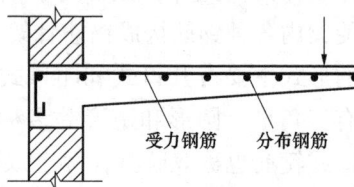
受力钢筋　　分布钢筋

（a）　　　　　　　　　　　（b）

图 1-9　分布钢筋在构件中的位置
（a）简支板；（b）雨篷

（1）纵向受力普通钢筋宜采用 HRB400、HRB500、HRBF400、HRBF500 钢筋；也可采用 HPB300、HRB335、HRBF335、RRB400 钢筋。

（2）梁、柱纵向受力普通钢筋应采用 HRB400、HRB500、HRBF400、HRBF500。

（3）箍筋宜采用 HRB400、HRBF400、HPB300、HRB500、HRBF500 钢筋，也可采用 HRB335、HRBF335 钢筋。

（4）预应力筋宜采用预应力钢丝、钢绞线和预应力螺纹钢筋。

3. 钢筋的表示

（1）普通钢筋的表示方法见表 1-6。

表 1-6　　　　　　　　　　　普 通 钢 筋 的 表 示

序号	名称	图例	说　　明
1	钢筋断面	●	—
2	无弯钩的钢筋端部		下图表示长、短钢筋投影重叠时，短钢筋的端部用 45°短划线表示
3	带半圆形弯钩的钢筋端部		—
4	带直钩的钢筋端部		

序号	名称	图例	说明
5	带螺纹的钢筋端部		—
6	无弯钩的钢筋搭接		—
7	带半圆弯钩的钢筋搭接		—
8	带直钩的钢筋搭接		—
9	花篮螺栓的钢筋接头	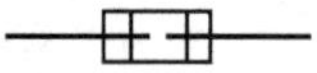	—
10	机械连接的钢筋接头		用文字说明机械连接的方式 （如冷挤压或直螺纹等）

（2）预应力钢筋的表示方法见表1-7。

表1-7 预应力钢筋的表示

序号	名称	图例
1	预应力钢筋或钢绞线	
2	后张法预应力钢筋断面 无黏结预应力钢筋断面	
3	预应力钢筋断面	
4	张拉端锚具	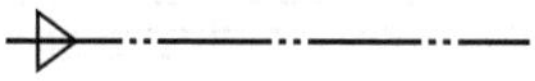
5	固定端锚具	
6	锚具的端视图	
7	可动连接件	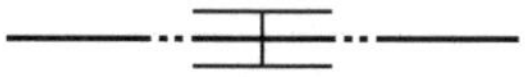
8	固定连接件	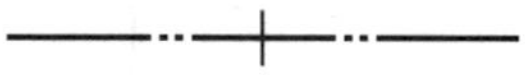

（3）钢筋网片的表示方法见表1-8。

表1-8 钢筋网片的表示

名称	图例
一片钢筋网平面图	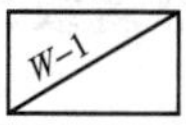

名　称	图　例
一行相同的钢筋网平面图	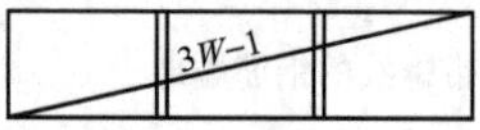

（4）钢筋的画法见表 1-9。

表 1-9　　　　　　　　　　　　钢 筋 的 画 法

序号	图　例	说　明
1	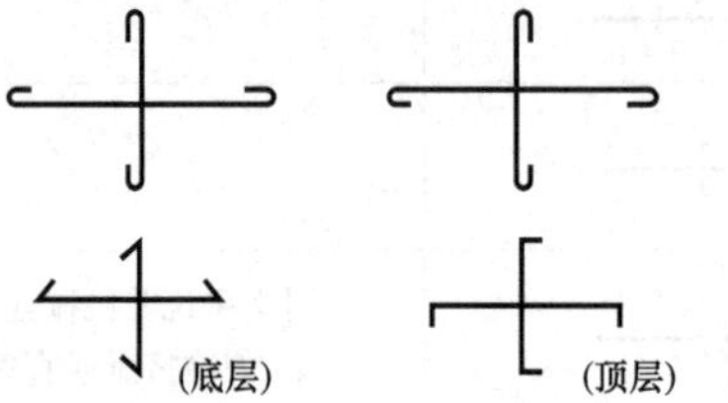 （底层）　　　（顶层）	在结构楼板中配置双层钢筋时，底层钢筋的弯钩应向上或向左，顶层钢筋的弯钩则应向下或向右
2	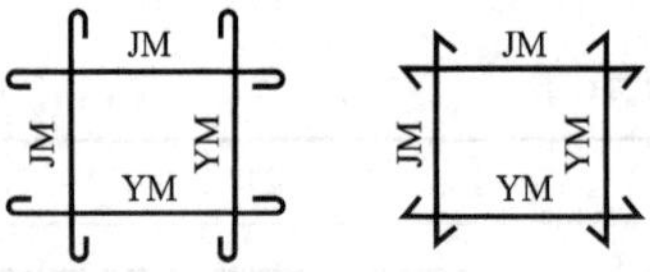	钢筋混凝土墙体配双层钢筋时，在配筋立面图中，远面钢筋的弯钩应向上或向左，而近面钢筋的弯钩应向下或向右（JM：近面，YM：远面）
3	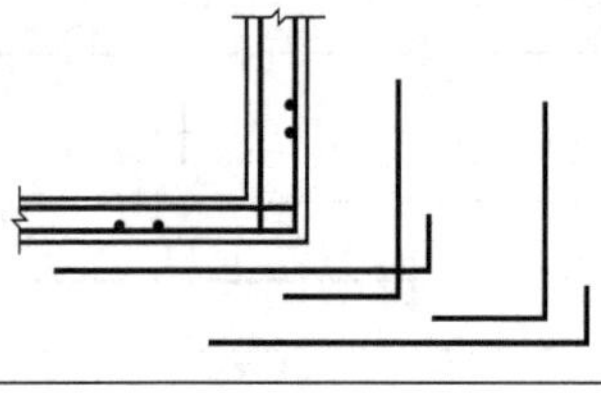	若在断面图中不能表达清楚钢筋布置，应在断面图外增加钢筋大样图（如钢筋混凝土墙、楼梯等）
4	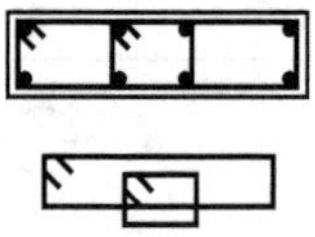	若图中所表示的箍筋、环筋等布置复杂时，可加画钢筋大样及说明
5	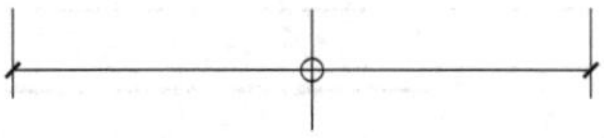	每组相同的钢筋、箍筋或环筋，可用一根粗实线表示，同时用一根带斜短画线的横穿细线，表示其钢筋及起止范围

（5）钢筋的标注方法。钢筋的直径、根数或相邻钢筋中心距一般采用引出线方式标注，其尺寸标注有下列两种形式。

1）标注钢筋的根数、等级和直径，如梁内受力筋和架立筋，如图 1-10 所示。

2）标注钢筋的等级、直径和相邻钢筋中心距，如梁内箍筋和板内钢筋，如图 1-11 所示。

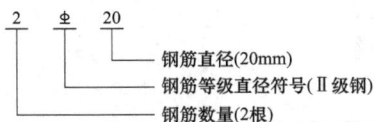

图 1-10　钢筋的尺寸标注（一）　　　　图 1-11　钢筋的尺寸标注（二）

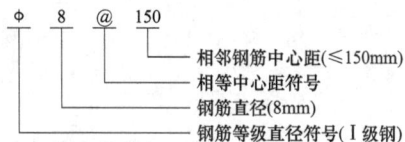

（6）钢筋、钢丝网及钢筋网片的标注应按下列规定进行标注。

1）钢筋、钢丝束的说明应给出钢筋的代号、直径、数量、间距、编号及所在位置，其说明应沿钢筋的长度标注或标注在相关钢筋的引出线上。

2）钢筋网片的编号应标注在对角线上。网片的数量应与网片的编号标注在一起。

3）钢筋、杆件等编号的直径宜采用 5~6mm 的细实线圆表示，其编号应采用阿拉伯数字按顺序编写。

4）简单的构件、钢筋种类较少可不编号。

第二章

建筑结构施工图识读

第一节　建筑结构施工图识读步骤

一、识读施工图的目录

从中了解该拟建建筑的业主、设计单位、图纸总张数、建筑的类型、建筑的用途、建筑的面积、建筑的层数等，从而初步了解这套施工图的基本情况。

二、检查图纸情况

重点查阅图纸种类是否齐全，张数是否足够，图纸编号是否正确，编号与图号是否符合，查对所采用的有关规范、规程和套用的标准图集，了解它们的编号和编制单位，并收集这些资料以备查用，这些均为正式识图前的准备工作，它关系到接下去识图过程的顺利与否。

三、识读设计总说明

重点了解建筑概况、技术要求、材料使用情况等，为全面识读施工图作准备。

四、识读基础结构平面布置图

识读基础结构平面布置图及相应的剖切详图和构件详图，重点了解基础的埋深，挖土的深度，基础的构造、尺寸，所用的材料，防水处理技术及做法，轴线的位置等方面内容。在识读过程中，必须紧密结合地质勘探报告书，了解土质层次、特性和分布情况，以便在施工中核对土质构造，尤其是应熟悉地基持力层土质特性及地下水位高度，从而保证地基土的质量。在识读过程中，对所遇到的"错误、重复、遗漏、缺项"以及疑难问题，应及时记录下来，以便在继续识读中得到解决，或在设计交底或在施工会审中提出，并得到答复。

1. 识读楼层结构平面布置图

重点识读构件的类型、编号、尺寸及其在布置图中的具体位置、楼层标高、配筋情况，预留孔洞位置、构件详图。

2. 识读屋盖结构平面布置图

重点识读出屋面的构件布置及其详图，屋面标高、找坡、天沟、女儿墙，以及一般楼层结构平面布置图的基本内容。

五、识读工种施工部分图纸

在上述识读全部图纸之后，按照不同工种有关的施工部分，对施工图再进一步仔细识读。了解砌筑砌体时墙体的厚度、高度、门窗及其洞口的大小，窗口的出檐情况（一般分为带出檐和无带出檐两种）；洞口上的构造，即是否有过梁、过梁的形式（如拱形梁、平梁等）、过梁的材料（如钢筋混凝土、砌块、砌块加钢筋等）、过梁的施工方法；外圈墙面是清水墙还是混水墙，是一般的外粉刷还是粘贴瓷砖等。对木工人员来讲，就应关心在哪里需要支撑模板，一般有现浇钢筋混凝土的梁、柱、板、楼梯等，那么就得了解梁、柱、板等构件的断面尺寸、标高、长度和高度等。除此之外，还必须通过识图了解门窗的编号、数量、类型和材质要求，以及建筑上有关的木作装修等内容。对于钢筋工序而言，凡是图纸中有表达钢筋的地方，必须仔细识读，了解钢筋的类别、直径、形状、根数和排列方式，以及搭接方法，从而才能正确地进行下料长度计算、钢筋制作和钢筋的绑扎。同理，对于其他各工种工序都应从施工图中认真识读，了解所需施工的部分，以及与其他工序之间的时间关系、位置关系和相互的影响或制约条件等。所以，对于所有的施工技术人员，除了应会准确识读施工图外，还必须能够充分地分析和综合考虑施工图中对施工技术的要求，从而从技术、材料供应和组织管理等方面的准备，来确保各工序的紧密衔接和工程的施工质量，以及安全作业。

六、总结经验

通过认真识读施工图纸和参加工程建筑施工实际活动和相关的工作，不断地总结实践经验和识图的方法和技术，在识读施工图中还应该能够发现各类施工图之间是否存在有矛盾的地方，在构造上是否可以施工，表达上是否有错误，是否有存在与国家颁发的现行有关工程技术标准、规范和规程相悖之处，支撑时标高是否能与砌块高度对口，是否符合砌块皮数要求等。与此同时，养成及时做记录的习惯，一边识读施工图，一边认真做笔记，记录关键工序的关键内容，以免遗忘，以备查阅、讨论和更改。从砌体建筑来讲，关键的内容有轴线的编号和位置、轴线间的尺寸，房屋的开门和进深尺寸、楼层高度，楼房总高度，主要的梁板、柱和墙体的断面尺寸、长度和高度；采用的混凝土的强度等级，砂浆的类型及其强度等级，钢筋的品种等。必须注意的是，通过一次识读图纸是不能将拟建建筑物全部记住，只能是先从大的方面：总体的情况熟悉，在实际工作中还应该结合具体施工工序再仔细地识读相关的部分图纸，只有真正做到按图施工，并无出现差错，才能算得上真正看懂图纸。

随着识图技术的提高和实践经验的丰富，最后才能把平面上的图形"看"成为一栋富有立体感的建筑形象。到此程度，那就称得上具有一定的识图水平。当然，这个目标的实现，需要的是技术的提高，经验的积淀，还有本身所具有和经过培养得到的空间概念及空间想象力。因此，需要一个过程的训练，而并非是一朝一夕所能具备的，通过实践→总结→积累→再实践→再总结→再积累的多层次锻炼才能达到。所以，只要具备了识读图纸的初步知识，同时认真钻研，虚心求教，循序渐进，达到会识图、能看图和看懂图并不难。

第二节　图　纸　目　录

图纸目录是了解建筑设计的整体情况的文件，从目录中我们可以明确图纸数量、出图大小、工程号，还有建筑单位及整个建筑物的主要功能。

图纸目录的内容包括：总设计说明、建筑施工图、结构施工图、给水排水施工图、暖通空调施工图、电气施工图等各个专业的每张施工图纸的名称和顺序，见表2-1。

表2-1　　　　　　　　　　　　某 工 程 的 图 纸 目 录

图别	图号	图　　　名	图别	图号	图　　　名
建施	1	目录　建筑设计总说明	电施	1	设计说明　主材料强电弱电系统图
建施	2	总平面图	电施	2	一层照明平面图
建施	3	节能设计　门窗表	电施	3	二～五层照明平面图
建施	4	一层平面图	电施	4	屋顶防雷平面图
建施	5	二层平面图	电施	5	一～五层电话平面图
建施	6	三～五层平面图	水施	1	材料统计表图例表说明 平面详图　给水系统图
建施	7	屋顶平面图			
建施	8	背立面图	水施	2	一层给水排水平面图
建施	9	北立面图	水施	3	二～四层给水排水平面图
建施	10	东立面图　卫生间详图	水施	4	五层给水排水平面图
建施	11	1—1剖面图　2—2剖面图	水施	5	排水系统图　消火栓系统图
建施	12	楼梯详图	暖施	1	一层采暖平面图
结施	1	结构设计总说明	暖施	2	二～四层采暖平面图
结施	2	基础平面布置图基础详图	暖施	3	五层采暖平面图
结施	3	3.270m层结构平面布置图	暖施	4	采暖系统图（一）
结施	4	6.570～13.170m层结构平面布置图	暖施	5	采暖系统图（二）
结施	5	16.470m层结构平面布置图	暖施	6	设计说明　材料统计表　图例表
结施	6	楼梯配筋图			

图纸目录一般分专业编写，如建施—××、结施—××、暖施—××、电施—××等。

结构施工图排在建筑施工图之后，看过建筑施工图，脑海中形成建筑物的立体空间模型后，看结构施工图的时候能更好地理解其结构体系。结构施工图是根据结构设计的结果绘制而成的图纸。它是构件制作、安装和指导施工的重要依据。除了建筑施工图外，结构施工图是一整套施工图中的第二部分，它主要表达的是建筑物的承重构件（如基础、承重墙、柱、梁、板、屋架、屋面板等）的布置、形状、尺寸大小、数量、材料、构造及其相互关系。

在结构施工图中一般包括：结构设计总说明，基础平面图和基础详图，结构平面图，梁、柱配筋图，楼梯配筋图。

施工图纸的编排顺序一般是全局性图纸在前，局部图纸在后；重要的在前，次要的在后；先施工的在前，后施工的在后。

　　当拿到一套结施图后，首先看到的第一张图便是图纸目录。图纸目录可以帮我们了解图纸的专业类别、总张数、每张图纸的图名、工程名称、建设单位和设计单位等内容，如图3-1所示。

第三节　结构设计总说明

一、概述

　　结构设计总说明是结构施工图的总说明，主要是文字性的内容。结构施工图中未表示清楚的内容都反映在结构设计总说明中。结构设计总说明通常放在图纸目录后面或建筑总平面图后面，它的内容根据建筑物的复杂程度有多有少，但一般应包括设计依据、工程概况、工程做法等内容（图3-2），以及其讲解（图3-3和图3-4）。

二、内容

　　结构设计总说明包括以下内容：

1. 工程概况

（1）工程地点、工程分区、主要功能。

（2）各单体（或分区）建筑的长、宽、高，地上与地下层数，各层层高，主要结构跨度，特殊结构及造型，工业厂房的吊车吨位等。

2. 设计依据

（1）主体结构设计使用年限。

（2）自然条件：基本风压、基本雪压、气温（必要时提供）、抗震设防烈度等。

（3）工程地质勘察报告。

（4）场地地震安全性评价报告（必要时提供）。

（5）风洞试验报告（必要时提供）。

（6）建设单位提出的与结构有关的符合有关标准、法规的书面要求。

（7）初步设计的审查、批复文件。

（8）对于超限高层建筑，应有超限高层建筑工程抗震设防专项审查意见。

（9）采用桩基础时，应有试桩报告或深层平板载荷试验报告或基岩载荷板试验报告（若试桩或试验尚未完成，应注明桩基础图不得用于实际施工）。

（10）本专业设计所执行的主要法规和所采用的主要标准（包括标准的名称、编号、年号和版本号）。

3. 图纸说明

（1）图纸中标高、尺寸的单位。

（2）设计±0.000m标高所对应的绝对标高值。

（3）当图纸按工程分区编号时，应有图纸编号说明。

（4）常用构件代码及构件编号说明。

（5）各类钢筋代码说明，型钢代码及截面尺寸标记说明。

（6）混凝土结构采用平面整体表示方法时，应注明所采用的标准图名称及编号或提供标准图。

4. 建筑分类等级

应说明下列建筑分类等级及所依据的规范或批文：

（1）建筑结构安全等级。

（2）地基基础设计等级。

（3）建筑抗震设防类别。

（4）钢筋混凝土结构抗震等级。

（5）地下室防水等级。

（6）人防地下室的设计类别、防常规武器抗力级别和防核武器抗力级别。

（7）建筑防火分类等级和耐火等级。

（8）混凝土构件的环境类别。

5. 主要荷载（作用）取值

（1）楼（屋）面面层荷载、吊挂（含吊顶）荷载。

（2）墙体荷载、特殊设备荷载。

（3）楼（屋）面活荷载。

（4）风荷载（包括地面粗糙度、体型系数、风振系数等）。

（5）雪荷载（包括积雪分布系数等）。

（6）地震作用（包括设计基本地震加速度、设计地震分组、场地类别、场地特征周期、结构阻尼比、地震影响系数等）。

（7）温度作用及地下室水浮力的有关设计参数。

6. 设计计算程序

（1）结构整体计算及其他计算所采用的程序名称、版本号、编制单位。

（2）结构分析所采用的计算模型、高层建筑整体计算的嵌固部位等。

7. 主要结构材料

（1）混凝土强度等级、防水混凝土的抗渗等级、轻骨料混凝土的密度等级，注明混凝土耐久性的基本要求。

（2）砌体的种类及其强度等级、干容重，砌筑砂浆的种类及等级，砌体结构施工质量控制等级。

（3）钢筋种类、钢绞线或高强钢丝种类及对应的产品标准，其他特殊要求（如强屈比等）。

（4）成品拉索、预应力结构的锚具、成品支座（如各类橡胶支座、钢支座、隔震支座等）、阻尼器等特殊产品的参考型号、主要参数及所对应的产品标准。

（5）钢结构所用的材料。

8. 基础及地下室工程

（1）工程地质及水文地质概况，各主要土层的压缩模量及承载力特征值等，对不良地基的处理措施及技术要求，抗液化措施及要求，地基土的冰冻深度等。

（2）注明基础形式和基础持力层，采用桩基时应简述桩型、桩径、桩长、桩端持力层及桩进入持力层的深度要求，设计所采用的单桩承载力特征值（必要时尚应包括竖向抗拔承载力和水平承载力）等。

（3）地下室抗浮（防水）设计水位及抗浮措施，施工期间的降水要求及终止降水的条件等。

（4）基坑、承台坑回填要求。

（5）基础大体积混凝土的施工要求。

（6）当有人防地下室时，应图示人防部分与非人防部分的分界范围。

9. 钢筋混凝土工程

（1）各类混凝土构件的环境类别及其受力钢筋的保护层最小厚度。

（2）钢筋锚固长度、搭接长度、连接方式及要求，各类构件的钢筋锚固要求。

（3）预应力构件采用后张法时的孔道做法及布置要求、灌浆要求等，预应力构件张拉端、固定端构造要求及做法，锚具防护要求等。

（4）预应力结构的张拉控制应力、张拉顺序、张拉条件（如张拉时的混凝土强度等）、必要的张拉测试要求等。

（5）梁、板的起拱要求及拆模条件。

（6）后浇带或后浇块的施工要求（包括补浇时间要求）。

（7）特殊构件施工缝的位量及处理要求。

（8）预留孔洞的统一要求（如补强加固要求），各类预埋件的统一要求。

（9）防雷接地要求。

10. 钢结构工程

11. 砌体工程

（1）砌体墙的材料种类、厚度，填充墙成墙后的墙重限制。

（2）砌体填充墙与框架梁、柱、剪力墙的连接要求或注明所引用的标准图。

（3）砌体墙上门窗洞口过梁要求或注明所引用的标准图。

（4）需要设置的构造柱、圈梁（拉梁）要求及附图或注明所引用的标准图。

12. 检测（观测）要求

（1）沉降观测要求。

（2）大跨度结构及特殊结构的检测或施工安装期间的监测要求。

（3）高层、超高层结构应根据情况补充日照变形观测等特殊变形观测要求。

13. 施工需特别注意的问题

三、范例

下面是一混凝土框架结构的结构设计总说明的例子。

结构设计总说明

一、工程概况

本工程为××××，结构形式为混凝土框架，采用柱下独立基础，地下室层高 3.200m，标准层层高为 3.300m。

二、设计依据

《建筑结构可靠度设计统一标准》（GB 50068—2001）

《建筑抗震设防分类标准》（GB 50223—2008）

《建筑结构荷载规范》（GB 50009—2012）

《建筑抗震设计规范》（GB 50011—2010）

《建筑地基基础设计规范》（GB 50007—2011）

《混凝土结构设计规范》（GB 50010—2010）

《砌体结构设计规范》（GB 50003—2011）

《××××岩土工程详细勘察报告》

中国建筑科学研究院 PKPMCAD 工程部提供结构计算软件及绘图软件。

三、一般说明

3.1　本工程结构的安全等级为二级，结构重要性系数取 1.0，在确保说明要求的材料性能、荷载取值、施工质量及正常使用与维修控制条件下，本工程的结构设计年限为 50 年。

3.2　本工程图中尺寸除注明者外，均以 mm 为单位，标高以 m 为单位。

3.3　本工程±0.000m 为室内地面标高，相对于绝对标高见结施图。

3.4　根据《建筑抗震设计规范》（GB 50011—2010）附录 A，本工程抗震设防烈度小于 6 度，设计地震分组为第一组（基本地震加速 0.5），场地类别为三类，无液化土层。考虑到承重墙体对结构整体刚度的影响，周期折减系数取 0.85。

3.5　本工程为丙类建筑，其地震作用及抗震措施均按 6 度考虑，框架的抗震等级为：框架三级，剪力墙三级。

3.6　建筑物耐久性环境，地上结构为一类，地下为二类。露天环境和厨房、卫生间的环境类别为二类。

四、可变荷载

基本风压值 0.4kN/m²，基本雪压 0.45kN/m²，阳台、楼梯间 2.5kN/m²，卧室、餐厅 2.0kN/m²，书房 2.0kN/m²，厨房、卫生间 2.0kN/m²，不上人层面 0.7kN/m²，上人层面 2.0kN/m²，客厅、起居室 2.0kN/m²。

五、地基与基础

5.1 本工程采用柱下独立基础，基础持力层位于第 2 层粉质黏土层上，地基承载力特征值为 160kPa。

5.2 基坑开挖时应根据现场场地情况由施工方确定基坑支护方案。

5.3 施工时应采用必要的降水措施，确保水位降至基底下 500mm 处，降水作业应持续至基础施工完成。

六、材料（图中注明者除外）

6.1 混凝土。

混凝土强度等级见表 2-2：

表 2-2　　　　　　　　　混 凝 土 强 度 等 级

结构部分	强度等级	备注
基础	C15	垫层抗渗等级 S6
地下室墙、基础板	C30	
柱标高 15.180m 以下	C30	
柱标高 15.180m 以上	C25	
所有现浇板、框架梁	C25	

6.2 钢材钢筋采用：HPB300 级，HRB335 级，HRB400 级。

6.3 油漆：凡外露钢构件必须在除锈后涂防腐漆、面漆各两道，并经常注意维护。

6.4 砌体：按质量控制 B 级，施工方法及要求参见省标 97YJ406。

七、构造要求

7.1 混凝土保护层（mm）：纵向受力钢筋的混凝土保护层厚度除符合表 2-3 规定外，不应小于钢筋的公称直径。

表 2-3　　　　　　纵向受力钢筋的混凝土保护层厚度　　　　　　（mm）

地下室外墙外侧	30
地下室外墙内侧	20
基础底板、梁下部	40
基础底板、梁上部	30
框架柱	30
楼面梁	25
楼板、楼梯板混凝土墙	15

注：梁板预埋管的混凝土保护层厚度大于或等于 30mm，板墙中分布钢筋保护层厚度大于或等于 10mm，柱、梁中箍筋和构造钢筋的保护层厚度不应小于 15mm。

7.2 纵向受拉钢筋的锚固长度 l_{aE}，详见《混凝土结构施工图平面整体表示方法制图规则和构造详图（现浇混凝土框架、剪力墙、梁、板）》（11G101—1）中表，纵向受压钢筋锚固长度应乘以修正系数 0.7 且应大于或等于 250mm。

7.3 钢筋的最小搭接长度 l_{LE} 应满足国家有关规定的要求。

八、门窗、楼梯、栏杆等预埋件

门窗、楼梯、栏杆等预埋件详见结施图。

九、施工要求

本工程施工时，除应遵守本说明及各设计图纸说明外，尚应严格执行《混凝土结构工程施工质量验收规范》（GB 50204—2015）。

十、核对及沉降观测

应结合各专业图纸预留孔洞，沿口尺寸及位置需由各专业工种核对无误后方可浇筑混凝土。

沉降观测：本工程应在施工及使用过程中进行沉降观测，观测点的位置、埋设、保护，请施工与使用单位配合。

十一、采用标准图集

《混凝土结构施工图平面整体表示方法制图规则和构造详图（现浇混凝土框架、剪力墙、梁、板）》（11G101—1），钢筋混凝土过梁（02YG301），砌体结构构造详图（02YG001—1）。

十二、基础梁平面表示法

基础梁平面表示法参见 11G101—3。

第四节 基础施工图

一、概述

基础施工图一般由基础平面图、基础详图和设计说明组成。基础是首先施工的部分，基础施工图往往又是结构施工图的前几张图纸。其中，设计说明的主要内容是明确室内地面的设计标高及基础埋深、基础持力层及其承载力特征值、基础的材料，以及对基础施工的具体要求。

二、内容

1. 基础平面图

基础平面图是假想用一个水平面沿着地面剖切整幢房屋，移去上部房屋和基础上的泥土，用正投影法绘制的水平投影。基础平面图主要表示基础的平面布置情况，以及基础与墙、柱定位轴线的相对关系，是房屋施工过程中指导放线、基坑开挖、定位基础的依据。基础平面图的绘制比例，通常采用 1∶50、1∶100、1∶200。基础平面图中的定位轴线网格与建筑平面图中的轴线网格完全相同。

基础平面图的主要内容包括：

1）图名、比例。

2）纵横定位轴线及其编号。

3）基础的平面布置，即基础墙、构造柱、承重柱及基础底面的形状、大小及其与轴线之间的关系。

4）基础梁或基础圈梁的位置及其代号。

5）断面图的剖切线及其编号。

6）轴线尺寸、基础大小尺寸和定位尺寸。

7）施工说明。

8）当基础底面标高有变化时，应在基础平面图对应部位的附近画出一段基础的垂直剖面图，来表示基底标高的变化，并标注相应基底的标高。

2. 基础详图

由于基础布置平面图只表示了基础平面布置，没有表达出基础各部位的断面，为了给基础施工提供详细的依据，就必须画出各部分的基础断面详图。

基础详图是采用假想的剖切平面垂直剖切基础具有代表性的部位而得到的断面图。为了更清楚地表达基础的断面，基础详图的绘制比例通常取 1∶20、1∶30。基础详图充分表达了基础的断面形状、材料、大小、构造和埋置深度等内容。基础详图一般采用垂直的横剖断面表示。断面详图相同的基础用同一个编号、同一个详图表示。对断面形状和配筋形式都较类似的条形基础，可采用通用基础详图的形式，通用基础详图的轴线符号圆圈内不注明具体编号。

对于同一幢房屋，由于它内部各处的荷载和地基承载力不同，其基础断面的形式也不相同，所以需画出每一处断面形式不同的基础的断面详图，断面的剖切位置在基础平面图上用剖切符号表示。

基础详图的主要内容包括：

1）图名（或基础代号）、比例。

2）基础断面形状、大小、材料、配筋以及定位轴线及其编号（若为通用断面图，则轴线圆圈内为空白，不予编号）。

3）基础圈梁与构造柱的连接做法。

4）基础梁和基础圈梁的截面尺寸及配筋。

5）基础断面的细部尺寸和室内、外地面、基础垫层底面的标高等。

6）防潮层的位置和做法。

7）施工说明等。

基础施工图和基础详图如图 3-5～图 3-16 所示。

三、范例

1. 基础平面图

1）某柱下混凝土条形基础平面图如图 2-1 所示。

① 图中基础中心位置正好与定位轴线重合，基础的轴线距离都是 6.00m，每根基础梁上有三根柱子，用黑色的矩形表示。

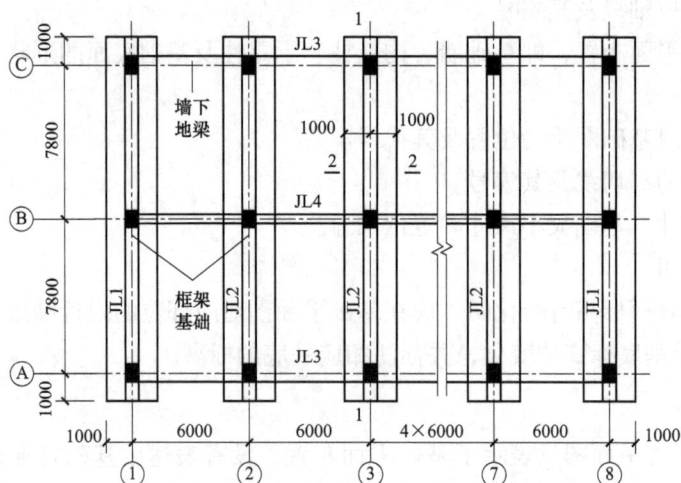

图 2-1　某柱下混凝土条形基础平面图

② 地梁底部扩大的面为基础底板，即图中基础的宽度为 2.00m。

③ 从图上的编号可以看出两端轴线，即①轴和⑧轴的基础相同，均为 JL1；其他中间各轴线的基础相同，均为 JL2。

④ 从图中看出基础全长 18.00m，地梁长度为 15.60m。基础两端还有为了承托上部墙体（砖墙或轻质砌块墙）而设置的基础梁，标注为 JL3，它的断面要比 JL1、JL2 小，尺寸为 300mm×550mm（$b×h$）。

⑤ JL3 的设置，使我们在看图中了解到该方向可以不必再另行挖土方做砖墙的基础了。

⑥ 柱子的柱距均为 6.0m，跨度为 7.8m。

2）某桩基础承台平面图如图 2-2 所示。

① 图名为基础结构平面图，绘图比例为 1∶100。

② 定位轴线编号和轴线间尺寸与桩位平面布置图中的一致，也与建筑平面图一致。

③ CT 为独立承台的代号，图中出现的此类代号有 CT-1a、CT-1、CT-2、CT-3，表示四种类型的独立承台。

④ 承台周边的尺寸可以表达出承台中心线偏离定位轴线的距离，以及承台外形几何尺寸。如图中①轴与 B 轴交叉处的独立承台，尺寸数字"420"和"580"表示承台中心向右偏移出①轴 80mm，承台该边边长 1000mm；从尺寸数字"445"和"555"中，可以看出该独立承台中心向上偏移出 B 轴轴线 55mm，承台该边边长 1000mm。

⑤ JL1、JL2 代表两种类型的地梁，从 JL1 剖面图下附注的说明可知，基础结构平面图中未注明地梁均为 JL1，所有主次梁相交处附加吊筋 2φ14，垫层同垫台。地梁连接各个独立承台，并把它们形成一个整体，地梁一般沿轴线方向布置，偏移轴线的地梁标有位移大小。剖切符号 1—1、2—2、3—3 表示承台详图中承台在基础结构平面布置图上的剖切位置。

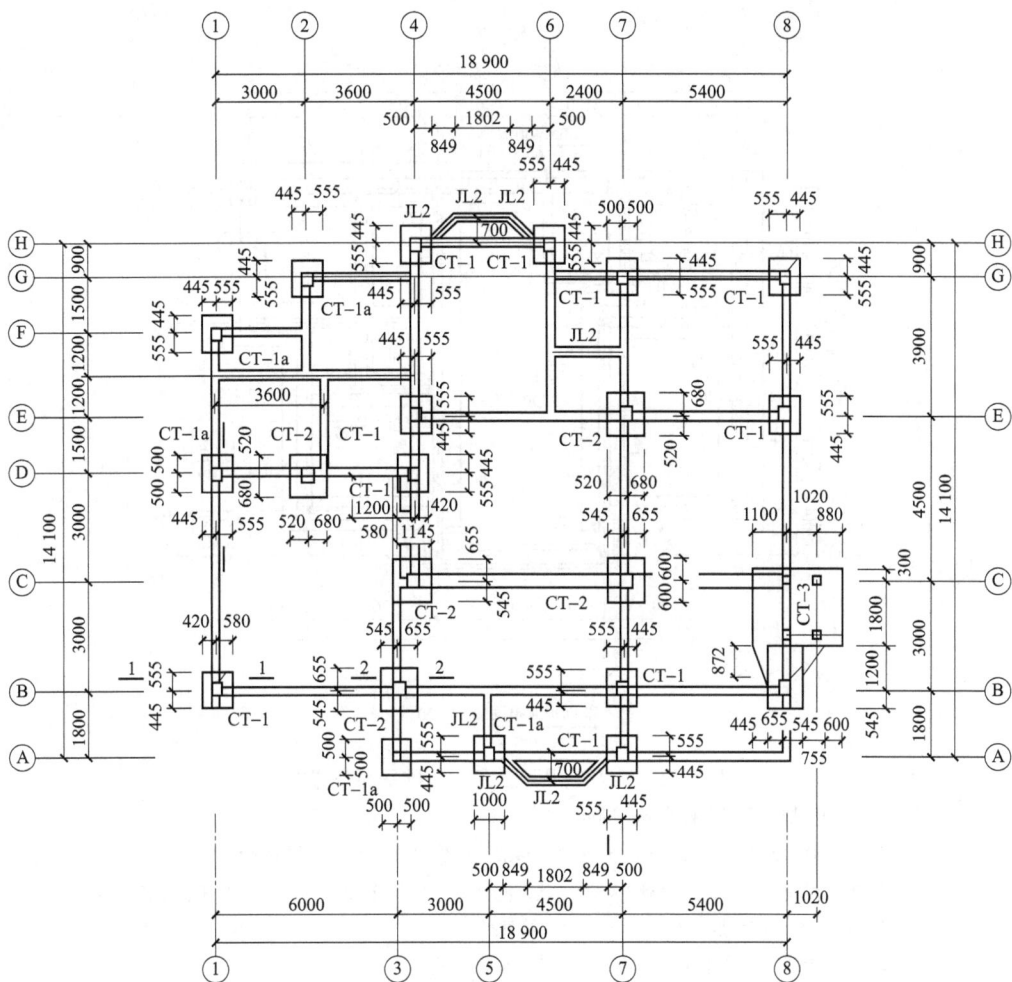

基础结构平面图 1:100

图 2-2 某桩基础承台平面图

3）某墙下混凝土条形基础平面图如图 2-3 所示。

① 在基础平面布置图的说明中，我们可以看到基础采用的材料、基础持力层的名称、承载力特征值 f_{ak} 和基础施工时的一些注意事项等。

② 在②轴靠近 F 轴位置墙上的 $\dfrac{300 \times 450}{-1.500}$，粗实线表示预留洞口的位置，这个洞口宽×高为 300mm×450mm，洞口的底标高为−1.500m。

③ 标注 4—4 剖面处，基础宽度 1200mm，墙体厚度 240mm，墙体轴线居中，基础两边线到定位轴线的距离均为 600mm；标注 5—5 剖面处，基础宽度 1200mm，墙体厚度 370mm，墙体偏心 65mm，基础两边线到定位轴线的距离分别为 665mm 和 535mm。

4）某独立基础平面图如图 2-4 所示。

① 从独立基础整体平面图中，我们可以看到独立基础的整体布置，以及各个独立基础的配筋要求，相同独立基础用统一编号代替。

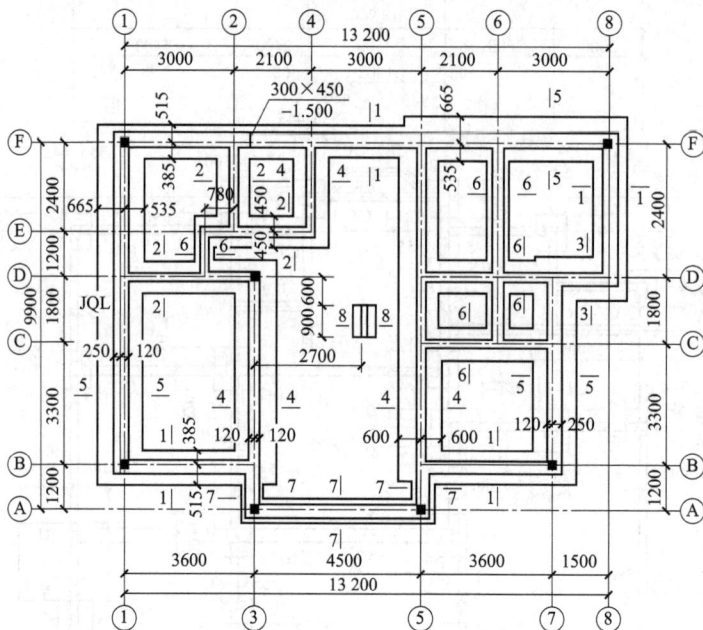

基础平面布置图 1:100

图 2-3 某墙下混凝土条形基础平面布置图

说明：1. ±0.000 相当于绝对标高 80.900m；

   2. 根据地质报告，持力层为粉质黏土，其地基承载力特征值 f_{ak} = 150MPa；

   3. 本工程墙下采用钢筋混凝土条形基础，混凝土强度等级 C25，钢筋 HPB300、HRB335；

   4. GZ 主筋锚入基础内 40d（d 为柱内主筋直径）；

   5. 地基开挖后待设计部门验槽后方可进行基础施工；

   6. 条形基础施工完成后对称回填土，且分层夯实，然后施工上部结构。

 ② 在独立基础底板底部双向配筋示意图中 B：X：Φ16@150，表示基础底板底部配置 HRB400 级钢筋，X 向直径为 16mm，分布间距 150mm。

 ③ 在独立基础底板底部双向配筋示意图中 B：Y：Φ16@200 表示基础底板底部配置 HRB400 级钢筋，Y 向直径为 16mm，分布间距 200mm。

 5）某梁板式筏形基础平面图（主梁集中标注示意图）如图 2-5 所示。

 ① 集中标注的第一行表示基础主梁（JZL），代号为 3 号；"（4B）"表示该梁为 4 跨，并且两端具有悬挑部分；主梁宽 700mm，高 1100mm。

 ② 集中标注的第二行表示箍筋的规格为 HPB300，直径 10mm，间距 150mm，4 肢。

 ③ 集中标注的第三行"B"表示梁底部的贯通筋，8 根 HRB335 钢筋，直径为 25mm；"T"是梁顶部的贯通筋，14 根 HRB335 钢筋，直径为 25mm；分两排摆放，第一排 10 根，第二排 4 根。

 ④ 集中标注的第四行表示梁的底面标高，比基准标高低 0.91m。

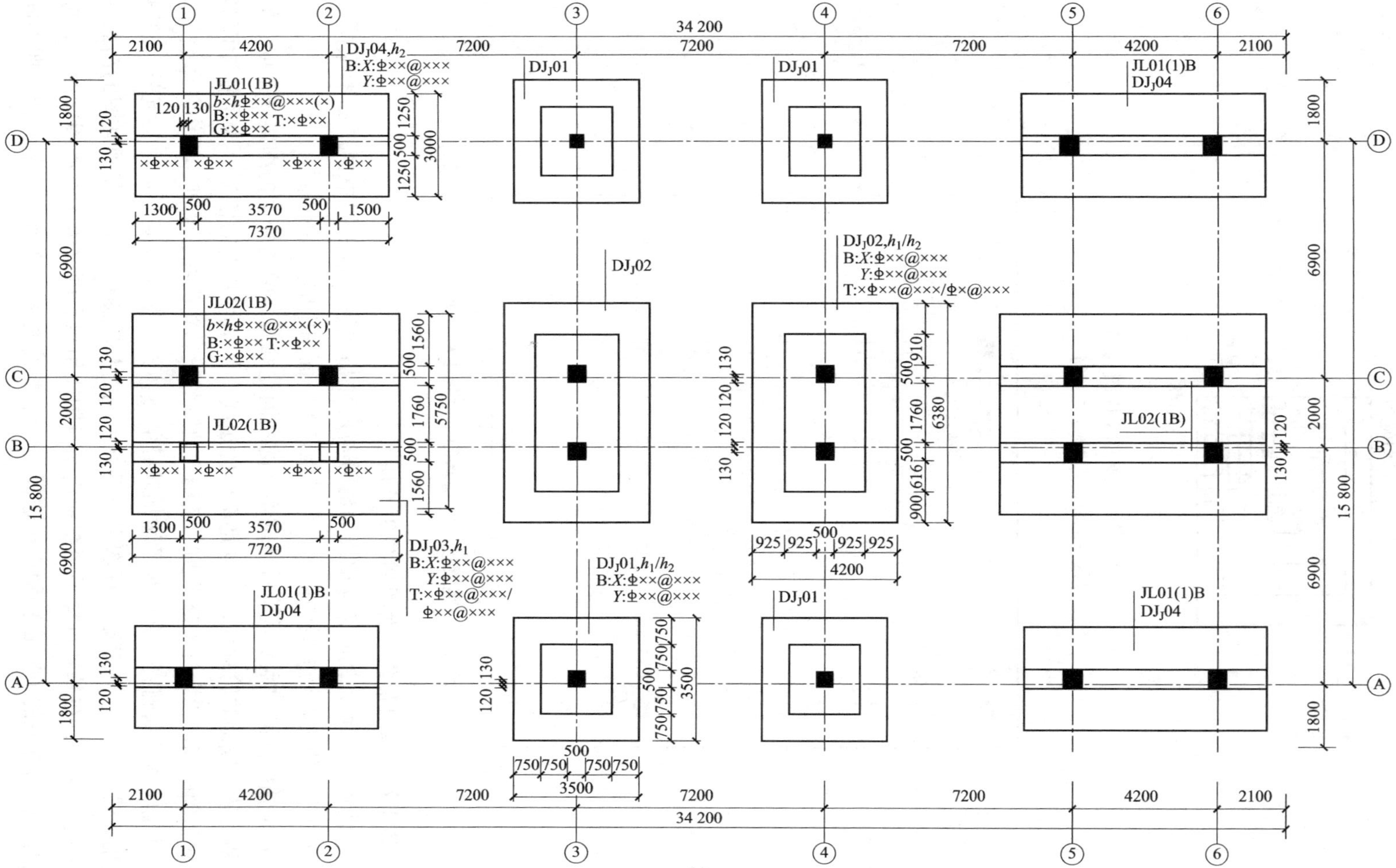

(a)

图 2-4　某独立基础平面图（一）

（a）某独立基础整体平面图

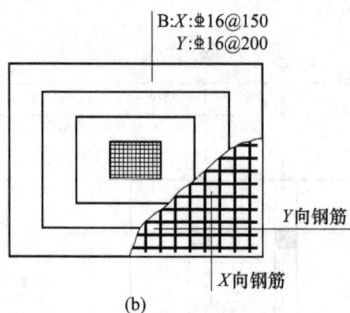

B:X:Φ16@150
Y:Φ16@200

Y向钢筋

X向钢筋

(b)

图 2-4 某独立基础平面图（二）

（b）某独立基础底板底部双向配筋示意图

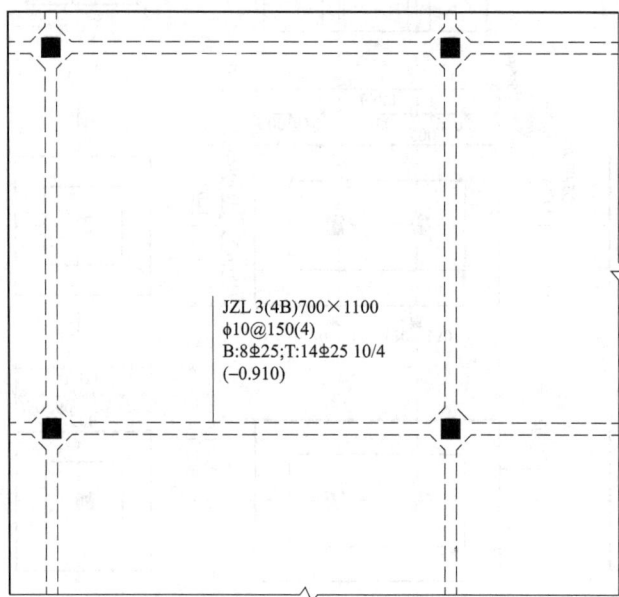

JZL 3(4B)700×1100
ϕ10@150(4)
B:8Φ25;T:14Φ25 10/4
(−0.910)

图 2-5 某梁板式筏型基础主梁集中标注示意图

6）某疗养院基础布置平面图如图 2-6 所示。

① 基础布置平面图中的定位轴线的编号与尺寸都与建筑施工图中的平面图保持一致。定位轴线是施工现场放线的依据，是基础布置平面图中的重要内容。

② 定位轴线两侧的粗线是墙身被剖切到的断面轮廓线。两墙外侧的细实线是可见但未被剖到的基础底部的轮廓线，它也是基础的边线，是基坑开挖的依据。为了使图面简洁，一般基础的细部投影都省略不画，基础大放脚的投影轮廓线在基础详图中具体表示。

③ 基础圈梁及基础梁。有时为了增加基础的整体性，防止或减轻不均匀沉降，需要设置基础圈梁（JQL）。该基础平面图中虽没有表现出基础圈梁，但在基础详图的剖面图中会反映出其结构，在基础布置平面图中沿墙身轴线用粗点画线表示基础圈梁的中心位置；同时在旁边标注的 JQL 也特别指出这里布置了基础圈梁，这因设计单位的习惯不同而异。

30

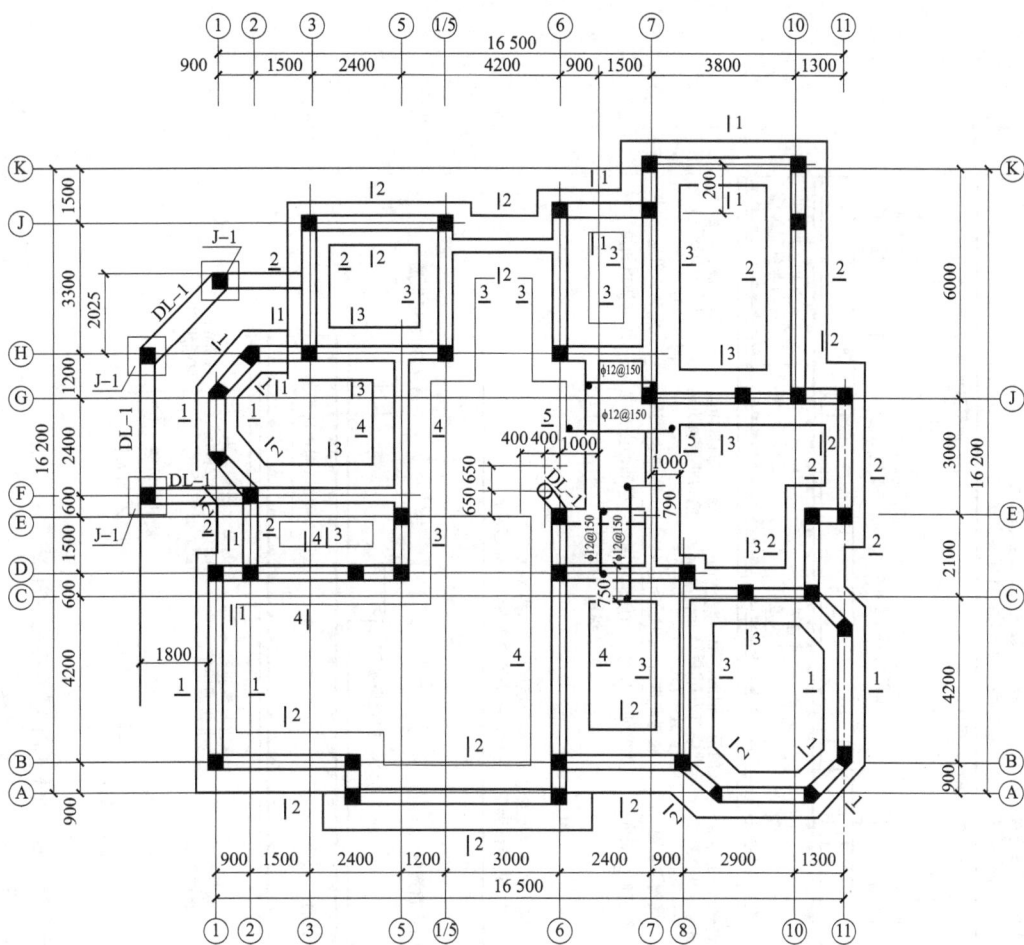

基础布置平面图 1:100

图 2-6 某疗养院基础布置平面图

④ 该图中涂黑的矩形或块状部分表示被剖切到的建筑物构造柱。构造柱通常从基础梁和基础圈梁的上面开始设置并伸入地梁内。它是为了满足抗震设防的要求，按照《建筑抗震设计规范》（GB 50011—2010）的有关规定设置的。

⑤ 该图中出现的符号、代号。如 DL-1，DL 表示地梁，"1" 为编号，图中有许多个 "DL-1"，表明它们的内部构造相同。类似的如 "J-1"，表示编号为 1 的由地梁连接的柱下条形基础。

2. 基础详图

1）某梁板式筏形基础详图（平板 LPB 钢筋构造示意图）如图 2-7 所示。

梁板式筏形基础平法施工图，是在基础平面布置图上采用平面注写方式进行表达。

2）某钢柱下独立基础详图（剖面图）如图 2-8 所示。

① 地脚螺栓中心至基础顶面边缘的距离不小于 5d（d 为地脚螺栓直径）及 150mm。

② 钢柱底板边线至基础顶面边缘的距离不小于 100mm。

顶部贯通纵筋在连接区内采用搭接、机械连接或焊接。同一连接区段内接头面积百分比不宜大于50‰。当钢筋长度可穿过一连接区到下一连接区并满足要求时，宜穿越设置

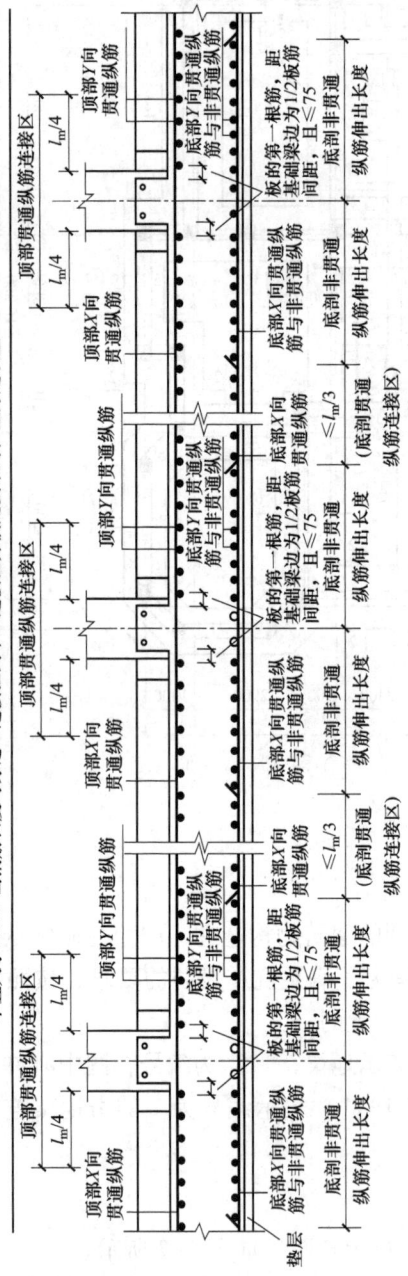

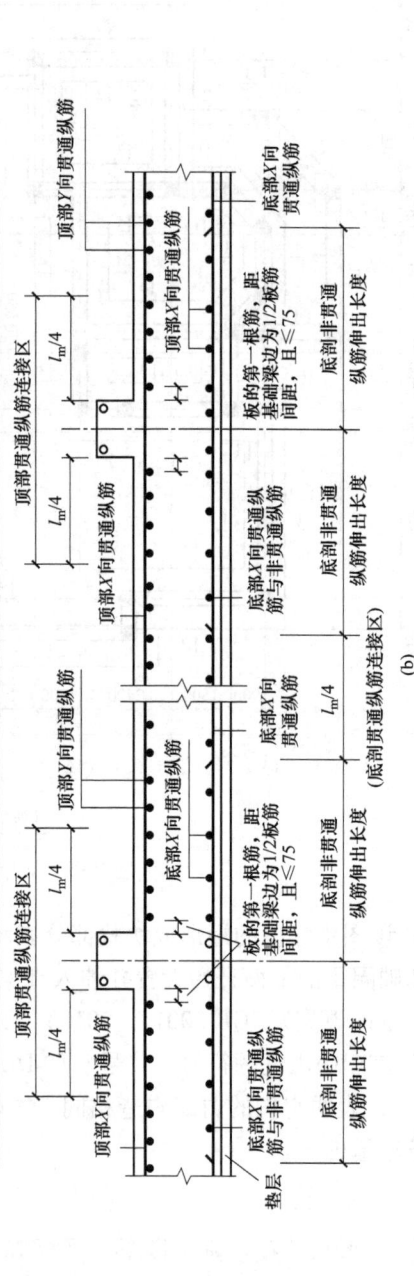

顶部贯通纵筋连接区

$l_n/4$

顶部X向贯通纵筋

顶部Y向贯通纵筋

底部X向贯通纵筋

底部Y向贯通纵筋

底筋与非贯通纵筋与非贯通

板的第一根筋，距基础梁边为1/2板筋间距，且≤75

底部非贯通纵筋

纵筋伸出长度

≤$l_n/3$（底部贯通纵筋连接区）

垫层

(a)

顶部贯通纵筋在连接区内采用搭接、机械连接或焊接。同一连接区段内接头面积百分比不宜大于50‰。当钢筋长度可穿过一连接区到下一连接区并满足要求时，宜穿越设置

顶部贯通纵筋连接区

$l_n/4$

顶部X向贯通纵筋

顶部Y向贯通纵筋

底部X向贯通纵筋

底部Y向贯通纵筋

底筋与非贯通纵筋与非贯通

板的第一根筋，距基础梁边为1/2板筋间距，且≤75

底部非贯通纵筋

纵筋伸出长度

(底部贯通纵筋连接区)

(b)

图2-7 无梁板式筏形基础平板LPB钢筋构造示意图
(a)柱下区域；(b)跨中区域

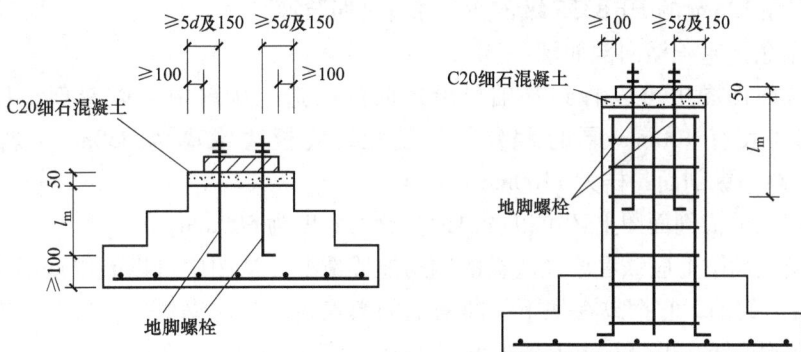

图 2-8 某钢柱下独立基础详图

③ 基础顶面设 C20 细石混凝土二次浇灌层，厚度一般可采用 50mm。

④ 基础高度 $h \geq l_m +100mm$（l_m 为地脚螺栓的埋置深度）。

3）某柱下条形基础详图如图 2-9 所示。

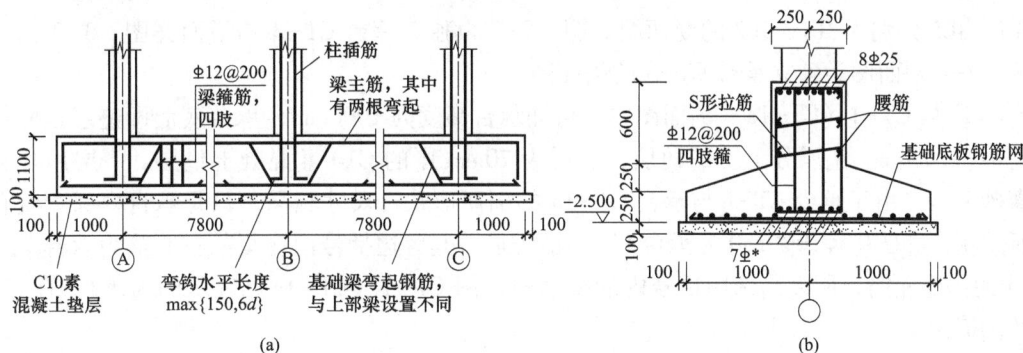

图 2-9 某柱下条形基础剖面图

（a）柱下条形基础纵向剖面图；（b）柱下条形基础横向剖面图

① 柱下条形基础纵向剖面图。

a. 从该剖面图中可以看到基础梁沿长向的构造，首先看出基础梁的两端有一部分挑出长度为 1000mm，由力学知识可以知道，这是为了更好地平衡梁在框架柱处的支座弯矩。

b. 基础梁的高度是 1100mm，基础梁的长度为 17 600mm，即跨距 7800mm×2 加上柱轴线到梁边的 1000mm×2，故总长为 7800mm×2+1000mm×2＝17 600mm。

c. 弄清楚梁的几何尺寸之后，主要是看懂梁内钢筋的配置。我们可以看到，竖向有三根柱子的插筋，长向有梁的上部主筋和下部的受力主筋。根据力学的基本知识我们可以知道，基础梁承受的是地基土向上的反力，它的受力就好比是一个翻转 180° 的上部结构的梁，因此跨中上部钢筋配置得多而支座处下部钢筋配置得少，而且最明显的是如果设弯起钢筋时，弯起钢筋在柱边支座处斜的方向和上部结构的梁的弯起钢筋斜向相反。这些在看图时和施工绑扎钢筋时必须弄清楚，否则就会造成错误，再加上检查疏忽而浇筑了混凝土那就会成为质量事故。此外，上下的受力钢筋用钢箍绑扎成梁，图中注明了箍筋采用直径 12mm 的 HRB335 级钢筋，并且是四肢箍。

② 柱下条形基础横向剖面图。

a. 从该剖面图中可以看到基础梁沿短向的构造，从图中可以看到，基础宽度为 2.00m，基础底有 100mm 厚的素混凝土垫层，底板边缘厚为 250mm，斜坡高也为 250mm，梁高与纵剖面一样为 1100mm。

b. 从基础的横剖面图上还可以看出地基梁的宽度为 500mm。

c. 在横剖面图上应该看梁及底板的钢筋配置情况，从图中可以看出底板在宽度方向上是主要受力钢筋，它摆放在底下，断面上的黑点表示长向钢筋，一般是分布筋。板钢筋上面是梁的配筋，可以看出上部主筋有 8 根，下部配置有 7 根。

d. 柱下条形基础纵向剖面图提到的四肢箍是由两个长方形的钢箍组成的，上下钢筋由四肢钢筋连接在一起，这种形式的箍筋称为四肢箍。另外，由于梁高较大，在梁的两侧一般设置侧向钢筋加强，俗称腰筋，并采用 S 形拉结筋勾住以形成整体。

4）某桩基础承台详图如图 2-10 所示。

① 图 CT-1（CT-1a）、CT-2 分别为独立承台 CT-1（CT-1a）、CT-2 的剖面图。图 JL1、JL2 分别为 JL1、JL2 的断面图。图 CT-3 为独立承台 CT-3 的平面详图。3-3 剖面图、4-4 剖面图为独立承台 CT-3 的剖面图。

② 从 CT-1（CT-1a）剖面图中，可知承台高度为 1000mm，承台底面即垫层顶面标高为 -1.500m。垫层分上、下两层，上层为 70mm 厚的 C10 素混凝土垫层，下层用片石灌砂夯实。由于承台 CT-1 与承台 CT-1a 的剖面形状、尺寸相同，只是承台内部配置有所差别，如图中 φ10@150 为承台 CT-1 的配筋，其旁边括号内注写的三肢箍为承台 CT-1a 的内部配筋，所以当选用括号内的配筋时，图 CT-1（CT-1a）表示的为承台 CT-1a 的剖面图。

③ 从平面详图 CT-3 中，可以看出该独立承台由两个不同形状的矩形截面组成，一个是边长为 1200mm 的正方形独立承台，另一个为截面尺寸为 2100mm×3000mm 的矩形双柱独立承台。两个矩形部分之间用间距为 150mm 的 φ8 钢筋拉结成一个整体。图中"上下 φ6@150"表示该部分上下部分两排钢筋均为间距 150mm 的 φ6 钢筋，其中弯钩向左和向上的钢筋为下排钢筋，弯钩向右和向下的钢筋为上排钢筋。

④ 剖切符号 3-3、4-4 表示断面图 3-3、4-4 在该详图中的剖切位置。从 3-3 断面图中可以看出，该承台断面宽度为 1200mm，垫层每边多出 100mm，承台高度 850mm，承台底面标高为 -1.500m，垫层构造与其他承台垫层构造相同。

⑤ 从 4-4 断面图中可以看出，承台底部所对应的垫层下有两个并排的桩基，承台底部与顶部均纵横布置着间距 150mm 的 φ6 钢筋，该承台断面宽度为 3000mm，下部垫层两外侧边线分别超出承台宽两边线 100mm。

⑥ CT-3 为编号为 3 的一种独立承台结构详图，实际是该独立承台的水平剖面图。图中显示两个不同形状的矩形截面，它们之间用间距为 150mm 的 φ8 钢筋拉结成一个整体。该图中上下 φ16@150 表达的是上下两排 φ16 的钢筋间距 150mm 均匀布置，图中钢筋弯钩向左和向上的表示下排钢筋，钢筋弯钩向右和向下的表示上排钢筋。还有，独立承台的剖切符号 3-3、4-4 分别表示对两个矩形部分进行竖直剖切。

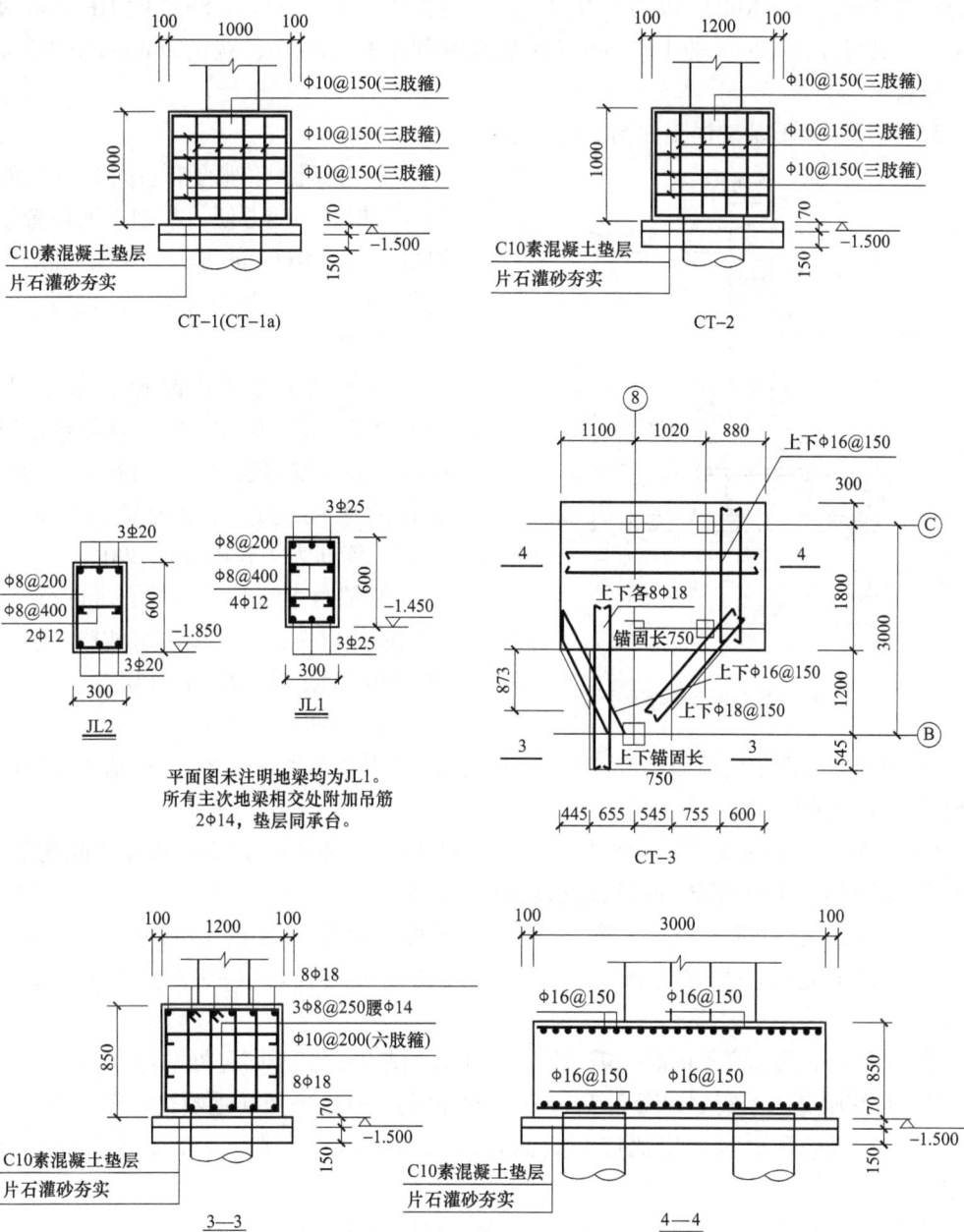

图 2-10 某桩基础承台详图

⑦ JL1 和 JL2 为两种不同类型的基础梁或地梁。JL1 详图也是该种地梁的断面图，截面尺寸为 300mm×600mm，梁底面标高为 −1.450m；在梁截面内，布置着 3 根直径为 25mm 的 HRB335 级架立筋，3 根直径为 25mm 的 HRB335 级受力筋，间距为 200mm、直径为 8mm 的 HPB300 级箍筋，4 根直径为 12mm 的 HPB300 级的腰筋和间距为 400mm、直径为 8mm 的 HPB300 级的拉筋。JL2 详图截面尺寸为 300mm×600mm，梁底面标高为 −1.850m；在梁截面内，上部布置着 3 根直径为 20mm 的 HRB335 级的架立筋，底部为 3

根直径为 20mm 的 HRB335 级的受力钢筋，间距为 200mm、直径为 8mm 的 HPB300 级的箍筋，2 根直径为 12mm 的 HPB300 级的腰筋和间距为 400mm、直径为 8mm 的 HPB300 级的拉箍。

5）某墙下条形基础详图如图 2-11 所示。

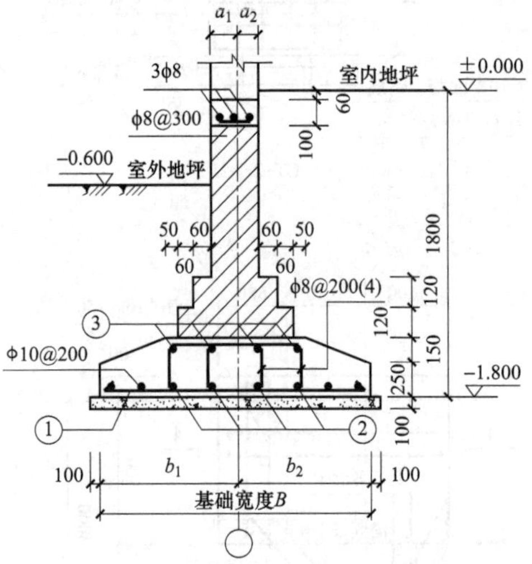

图 2-11　某墙下条形基础详图

① 为保护基础的钢筋同时也为施工时敷设钢筋弹线方便，基础下面设置了素混凝土垫层 100mm 厚，每侧超出基础底面各 100mm，一般情况下垫层混凝土等级常采用 C10。

② 该条形基础内配置了①号钢筋，为 HRB335 或 HRB400 级，具体数值可以通过"基础细部数据表"查得，受力钢筋按普通梁的构造要求配置，上下各为 4Φ14，箍筋为 4 肢箍 Φ8@200。

③ 墙身中粗线之间填充了图例符号，表示墙体材料是砖，墙下有放脚，由于受刚性角的限制，故分两层放出，每层 120mm，每边放出 60mm。

④ 基础底面即垫层顶面标高为 −1.800m，说明该基础埋深 1.8m，在基础开挖时必须要挖到这个深度。

6）平板式筏形基础详图如图 2-12（下板带 ZXB 与跨中板带 KZB 纵向钢筋构造示意图）和图 2-13（平板 BPB 钢筋构造示意图）所示。

① 平板式筏形基础平法施工图，是在基础平面布置图上采用平面注写方式表达。

② 当绘制基础平面布置图时，应将平板式筏形基础与其所支承的柱、墙一起绘制。

③ 当基础底面标高不同时，需注明与基础底面基准标高不同之处的范围和标高。

7）石基础施工图实例如图 2-14（石基础详图）和图 2-15（地圈梁详图）所示。

① 一般基础顶面宽度应比墙基底面宽度大 200mm，基础底面的宽度由设计计算而定。

② 梯形基础坡角应大于 450mm，阶梯形基础每阶不小于 250mm。

③ 从图中可见，详图内表示出详图石砌体的形状、标高、尺寸、轴线、图名、地圈梁位置等内容。

④ 地圈梁（DQL）亦有简称为地梁，适用于所有条形砌体基础，其详图以剖面图表示。图 2-15 中地圈梁尺寸为 300mm×240mm，四角布置纵筋，HRB335 级钢筋，直径为 16mm；箍筋的直径为 6mm，间距 200mm。地圈梁的顶标高为 0.800m。

8）砖基础施工图（详图）实例如图 2-16 所示。

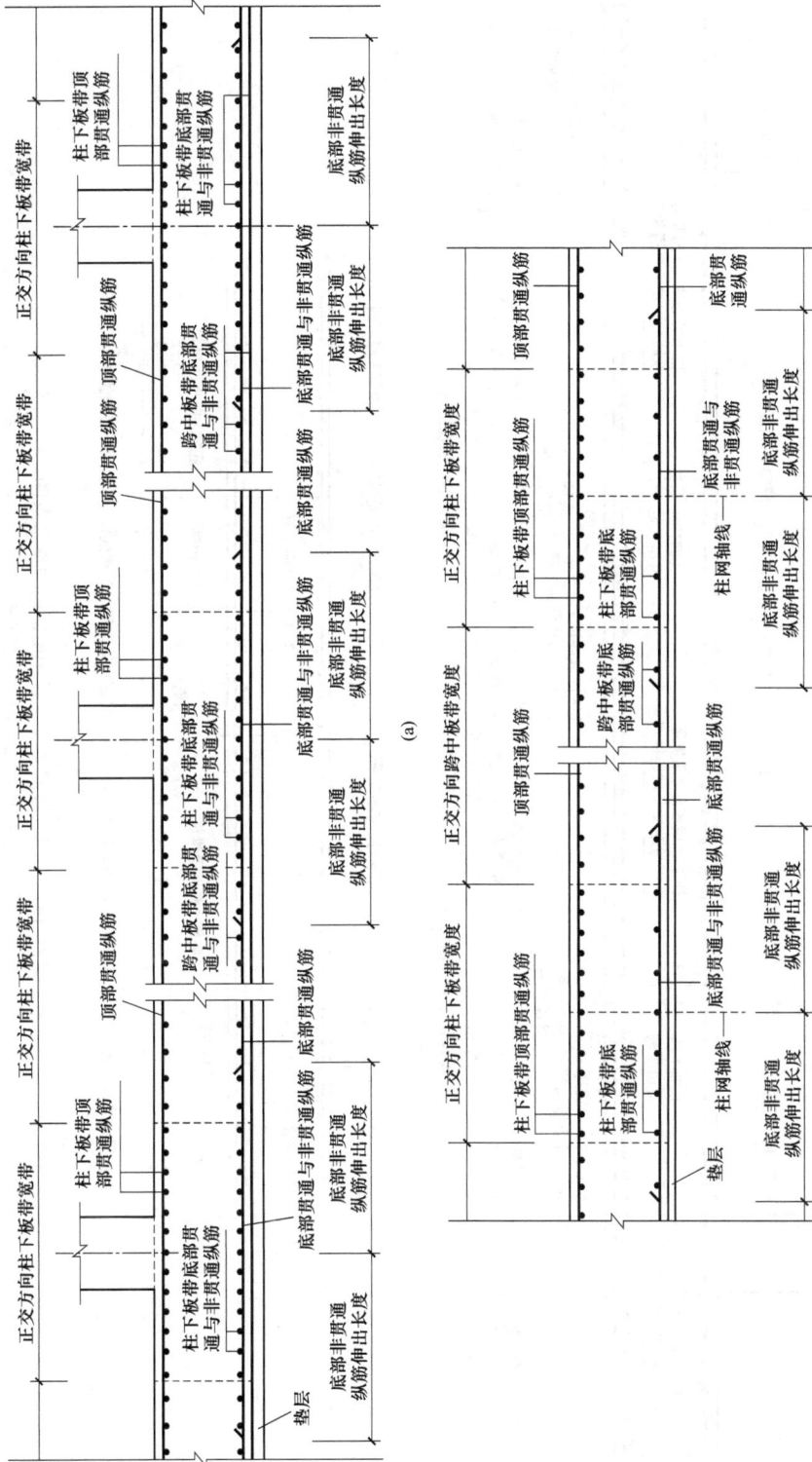

图 2-12 平板式筏形基础下板带 ZXB 与跨中板带 KZB 纵向钢筋构造示意图

(a) 平板式筏形基础下板带 ZXB 纵向钢筋构造; (b) 平板式筏形基础跨中板带 KZB 纵向钢筋构造

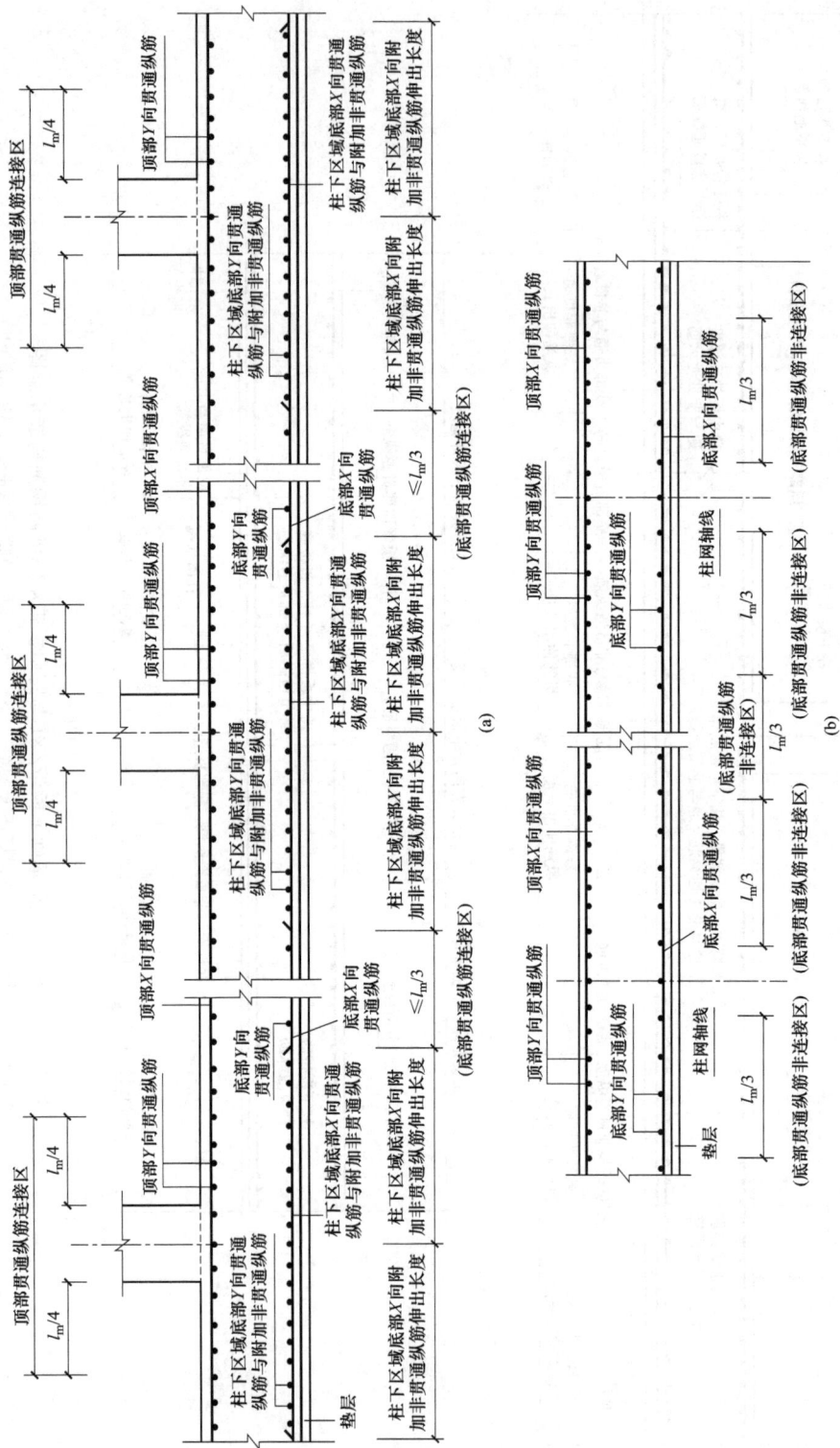

图 2-13 平板式筏形基础平板 BPB 钢筋构造示意图

(a) 柱下区域; (b) 跨中区域

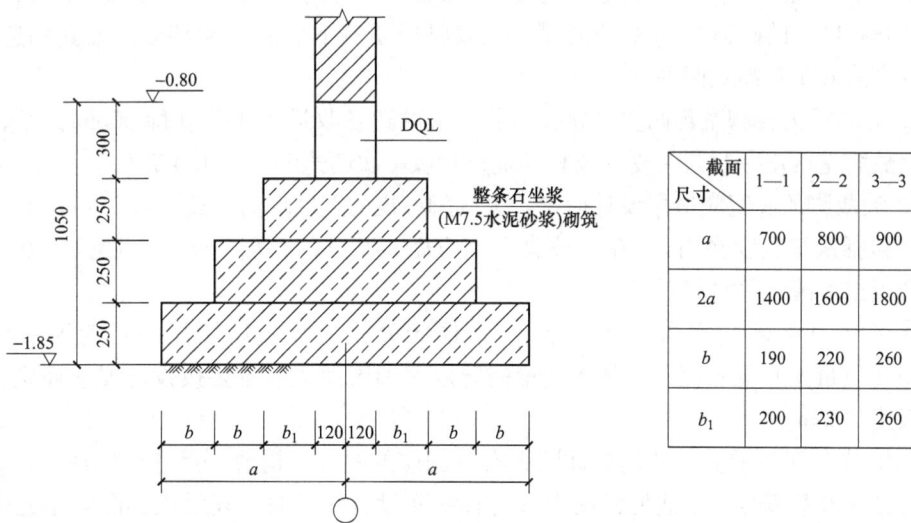

图 2-14　石基础详图

截面 尺寸	1—1	2—2	3—3
a	700	800	900
$2a$	1400	1600	1800
b	190	220	260
b_1	200	230	260

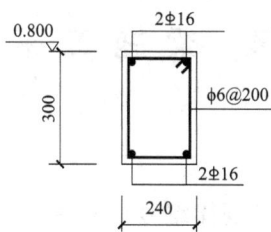

图 2-15　地圈梁详图

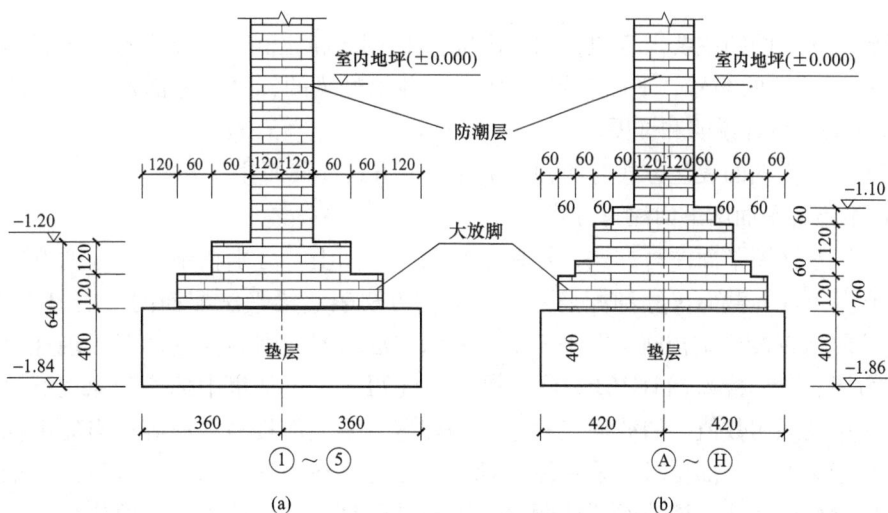

图 2-16　砖基础详图

（a）等高式；（b）不等高式

① 普通砖基础采用烧结普通砖与砂浆砌成，由墙基和大放脚两部分组成，其中墙基（即±0.000 以下的砌体）与墙身同厚，大放脚即墙基下面的扩大部分，按其构造不同，分为等高式和不等高式两种。

② 等高式大放脚是每两皮一收，每收一次两边各收进 1/4 砖（即 60mm）长；不等高式大放脚是两皮一收与一皮一收相间隔，每收一次两边各收进 1/4 砖长。

③ 大放脚的底宽应根据设计而定。大放脚各皮的宽度应为半砖（即 120mm）长的整倍数（包括灰缝宽度在内）。在大放脚下面应做砖基础的垫层，垫层一般采用灰土、碎砖三合土或混凝土等材料。

④ 在墙基上部（室内地面以下 1~2 层砖处）应设置防潮层，防潮层一般采用 1∶2.5（质量比）的水泥砂浆加入适量的防水剂铺浆而成，主要按设计要求而定，其厚度一般为 20mm。

⑤ 从图中可以看到，砖基础详图中有其相应的图名、构造、尺寸、材料、标高、防潮层、轴线及其编号，当遇见详图中只有轴线而没有编号时，表示该详图对于几个轴线而言均为适合。

⑥ 当其编号为Ⓐ~Ⓗ表明该详图在Ⓐ~Ⓗ轴之间各轴上均有该详图。

第五节　梁 施 工 平 面 图

一、概述

梁施工平面图是将梁按照一定规律编号，将各种编号的梁配筋直径、数量、位置和代号一起注写在梁平面布置图上，直接在平面图中表达，不再单独绘制梁的剖面图。

二、内容

梁施工平面图的主要内容包括如下内容：① 图名和比例。② 定位轴线及其编号、间距和尺寸。③ 梁的编号、平面布置。④ 每一种编号梁的标高、截面尺寸、钢筋配置情况。⑤ 必要的设计说明和详图。

梁施工平面图的表达方式有两种：平面注写方式和截面注写方式。

1）梁施工平面图平面注写方式。

梁施工平面图平面注写方式，是在梁平面布置图上，分别在不同编号的梁中各选一根梁，在其上注写截面尺寸和配筋具体数值的方法表达梁平法配筋图，如图 2-17（a）所示。按照《混凝土结构施工图平面整体表示方法制图规则和构造详图（现浇混凝土框架、剪力墙、梁、板）》（11G101—1），梁平面注写方式包括集中标注和原位标注。集中标注表达梁的通用数值，如截面尺寸、箍筋配置、梁上部贯通钢筋等；当集中标注的数值不适用于梁的某个部位时，采用原位标注，原位标注表达梁的特殊数值，如梁在某一跨改变的梁截面尺寸、该处的梁底配筋或增设的钢筋等。在施工时，原位标注取值优先于集中标注。

图 2-17（b）是与梁施工平面图对应的传统表达方法，要在梁上不同的位置剖断并

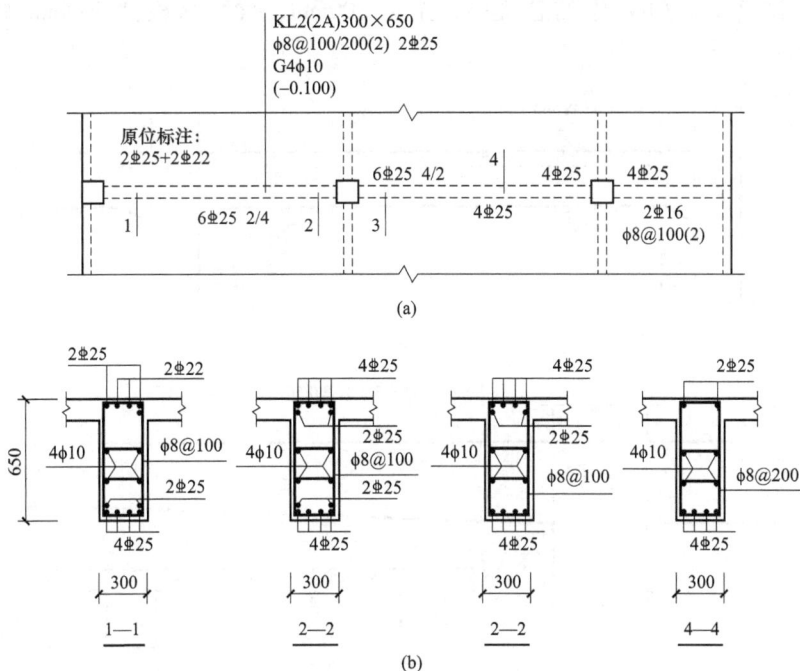

图 2-17 梁施工平面图

(a) 梁施工平面图平面注写方式；(b) 梁施工平面图传统表达方法

绘制断面图来表达梁的截面尺寸和配筋情况。

① 梁的集中标注。

a. 梁的编号（必注值）。梁编号由梁类型代号、序号、跨数及有无悬挑代号组成，应符合表 2-4 的规定。

表 2-4　　　　　　　　　　　　梁 编 号

梁 类 型	代　号	序　号	跨数及是否有悬挑
楼层框架梁	KL	××	(××)、(××A) 或 (××B)
屋面框架梁	WKL	××	(××)、(××A) 或 (××B)
框支梁	KZL	××	(××)、(××A) 或 (××B)
非框架梁	L	××	(××)、(××A) 或 (××B)
悬挑梁	XL	××	—
井字梁	JZL	××	(××)、(××A) 或 (××B)

注：(××A) 为一端有悬挑，(××B) 为两端有悬挑，悬挑不计入跨数。

b. 梁截面尺寸（必注值）。当为等截面梁时，用 $b \times h$ 表示；当为加腋梁时，用 $b \times h$ $Yc_1 \times c_2$ 表示，Y 是加腋的标志，c_1 是腋长，c_2 是腋高。图 2-18 (a) 中，梁跨中截面为 300mm×700mm（$b \times h$），梁两端加腋，腋长 500mm，腋高 250mm，因此该梁表示为：300mm×700mm Y500mm×250mm。当有悬挑梁且根部和端部截面高度不同时，用斜线 "/" 分隔根部与端部的高度值，即为 $b \times h_1 / h_2$，b 为梁宽，h_1 指梁根部的高度，h_2 指梁端部的高度。图 2-18（b）中的悬挑梁，梁宽 300mm，梁高从根部 700mm 减小到端部的 500mm。

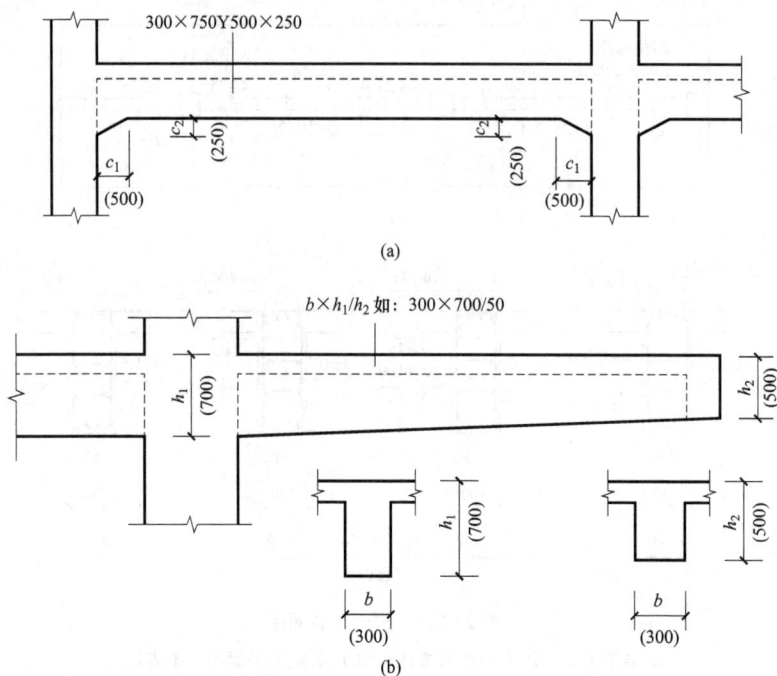

图 2-18　悬挑梁不等高截面尺寸注写（单位：mm）

c. 梁箍筋（必注值）。梁箍筋，包括钢筋级别、直径、加密区与非加密区间距与肢数。箍筋加密区与非加密区的不同间距与肢数用斜线"/"分隔；当梁箍筋为同一种间距及肢数时，则无须用斜线；当加密区与非加密区的箍筋肢数相同时，则将肢数注写一次；箍筋肢数注写在括号内。加密区的长度范围则根据梁的抗震等级见相应的标准构造详图。

d. 梁上部通长钢筋或架立筋配置（必注值）。这里所标注的规格与根数应根据结构受力的要求及箍筋肢数等构造要求而定。当同排纵筋中既有通长筋又有架立筋时，应用"+"将通长筋和架立筋相连。注写时需将角部纵筋写在加号的前面，架立筋写在加号后面的括号内，以示不同直径及与通长钢筋的区别。当全部是架立筋时，则将其写在括号内。

如果梁的上部纵筋和下部纵筋均为贯通筋，且多数跨相同时，也可将梁上部和下部贯通筋同时注写，中间用"；"分隔。如"3Φ22；3Φ20"表示梁上部配置 3Φ22 通长钢筋，梁的下部配置 3Φ20 通长钢筋。

e. 梁侧面纵向构造钢筋或受扭钢筋的配置（必注值）。当梁腹板高度大于 450mm 时，需配置梁侧纵向构造钢筋，其数量及规格应符合规范要求。注写此项时以大写字母 G 打头，接续注写设置在梁两个侧面的总配筋值，且对称配置，如 G4Φ12 表示梁的两个侧面共配置 4Φ12 的纵向构造钢筋，每侧配置 2Φ12。当梁侧面需要配置受扭纵向钢筋时，此项注写值时以大写字母 N 打头，接续注写设置在梁两个侧面的总配筋值，且对称配置。受扭纵向钢筋应满足侧面纵向构造钢筋的间距要求，且不再重复配置纵向构造钢筋，如 N6Φ22 表示梁的两个侧面共配置 6Φ22 的受扭纵向钢筋，每侧配置 3Φ22。

f. 梁顶面标高差（选注项）。梁顶面标高差指梁顶面相对于结构层楼面标高的差值，用括号括起。当梁顶面高于楼面结构标高时，其标高高差为正值，反之为负值。如果二者没有高差，则没有此项。

② 梁的原位标注。

a. 梁支座上部纵筋的数量、级别和规格，其中包括上部贯通钢筋，写在梁的上方，并靠近支座。当上部纵筋多于一排时，用"/"将各排纵筋分开，如6Φ25 4/2表示上排纵筋为4Φ25，下排纵筋为2Φ25；如果是4Φ25/2Φ22则表示上排纵筋为4Φ25，下排纵筋为2Φ22。当同排纵筋有两种直径时，用"+"将两种直径的纵筋连在一起，注写时将角部纵筋写在前面。如梁支座上部有四根纵筋，2Φ25放在角部，2Φ22放在中部，则应注写为2Φ25+2Φ22；又如4Φ25+2Φ22/4Φ22表示梁支座上部共有十根纵筋，上排纵筋为4Φ25和2Φ22，4Φ25中有两根放在角部，另2Φ25和2Φ22放在中部，下排还有4Φ22。当梁中间支座两边的上部钢筋不同时，需在支座两边分别注写；当梁中间支座两边的上部钢筋相同时，可仅在支座的一边标注配筋值，另一边省去不注。

b. 梁的下部纵筋的数量、级别和规格，写在梁的下方，并靠近跨中处。当下部纵筋多于一排时，用"/"将各排纵筋分开，如6Φ25 2/4表示上排纵筋为2Φ25，下排纵筋为4Φ25；如果是2Φ20/3Φ25则表示上排纵筋为2Φ20，下排纵筋为3Φ25。当同排纵筋有两种直径时，用"+"将两种直径的纵筋连在一起，注写时将角部纵筋写在前面。如梁下部有四根纵筋，2Φ25放在角部，2Φ22放在中部，则应注写为2Φ25+2Φ22；又如3Φ22/3Φ25+2Φ22表示梁下部共有八根纵筋，上排纵筋为3Φ22，下排纵筋为3Φ25和2Φ22，3Φ25中有两根放在角部。如果梁的集中标注中已经注写了梁上部和下部均为通长钢筋的数值时，则不在梁下部重复注写原位标注。

c. 附加箍筋或吊筋。在主次梁交接处，有时要设置附加箍筋或吊筋，可直接画在平面图中的主梁上，并引注总配筋值，如图2-19所示。当多数附加箍筋或吊筋相同时，可在梁平法施工图上统一注明，少数与统一注明值不同时，再原位引注。

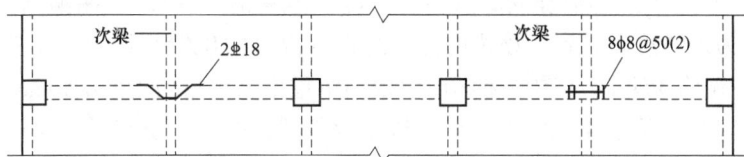

图2-19　附加箍筋或吊筋画法

d. 当在梁上集中标注的内容（即梁截面尺寸、箍筋、上部通长筋或架立筋、梁侧面纵向构造钢筋或受扭纵向钢筋，以及梁顶面标高高差中的某一项或几项数值）不适用于某跨或某悬挑部位时，则将其不同的数值原位标注在该跨或该悬挑部位，施工的时候应按原位标注的数值优先取用，这一点是值得注意的。

2）梁施工平面图截面注写方式。

梁施工平面图截面注写方式，是在分标准层绘制的梁平面布置图上，分别在不同编号的梁中各选择一根梁用剖面号引出配筋图，并在其上注写截面尺寸和配筋（上部筋、下部筋、箍筋和侧面构造筋）具体数值的方式来表达梁施工平面图。截面注写方式可以单独使用，也可与平面注写方式结合使用。

3）梁施工平面图的识图步骤。

① 查看图名、比例。

② 校核轴线编号及间距尺寸，必须与建筑图、基础平面图、柱平面图保持一致。

③ 与建筑图配合，明确各梁的编号、数量及位置。

④ 阅读结构设计总说明或有关分页专项说明，明确各标高范围剪力墙混凝土的强度等级。

⑤ 根据各梁的编号，查对图中标注或截面标注，明确梁的标高、截面尺寸和配筋。再根据抗震等级、标准构造要求确定纵向钢筋、箍筋和吊筋的构造要求（包括纵向钢筋锚固搭接长度、切断位置、连接方式、弯折要求，箍筋加密区范围等）。

三、范例

1）某梁施工平面图如图 2-20 所示。

① 图中的图号为某办公楼结构施工图-06，绘制比例为 1∶100。

② 图中框架梁（KL）编号从 KL_1 至 KL_{20}，非框架梁（L）编号从 L_1 至 L_{10}。

③ KL_8（5）是位于 ① 轴的框架梁，5 跨，断面尺寸 300mm×900mm（个别跨与集中标注不同者原位注写，如 300mm×500mm、300mm×600mm）；2Φ22 为梁上部通长钢筋，箍筋 Φ8@100/150（2）为双肢箍，梁端加密区间距为 100mm，非加密区间距 150mm；G6Φ14 表示梁两侧面各设置 3Φ14 构造钢筋（腰筋）。支座负弯矩钢筋：A 轴支座处为两排，上排 4Φ22（其中 2Φ22 为通长钢筋），下排 2Φ22；B 轴支座处为两排，上排 4Φ22（其中 2Φ22 为通长钢筋），下排 2Φ25，其他支座这里不再赘述。值得注意的是，该梁的第一、二跨两跨上方都原位注写了"（4Φ22）"，表示这两跨的梁上部通长钢筋与集中标注的不同，不是 2Φ22，而是 4Φ22；梁断面下部纵向钢筋每跨各不相同，分别原位注写，如双排的 6Φ25 2/4、单排的 4Φ22 等。由标准构造详图可以计算出梁中纵筋的锚固长度，如第一支座上部负弯矩钢筋在边柱内的锚固长度 $l_{aE} = 31d = 31 \times 22 = 682$（mm）；支座处上部钢筋的截断位置（上排取净跨的 1/3、下排取净跨的 1/4）；梁端箍筋加密区长度为 1.5 倍梁高。另外还可以看到，该梁的前三跨在有次梁的位置都设置了吊筋 2Φ18（图中画出）和附加箍筋 3d@50（图中未画出但说明中指出），从距次梁边 50mm 处开始设置。

④ KL_{16}（4）是位于 ④ 轴的框架梁，该梁为弧梁，4 跨，断面尺寸 400mm×1600mm；7Φ25 为梁上部通长钢筋，箍筋 10@100（4）为四肢箍且沿梁全长加密，间距为 100mm；N10Φ16 表示梁两侧面各设置 5Φ16 受扭钢筋（与构造腰筋区别是二者的锚固不同）；支座负弯矩钢筋未见原位标注，表明都按照通长钢筋设置，即 7Φ25 5/2，分为两排，上排 5Φ25，下排 2Φ25；梁断面下部纵向钢筋各跨相同，统一集中注写，8Φ25 3/5，分为两排，上排 3Φ25，下排 5Φ25。由标准构造详图可以计算出梁中纵筋的锚固长度，如第一支座上部负弯矩钢筋在边柱内的锚固长度 $l_{aE} = 31d = 31 \times 22 \text{mm} = 682 \text{mm}$；支座处上部钢筋的截断位置；梁端箍筋加密区长度为 1.5 倍梁高。另外还可以看到，此梁在有次梁的位置都设置了吊筋 2Φ18（图中画出）和附加箍筋 3d@50（图中未画出但说明中指出），从距次梁边 50mm 处开始设置；集中标注下方的"（0.400）"表示此梁的顶标高较楼面标高为 400mm。

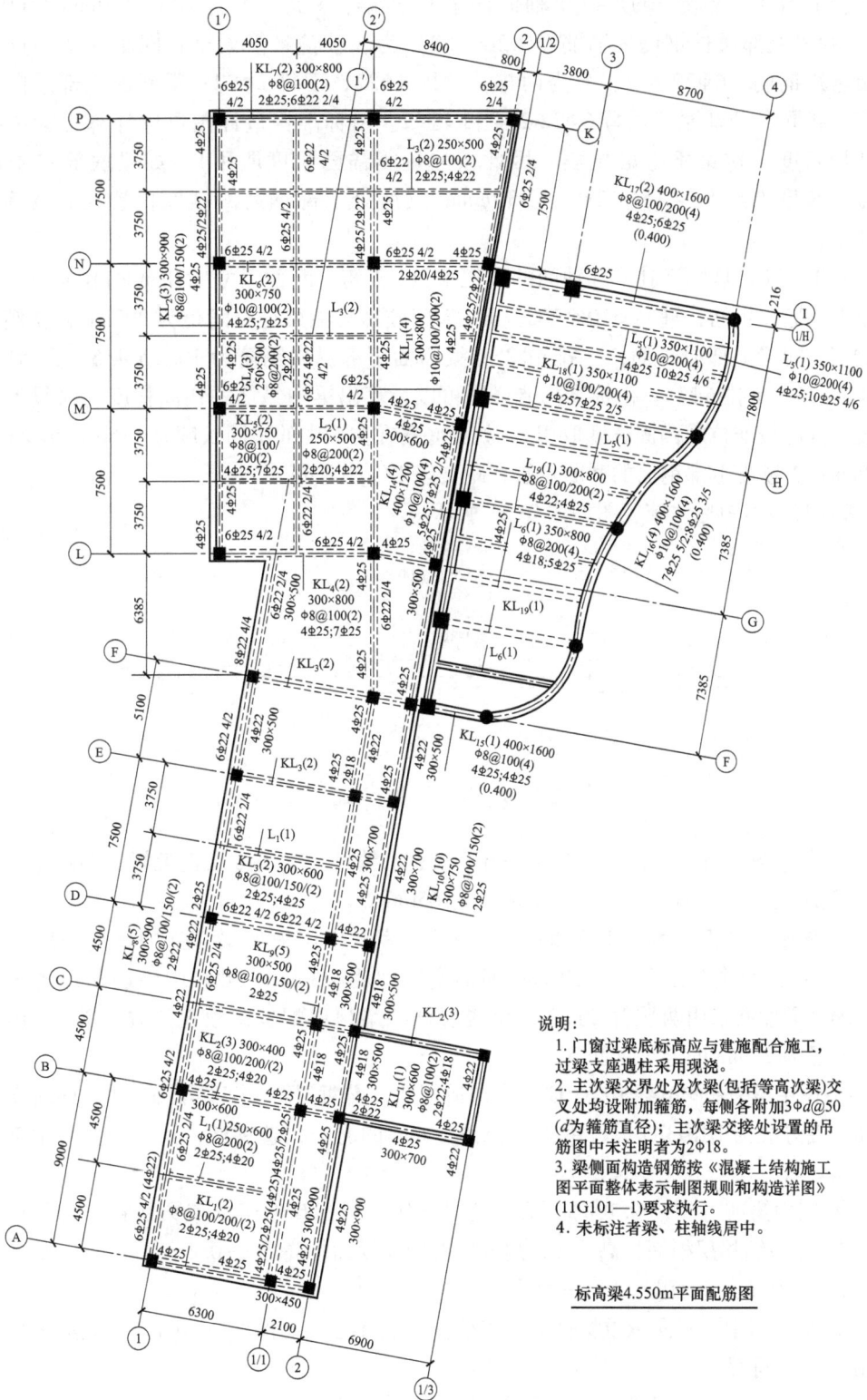

图 2-20 某梁施工平面图

标高梁4.550m平面配筋图

说明:
1. 门窗过梁底标高应与建施配合施工,过梁支座遇柱采用现浇。
2. 主次梁交界处及次梁(包括等高次梁)交叉处均设附加箍筋,每侧各附加3Φd@50(d为箍筋直径);主次梁交接处设置的吊筋图中未注明者为2Φ18。
3. 梁侧面构造钢筋按《混凝土结构施工图平面整体表示制图规则和构造详图》(11G101—1)要求执行。
4. 未标注者梁、柱轴线居中。

⑤ L_4（3）是位于①′~②′轴间的非框架梁，3 跨，断面尺寸 250mm×500mm；2Φ22 为梁上部通长钢筋，箍筋 Φ@200（2）为双肢箍且沿梁全长间距为 200mm；支座负弯矩钢筋：6Φ22 4/2，分为两排，上排 4Φ22，下排 2Φ22；梁断面下部纵向钢筋各跨不相同，分别原位注写 6Φ22 2/4 和 4Φ22。由标准构造详图可以计算出梁中纵筋的锚固长度（次梁不考虑抗震，因此按非抗震锚固长度取用），如梁底筋在主梁中的锚固长度 $l_a = 15d = 15×22mm = 330mm$；支座处上部钢筋的截断位置在距支座 1/3 净跨处。

⑥ L_5（1）是位于Ⓗ~Ⓗ轴间的非框架梁，1 跨，断面尺寸 350mm×1100mm；4Φ25 为梁上部通长钢筋，箍筋 Φ10@200（4）为四肢箍且沿梁全长间距为 200mm；支座负弯矩钢筋：同梁上部通长筋，一排 4Φ25；梁断面下部纵向钢筋为 10Φ25 4/6，分为两排，上排 4Φ25，下排 6Φ25。由标准构造详图可以计算出梁中纵筋的锚固长度（次梁不考虑抗震，因此按非抗震锚固长度取用），如梁底筋在主梁中的锚固长度 $l_a = 15d = 15×22mm = 330mm$；支座处上部钢筋的截断位置在距支座 1/3 净跨处。

2）某梁集中标注施工图如图 2-21 所示。

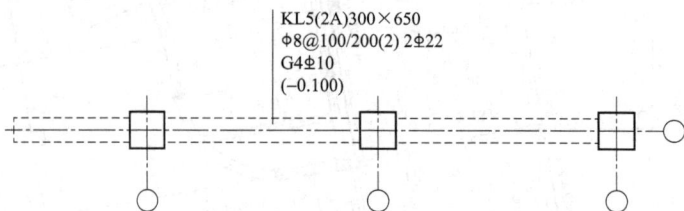

图 2-21　某梁集中标注施工图

① 图中第一行"KL5（2A）300×650"表示编号为 5 的楼层框架梁、两跨梁、梁的一端悬挑，梁的截面尺寸为 $b = 300mm$、$h = 650mm$。

② 图中第二行"Φ8@100/200（2）2Φ22"表示楼层框架梁箍筋的钢筋强度等级为 HPB300 级，钢筋直径 8mm，梁端箍筋加密区间距 100mm，梁跨中箍筋非加密区间距 200mm，梁箍筋采用两肢箍 2Φ22 表示楼层框架梁顶部配置 2 根钢筋强度等级 HRB335级、直径为 22mm 的通长钢筋。

③ 图中第三行"G4Φ10"，G 代表构造配筋，梁两侧面中部共配置（均匀布置）4 根钢筋强度等级为 HRB335 级、钢筋直径为 10mm 的通长构造钢筋，梁每个侧面中部各配置 2 根。

④ 图中第四行"（-0.100）"表示楼层框架梁顶标高低于框架梁所在结构层楼面标高 0.1m（即结构层楼面标高为 a，则楼层框架梁顶面标高为 a-0.1m）。

3）某梁施工平面图如图 2-22 所示。

① 平面图中，竖向承重构件有柱和墙体，墙体上做有圈梁（QL），其余梁的代号均采用"LL"符号。

② 图形名称为二层梁配筋平面图，比例为 1:150。

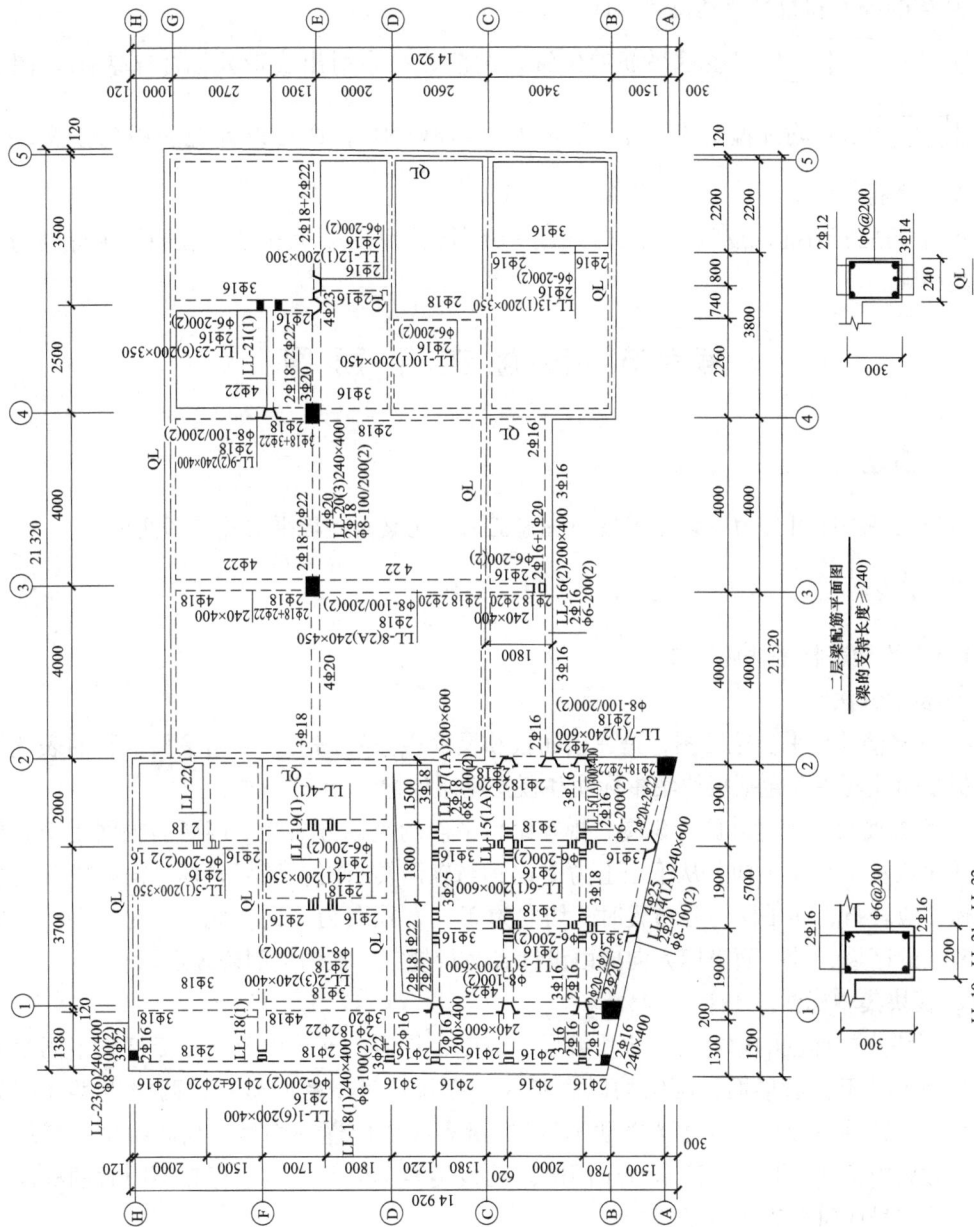

图 2 – 22 某梁施工平面图

二层梁配筋平面图
(梁的支持长度≥240)

LL-19、LL-22

LL-21

47

③ 轴线编号，水平方向为①~⑤轴，竖向为Ⓐ~Ⓗ轴，轴线间尺寸如图中所示。另有，①轴左侧为外挑部分，其外挑长度为1380mm，Ⓒ轴在房屋中部的前方亦有外挑，其长为1800mm。

④ 梁的编号和数量及其位置，详见图中所示。

⑤ 图中 ⎍ 表示吊筋的位置，配筋数量由引出线带其标注来表示。图中 ⊢|||⊣ 表示附加箍筋的位置，数量为"3φ8@50"，详见设计说明中的条文，实际增加的箍筋数为2个，另一个仍为基本箍筋。

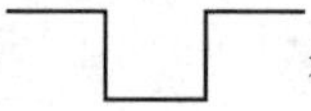

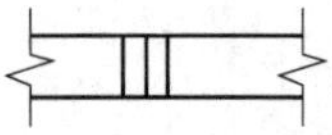

⑥ 梁的配筋情况，按照其注写方式逐一分别进行识读。其中该图表明梁顶标高与结构层高相同。

第六节　板施工平面图

一、概述

板施工平面图可分为有梁楼盖板平法施工图和无梁楼盖板平法施工图两种。

二、内容

1）有梁楼盖板平法施工图。

① 表示方法。

a. 有梁楼盖板平法施工图，是在楼面板和屋面板布置图上，采用平面注写的表达方式。板平面注写主要包括板块集中标注和板支座原位标注。

b. 为方便设计表达和施工识图，规定结构平面的坐标方向为：当两向轴网正交布置时，图面从左至右为 X 向，从下至上为 Y 向；当轴网转折时，局部坐标方向顺轴网转折角度做相应转折；当轴网向心布置时，切向为 X 向，径向为 Y 向。此外，对于平面布置比较复杂的区域，其平面坐标方向应由设计者另行规定并在图上明确表示。

② 板块集中标注。

a. 板块集中标注的内容为：板块编号、板厚、贯通纵筋，以及当板面标高不同时的标高高差。对于普通楼面，两向均以一跨为一板块；对于密肋楼盖，两向主梁（框架梁）均以一跨为一板块（非主梁密肋不计）。所有板块应逐一编号，相同编号的板块可择其一做集中标注，其他仅注写置于圆圈内的板编号，以及当板面标高不同时的标高高差。板块编号应符合表2-5的规定。

表 2-5　　　　　　　板　块　编　号

板 类 型	代 号	序 号
楼面板	LB	××
屋面板	WB	××
悬挑板	XB	××

板厚注写为 $h=\times\times\times$（h 为垂直于板面的厚度）；当悬挑板的端部改变截面厚度时，用"/"分隔根部与端部的高度值，注写为 $h=\times\times\times/\times\times\times$；当设计已在图注中统一注明板厚时，此项可不注。

贯通纵筋按板块的下部和上部分别注写（当板块上部不设贯通纵筋时则不注），并以 B 代表下部，以 T 代表上部，B&T 代表下部与上部；X 向贯通纵筋以 X 打头，Y 向贯通纵筋以 Y 打头，两向贯通纵筋配置相同时则以 X&Y 打头。当为单向板时，分布筋可不必注写，而在图中统一注明。

当在某些板内配置有构造钢筋时，则 X 向以 X_c，Y 向以 Y_c 打头注写。当 Y 向采用放射配筋时（切向为 X 向，径向为 Y 向），设计者应注明配筋间距的定位尺寸。当贯通筋采用两种规格钢筋"隔一布一"方式时，表达为 $xx/yy@\times\times\times$，表示直径为 xx 的钢筋和直径为 yy 的钢筋二者之间间距为 $\times\times\times$，直径 xx 的钢筋的间距为 $\times\times\times$ 的 2 倍，直径 yy 的钢筋的间距为 $\times\times\times$ 的 2 倍。板面标高高差，是指相对于结构层楼面标高的高差，应将其注写在括号内，且有高差则注，无高差不注。

b. 同一编号板块的类型、板厚和贯通纵筋均应相同，但板面标高、跨度、平面形状，以及板支座上部非贯通纵筋可以不同，如同一编号板块的平面形状可为矩形、多边形及其他形状等。施工预算时，应根据其实际平面形状，分别计算各块板的混凝土与钢材用量。设计与施工时应注意：单向或双向连续板的中间支座上部同向贯通纵筋，不应在支座位置连接或分别锚固。当相邻两跨的板上部贯通纵筋配置相同，且跨中部位有足够空间连接时，可在两跨任意一跨的跨中连接部位连接；当相邻两跨的上部贯通纵筋配置不同时，应将配置较大者越过其标注的跨数终点或起点伸至相邻跨的跨中连接区域连接。设计应注意板中间支座两侧上部贯通纵筋的协调配置，施工及预算应按具体设计和相应标准构造要求实施。等跨与不等跨板上部贯通纵筋的连接有特殊要求时，其连接部位及方式应由设计者注明。

③ 板支座原位标注。

a. 板支座原位标注的内容为：板支座上部非贯通纵筋和悬挑板上部受力钢筋。板支座原位标注的钢筋，应在配置相同跨的第一跨表达（当在梁悬挑部位单独配置时则在原位表达）。在配置相同跨的第一跨（或梁悬挑部位），垂直于板支座（梁或墙）绘制一段适宜长度的中粗实线（当该筋通长设置在悬挑板或短跨板上部时，实线段应画至对边或贯通短跨），以该线段代表支座上部非贯通纵筋，并在线段上方注写钢筋编号（如①、②等）、配筋值、横向连续布置的跨数（注写在括号内，且当为一跨时可不注），以及是否横向布置到梁的悬挑端。

板支座上部非贯通筋自支座中线向跨内的伸出长度，注写在线段的下方位置。

当中间支座上部非贯通纵筋向支座两侧对称伸出时，可仅在支座一侧线段下方标注伸出长度，另一侧不注，如图 2-23 所示。当向支座两侧非对称伸出时，应分别在支座两侧线段下方注写伸出长度，如图 2-24 所示。

对线段画至对边贯通全跨或贯通全悬挑长度的上部通长纵筋，贯通全跨或伸出至全悬挑一侧的长度值不注，只注明非贯通筋另一侧的伸出长度值，如图 2-25 所示。

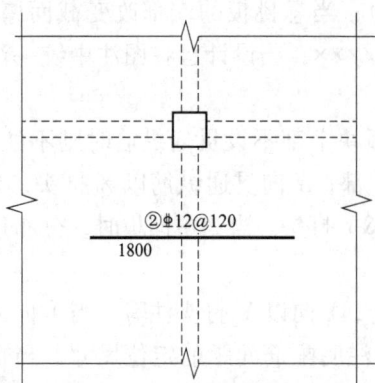

图 2-23　板支座上部非贯通筋对称伸出　　　　图 2-24　板支座上部非贯通筋非对称伸出

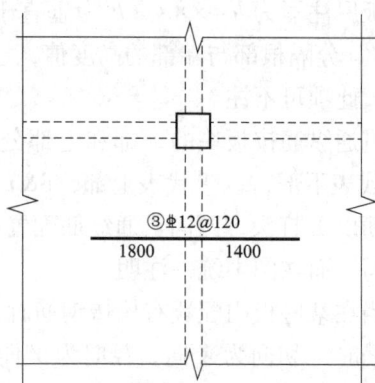

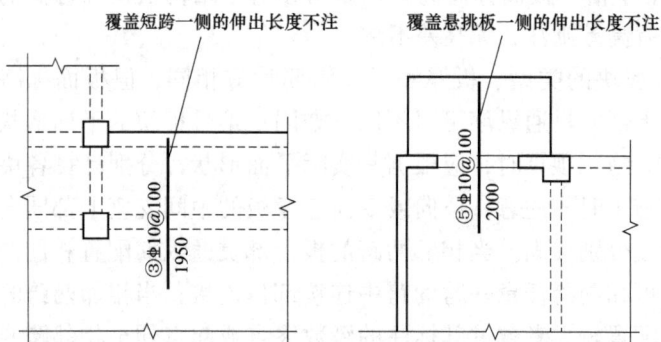

图 2-25　板支座上部非贯通筋贯通全跨或伸出至悬挑端

当板支座为弧形，支座上部非贯通纵筋呈放射状分布时，设计者应注明配筋间距的度量位置并加注"放射分布"四字，必要时应补绘平面配筋图，如图 2-26 所示。

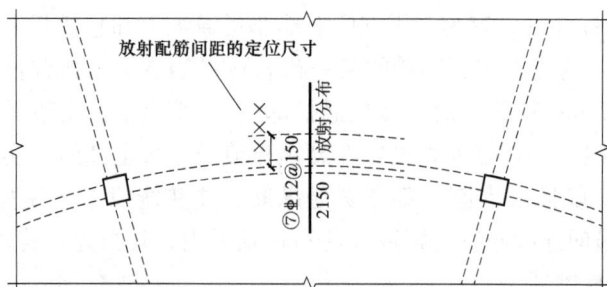

图 2-26　弧形支座处放射配筋

悬挑板的注写方式如图 2-27 所示。当悬挑板端部厚度不小于 150mm 时，设计者应指定板端部封边构造方式，当采用 U 形钢筋封边时，还应指定 U 形钢筋的规格、直径。

在板平面布置图中，不同部位的板支座上部非贯通纵筋及悬挑板上部受力钢筋，可仅在一个部位注写，对其他相同者则仅需在代表钢筋的线段上注写编号及注写横向连续布置的跨数即可。此外，与板支座上部非贯通纵筋垂直且绑扎在一起的构造钢筋或分布

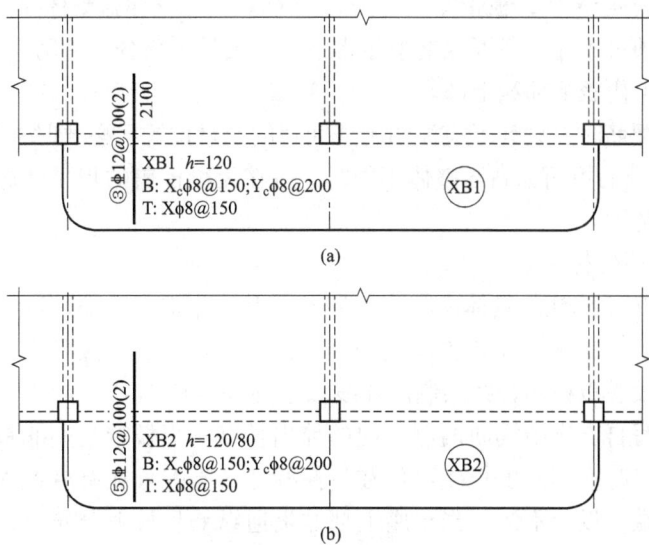

图 2-27　悬挑板支座非贯通筋

（a）悬挑板注写方式一；（b）悬挑板注写方式二

钢筋，应由设计者在图中注明。

b. 当板的上部已配置有贯通纵筋，但需增配板支座上部非贯通纵筋时，应结合已配置的同向贯通纵筋的直径与间距采取"隔一布一"方式配置。"隔一布一"方式，为非贯通纵筋的标注间距与贯通纵筋相同，两者组合后的实际间距为各自标注间距的1/2。当设定贯通纵筋为纵筋总截面面积的50%时，两种钢筋应取相同直径；当设定贯通纵筋大于或小于总截面面积的50%时，两种钢筋则取不同直径。

2）无梁楼盖板平法施工图。

① 表示方法。

a. 无梁楼盖板平法施工图，是在楼面板和屋面板布置图上，采用平面注写的表达方式。

b. 板平面注写主要有板带集中标注、板带支座原位标注两部分内容。

② 板带集中标注。

a. 集中标注应在板带贯通纵筋配置相同跨的第一跨（X 向为左端跨，Y 向为下端跨）注写。相同编号的板带可择其一做集中标注，其他仅注写板带编号（注写在圆圈内）。板带集中标注的具体内容为：板带编号，板带厚及板带宽，贯通纵筋。板带编号应符合表 2-6 的规定。

表 2-6　　　　　　板　带　编　号

板带类型	代　号	序　号	跨数及有无悬挑
柱上板带	ZSB	××	（××）、（××A）或（××B）
跨中板带	KZB	××	（××）、（××A）或（××B）

注：1. 跨数按柱网轴线计算（两相邻柱轴线之间为一跨）。

2. （××A）为一端有悬挑，（××B）为两端有悬挑，悬挑不计入跨数。

板带厚注写为 $h=×××$，板带宽注写为 $b=×××$。当无梁楼盖整体厚度和板带宽度已在图中注明时，此项可不注。贯通纵筋按板带下部和板带上部分别注写，并以 B 代表下部，T 代表上部，B&T 代表下部和上部。

当采用放射配筋时，设计者应注明配筋间距的度量位置，必要时补绘配筋平面图。

b. 当局部区域的板面标高与整体不同时，应在无梁楼盖的板平法施工图上注明板面标高高差及分布范围。

③ 板带支座原位标注。

a. 板带支座原位标注的具体内容为板带支座上部非贯通纵筋。以一段与板带同向的中粗实线段代表板带支座上部非贯通纵筋；对柱上板带，实线段贯穿柱上区域绘制；对跨中板带：实线段横贯柱网轴线绘制。在线段上注写钢筋编号（如①、②等）、配筋值，在线段的下方注写自支座中线向两侧跨内的伸出长度。当板带支座非贯通纵筋自支座中线向两侧对称伸出时，其伸出长度可仅在一侧标注；当配置在有悬挑端的边柱上时，该筋伸出到悬挑尽端，设计不注。当支座上部非贯通纵筋呈放射分布时，设计者应注明配筋间距的定位位置。不同部位的板带支座上部非贯通纵筋相同者，可仅在一个部位注写，其余则在代表非贯通纵筋的线段上注写编号。

b. 当板带上部已经配有贯通纵筋，但需增加配置板带支座上部非贯通纵筋时，应结合已配同贯通纵筋的直径与间距，采取"隔一布一"的方式配置。

④ 暗梁的表示方法。

a. 暗梁平面注写包括暗梁集中标注、暗梁支座原位标注两部分内容。施工图中在柱轴线处画中粗虚线表示暗梁。

b. 暗梁集中标注包括暗梁编号、暗梁截面尺寸（箍筋外皮宽度×板厚）、暗梁箍筋、暗梁上部通长筋或架立筋四部分内容。暗梁编号应符合表 2-7 规定。

表 2-7   暗　梁　编　号

构件类型	代　号	序　号	跨数及有无悬挑
暗梁	AL	××	（××）、（××A）或（××B）

注：1. 跨数按柱网轴线计算（两相邻柱轴线之间为一跨）。

　　2. （××A）为一端有悬挑，（××B）为两端有悬挑，悬挑不计入跨数。

c. 暗梁支座原位标注包括梁支座上部纵筋、梁下部纵筋。当在暗梁上集中标注的内容不适用于某跨或某悬挑端时，则将其不同数值标注在该跨或该悬挑端，施工时按原位注写取值。

d. 柱上板带标注的配筋仅设置在暗梁之外的柱上板带范围内。

e. 暗梁中纵向钢筋连接、锚固及支座上部纵筋的伸出长度等要求同轴线处柱上板带中纵向钢筋。

三、范例

1）某办公楼现浇板施工平面图如图 2-28 所示。

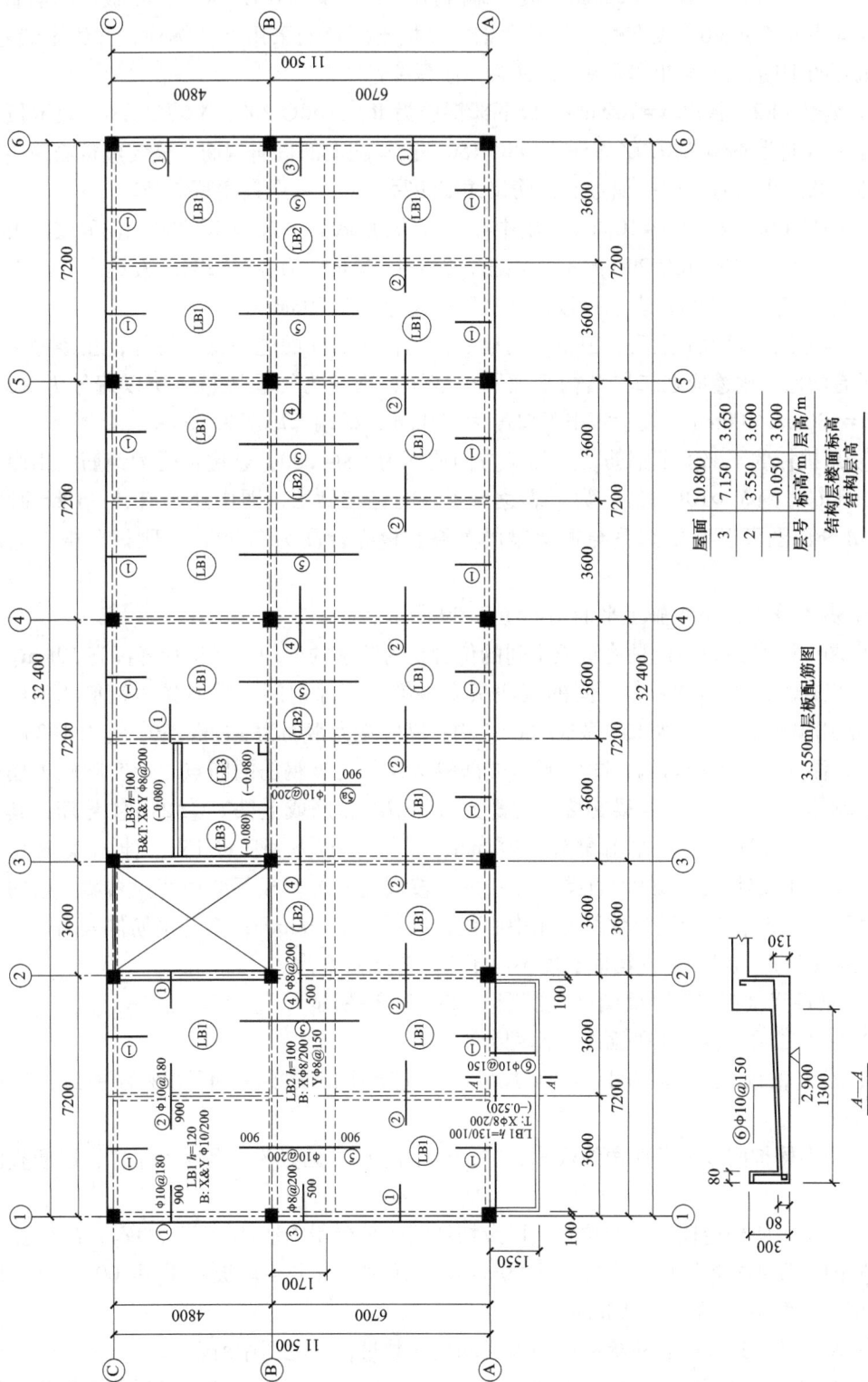

3.550m层板配筋图

图 2-28 某办公楼现浇板施工平面图

层号	标高/m	层高/m
屋面	10.800	
3	7.150	3.650
2	3.550	3.600
1	-0.050	3.600

结构层楼面标高
结构层高

① 编号 LB1，板厚 $h=120mm$。板下部钢筋为 B：X&Yφ10@200，表示板下部钢筋两个方向均为 φ10@200，没有配上部贯通钢筋。板支座负筋采用原位标注，并给出编号，同一编号的钢筋，仅详细注写一个，其余只注写编号。

② 编号 LB2，板厚 $h=100mm$。板下部钢筋为 B：Xφ8@200，Yφ8@150。表示板下部钢筋 X 方向为 φ8@200，Y 方向为 φ8@150，没有配上部贯通钢筋。板支座负筋采用原位标注，并给出编号，同一编号的钢筋仅详细注写一个，其余只注写编号。

③ 编号 LB3，板厚 $h=100mm$。集中标注钢筋为 B&T：X&Yφ8@200，表示该楼板上部下部两个方向均配 φ8@200 的贯通钢筋，即双层双向均为 φ8@200。板集中标注下面括号内的数字（-0.080）表示该楼板比楼层结构标高低 80mm。

④ 因为该房间为卫生间，卫生间的地面要比普通房间的地面低。另外，在楼房主入口处设有雨篷，雨篷应在二层结构平面图中表示，雨篷为纯悬挑板，所以编号为 XB1，板厚 $h=130mm/100mm$，表示板根部厚度为 130mm，板端部厚度为 100mm。

⑤ 悬挑板的下部不配钢筋，上部 X 方向通筋为 φ8@200，悬挑板受力钢筋采用原位标注，即⑥号钢筋 φ10@150。为了表达该雨篷的详细做法，图中还画有 A—A 断面图。从 A—A 断面图可以看出雨篷与框架梁的关系。板底标高为 2.900m，刚好与框架梁底平齐。

2）某教学楼现浇板施工平面图如图 2-29 所示。

① 图中阴影部分的板是建筑卫生间的位置，为防水的处理，将楼板降标高 50mm。

② 以轴Ⓛ~Ⓟ、①'~②之间的现浇板来讲解，下部钢筋：横向受力钢筋为 φ10@150，是 HPB300 级钢，故末端做成 180°弯钩；纵向受力钢筋为 Φ12@150，是 HRB335 级钢，故末端为平直不做弯钩，图中所示端部斜钩仅表示该钢筋的断点，而实际施工摆放的是直钢筋。上部钢筋：与梁交接处设置负筋（俗称扣筋或上铁）①②③④号筋，其中①②号筋为 Φ12@200，伸出梁外 1200mm；③④号筋为 Φ12@150，伸出梁轴线外 1200mm，它们都是向下做 90°直钩顶在板底。按规范要求，板下部钢筋伸入墙、梁的锚固长度不小于 5d，尚应满足伸至支座中心线，且不小于 100mm；上部钢筋伸入墙、梁内的长度按受拉钢筋锚固，其锚固长度不小于 l_a，末端做直钩。

3）某现浇楼板施工平面图（配筋图）如图 2-30 所示。

① 图为二层楼板施工平面图，比例为 1：150。

② 图中轴线位置和编号、轴间尺寸与该层梁图、建筑平面图吻合一致，标高为 3.500m。

③ 图中楼梯间以一条对角线表示，并在线上注明"见楼梯（甲）详图"，以便查阅楼梯图。

④ 图中表明构造柱、柱的位置，以及楼梯间的平台用构造柱（TZ_1、TZ_2）的位置。

⑤ 图中表明楼板厚度，大部分为 90mm 厚，个别板（共 4 块板）采用 100mm 厚，同时表明卫生间楼板顶面高差 50mm。

⑥ 图中清楚地注明各块板的配筋方式和用筋数量，详见图中所示。

⑦ 在图中，楼板各个阳角处设置有 10φ10、长度 $l=1500mm$ 的放射形分布钢筋，用于防止该角楼板开裂。

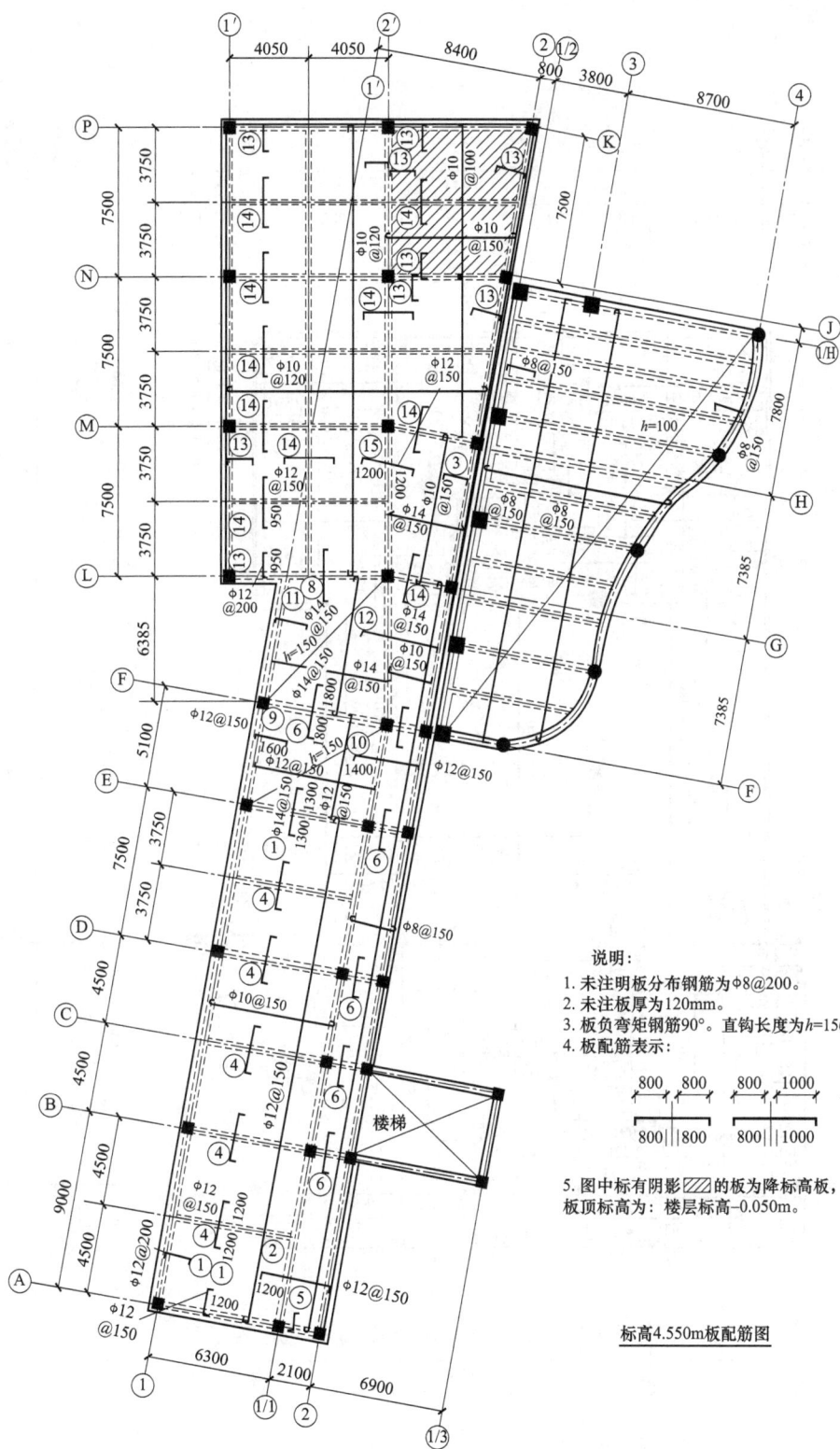

说明:
1. 未注明板分布钢筋为Φ8@200。
2. 未注板厚为120mm。
3. 板负弯矩钢筋90°。直钩长度为h=15(h=板厚)。
4. 板配筋表示:

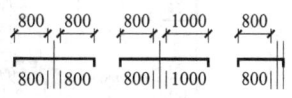

5. 图中标有阴影▨▨的板为降标高板,
板顶标高为: 楼层标高-0.050m。

标高4.550m板配筋图

图 2-29 某教学楼板施工平面图

55

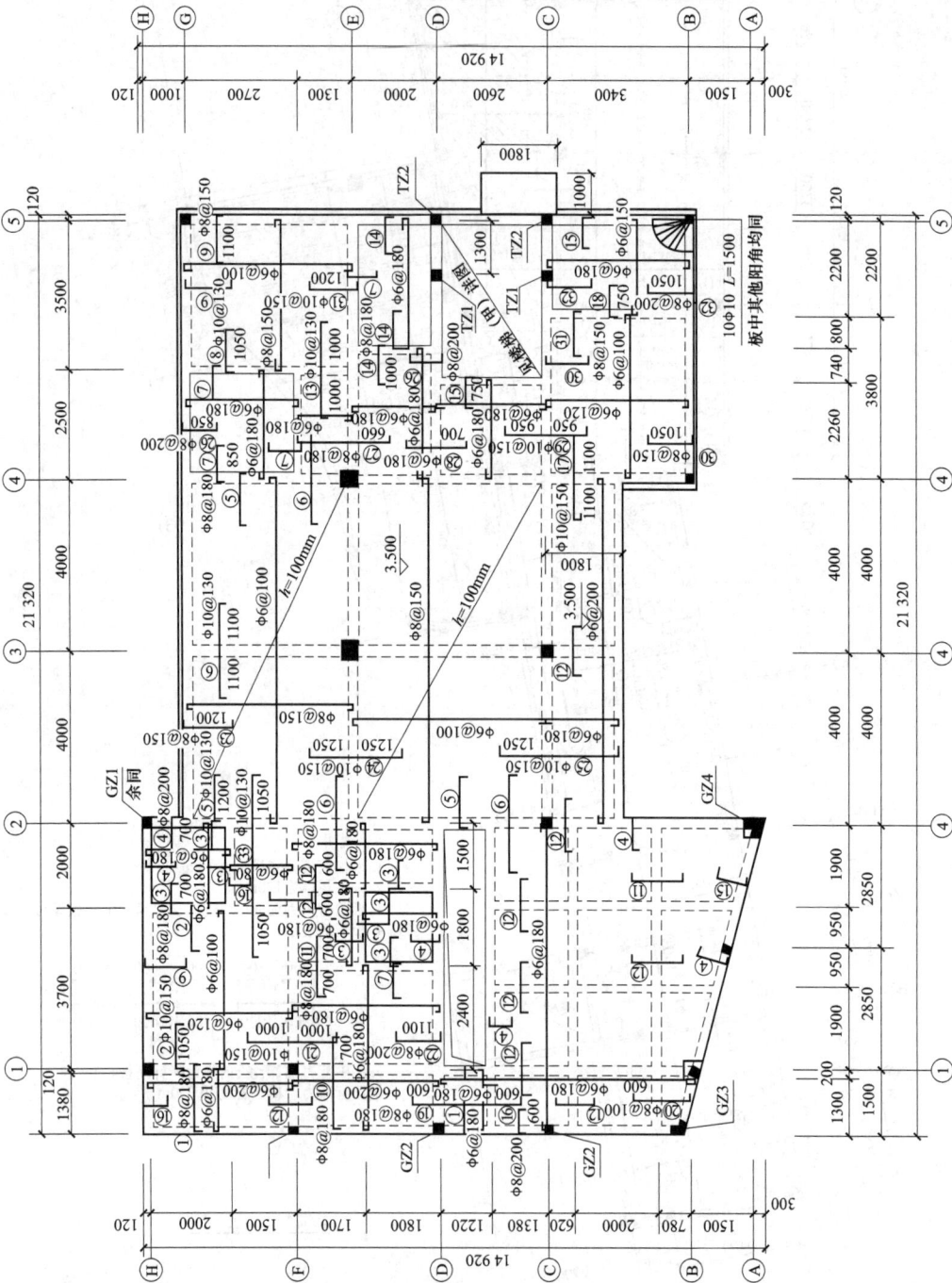

图 2-30 现浇楼板配筋图

第七节 柱施工平面图

一、概述

柱施工平面图是在柱平面布置图上采用截面注写方式或列表注写方式所绘制的柱的各种信息图，其可将柱的截面尺寸、配筋等情况直观地表达出来。

二、内容

1）柱施工平面图的主要内容。

① 图名和比例。

② 定位轴线及其编号、间距和尺寸。

③ 柱的编号、平面布置，应反映柱与定位轴线的关系。

④ 每一种编号柱的标高、截面尺寸、纵向受力钢筋和箍筋的配置情况。

⑤ 必要的设计说明。

2）柱施工平面图截面注写方式。

柱施工平面图截面注写方式是在柱平面布置图上，在同一编号的柱中选择一个截面，直接在截面上注写截面尺寸和配筋的具体数值，图 2-31 为截面注写方式的图例，它是某结构从标高 19.470m 到标高 59.070m 的柱配筋图，即结构从六～十六层柱的配筋图，这在楼层表中用粗实线来注明。

由于在标高 37.470m 处，柱的截面尺寸和配筋发生了变化，但截面形式和配筋的方式没变。因此，这两个标高范围的柱可通过一张柱平面图来表示，但这两部分的数据需分别注写，故将图中的柱分 19.470～37.470m 和 37.470～59.070m 两个标高范围注写有关数据。因为图名中 37.470～59.070m 是写在括号里的，因此在柱平面图中，括号内注写的数字对应的就是 37.470～59.070m 标高范围内的柱。

图中画出了柱相对于定位轴线的位置关系、柱截面注写方式。配筋图是采用双比例绘制的，首先对结构中的柱进行编号，将具有相同截面、配筋形式的柱编为一个号，从其中挑选出任意一个柱，在其所在的平面位置上按另一种比例原位放大绘制柱截面配筋图，并标注尺寸和柱配筋数值。

标注的文字主要内容如下。

① 柱截面尺寸 $b \times h$，如 KZ1 是 650mm×600mm（550mm×500mm）。说明在标高 19.470～37.470m 范围内，KZ1 的截面尺寸为 650mm×600mm；标高 37.470～59.070m 范围内，KZ1 的截面尺寸为 550mm×500mm。

② 柱相对定位轴线的位置关系，即柱定位尺寸。在截面注写方式中，对每个柱与定位轴线的相对关系，不论柱的中心是否经过定位轴线，都要给予明确的尺寸标注，相同编号的柱如果只有一种放置方式，则可只标注一个。

③ 柱的配筋，包括纵向受力钢筋和箍筋。纵向钢筋的标注有两种情况，第一种情况如 KZ1，其纵向钢筋有两种规格，因此将纵筋的标注分为角筋和中间筋分别标注。集中标

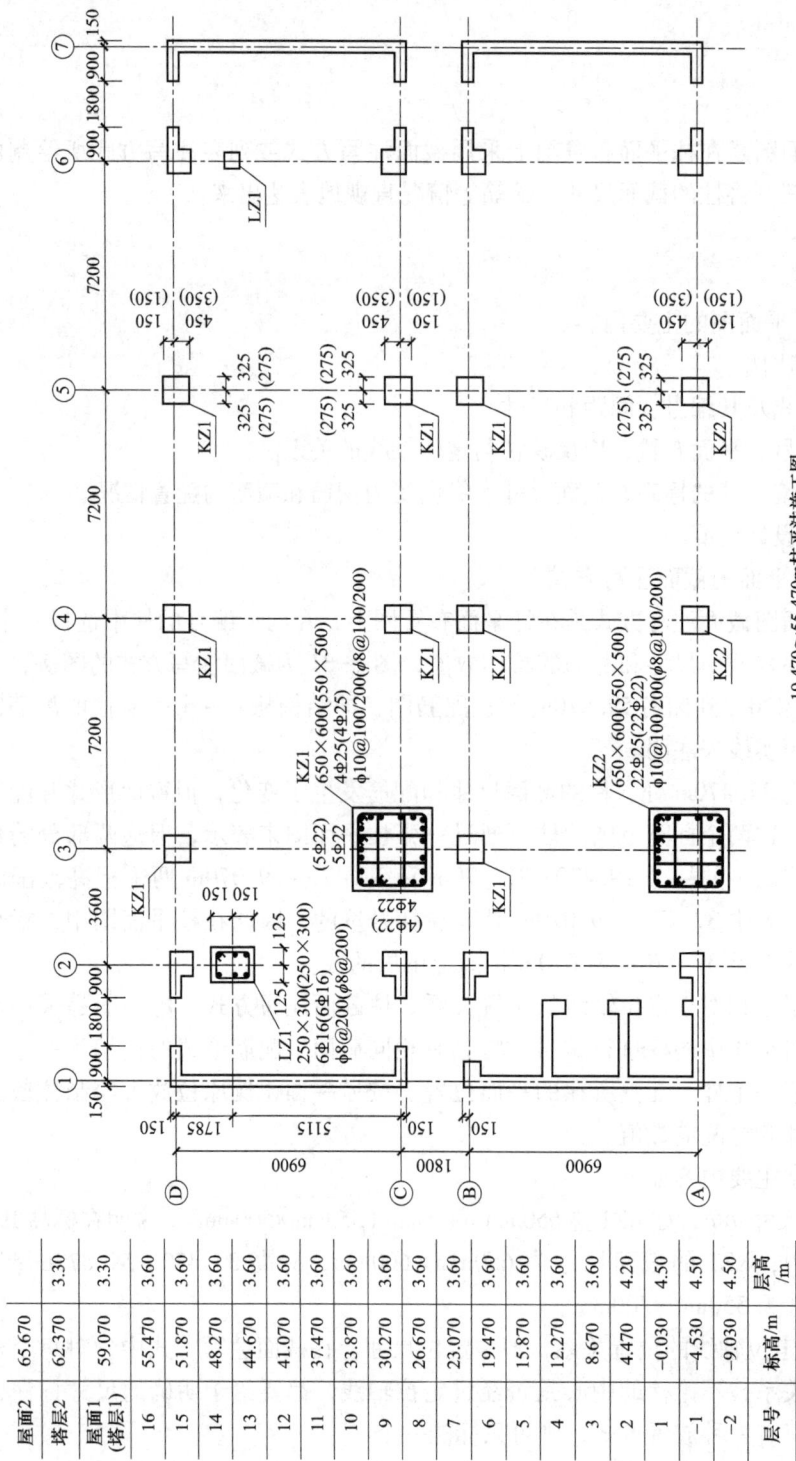

19.470~55.470m柱平法施工图

图2-31 柱施工平面图截面注写方式

层号	标高/m	层高/m
屋面2	65.670	
塔层2	62.370	3.30
屋面1(塔层1)	59.070	3.30
16	55.470	3.60
15	51.870	3.60
14	48.270	3.60
13	44.670	3.60
12	41.070	3.60
11	37.470	3.60
10	33.870	3.60
9	30.270	3.60
8	26.670	3.60
7	23.070	3.60
6	19.470	3.60
5	15.870	3.60
4	12.270	3.60
3	8.670	3.60
2	4.470	4.20
1	-0.030	4.50
-1	-4.530	4.50
-2	-9.030	4.50

结构层楼面标高
结构层高

58

注中的 4Φ25，指柱四角的角筋配筋；截面宽度方向上标注的 5Φ22 和截面高度方向上标注的 4Φ22，表明了截面中间配筋情况（对于采用对称配筋的矩形柱，可仅在一侧注写中部钢筋，对称边省略不写）。另外一种情况是，其纵向钢筋只有一种规格，如 KZ2 和 LZ1，因此在集中标注中直接给出了所有纵筋的数量和直径，如 LZ1 的 6Φ16，对应配筋图中纵向钢筋的布置图，可以很明确地确定 6Φ16 的放置位置。箍筋的形式和数量可直观地通过截面图表达出来，如果仍不能很明确，则可以将其放出大样详图。

3）柱施工平面图列表注写方式。

柱施工平面图列表注写方式，则是在柱平面布置图上，分别在每一编号的柱中选择一个（有时几个）截面标注与定位轴线关系的几何参数代号，通过列柱表注写柱号、柱段起止标高、几何尺寸（含柱截面对轴线的偏心情况）与配筋具体数值，并配以各种柱截面形状及其箍筋类型图说明箍筋形式，图 2-32 为柱施工平面图列表注写方式的图例。

采用柱施工平面图列表注写方式时柱表中注写的主要内容如下。

① 注写柱编号。柱编号（表 2-8）由类型代号和序号组成。

表 2-8 柱 编 号

柱类型	代 号	序 号
框架柱	KZ	××
框支柱	KZZ	××
芯柱	XZ	××
梁上柱	LZ	××
剪力墙上柱	QZ	××

注：编号时，当柱的总高、分段截面尺寸和配筋均对应相同，仅截面与轴线的关系不同时，仍可将其编为同一柱号，但应在图中注明截面与轴线的关系。

② 注写各段柱的起止标高。自柱根部往上以变截面位置或截面未改变但配筋改变处为界分段注写。框架柱或框支柱的根部标高系指基础顶面标高。梁上柱的根部标高系指梁的顶面标高。剪力墙上柱的根部标高分为两种：当柱纵筋锚固在墙顶面时其根部标高为墙顶面标高；当柱与剪力墙重叠一层时其根部标高为墙顶面往下一层的楼层结构层楼面标高。

③ 注写柱截面尺寸。

a. 对于矩形柱，注写柱截面尺寸 $b \times h$ 及与轴线关系的几何参数代号 b_1、b_2 和 h_1、h_2 的具体数值，应对应于各段柱分别注写。其中 $b=b_1+b_2$，$h=h_1+h_2$。当截面的某一边收缩变化至与轴线重合或偏到轴线的另一侧时，b_1、b_2 和 h_1、h_2 中的某项为零或为负值。

b. 对于圆柱，表中 $b \times h$ 一栏改用在圆柱直径数字前加 d 表示，为表达简单，圆柱与轴线的关系也用 b_1、b_2 和 h_1、h_2 表示，并使 $d=b_1+b_2=h_1+h_2$。

④ 注写柱纵筋。将柱纵筋分成角筋、b 边中部筋和 h 边中部筋三项分别注写（对于采用对称配筋的矩形柱，可仅注写一侧中部钢筋，对称边省略不写）。

⑤ 注写箍筋类型号及箍筋肢数。箍筋的配置略显复杂，因为柱箍筋的配置有多种情

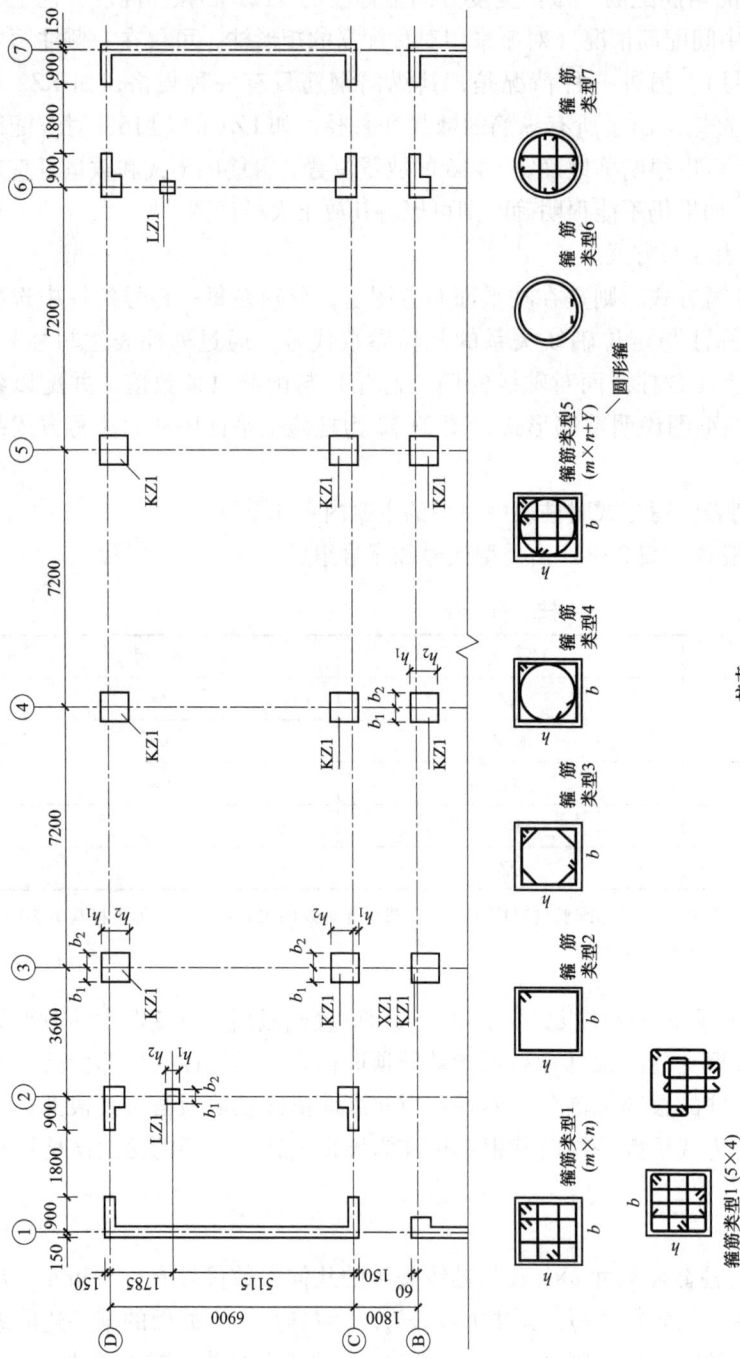

柱表

柱号	标高	$b \times h$（圆柱直径D）	b_1	b_2	h_1	h_2	全部纵筋	角筋	b边一侧中部筋	h边一侧中部筋	箍筋类型号	箍筋	备注
KZ1	-0.030~19.470	750×700	375	375	150	550	24Φ25				1(5×4)	φ10@100/200	—
	19.470~37.470	650×600	325	325	150	450		4Φ22	5Φ22	4Φ20	1(4×4)	φ10@100/200	
	37.470~59.070	550×500	275	275	150	350		4Φ22	5Φ22	4Φ20	1(4×4)	φ8@100/200	
XZ1	-0.030~8.670						8Φ25				按标准构造详图	φ100@200	③×Ⓑ轴KZ1中设置

箍筋类型1 (5×n)

箍筋类型2

箍筋类型3

箍筋类型4

箍筋类型5 (m×n+Y)

箍筋类型6　圆形箍

箍筋类型7

箍筋类型1 (5×4)

图2-32　柱施工平面图列表注写方式

层号	标高/m	层高/m
屋面2	65.670	
塔层2	62.370	3.30
屋面1（塔层1）	59.070	3.30
16	55.470	3.60
15	51.870	3.60
14	48.270	3.60
13	44.670	3.60
12	41.070	3.60
11	37.470	3.60
10	33.870	3.60
9	30.270	3.60
8	26.670	3.60
7	23.070	3.60
6	19.470	3.60
5	15.870	3.60
4	12.270	3.60
3	8.670	3.60
2	4.470	4.20
1	-0.030	4.50
-1	-4.530	4.50
-2	-9.030	4.50
层号	标高/m	层高/m

结构层楼面标高
结构层高
上部结构嵌固部位：-0.030

况，不仅和截面的形状有关，还和截面的尺寸、纵向钢筋的配置有关系。因此，应在施工图中列出结构可能出现的各种箍筋形式，并分别予以编号，如图 2-32 中的类型 1、类型 2 等。箍筋的肢数用（$m \times n$）来说明，其中 m 对应宽度 b 方向箍筋的肢数，n 对应宽度 h 方向箍筋的肢数。

⑥ 注写柱箍筋，包括钢筋级别、直径与间距。当为抗震设计时，用斜线"/"区分柱端箍筋加密区和柱身非加密区长度范围内箍筋的不同间距。至于加密区长度，就需要施工人员对照标准构造图集相应节点自行计算确定了。例如，φ10@100/200，表示箍筋为 HPB300，直径 10mm，加密区间距 100mm，非加密区间距 200mm。当箍筋沿柱全高为一种间距时，则不使用斜线"/"，如 Φ12@100，表示箍筋为 HRB335，直径 12mm，箍筋沿柱全高间距 100mm。如果圆柱采用螺旋箍筋时，应在箍筋表达式前加"L"，如 Lφ10@100/200。

柱采用"平法"制图方法绘制施工图，可直接把柱的配筋情况注明在柱的平面布置图上，简单明了。但在传统的柱立面图中，我们可以看到纵向钢筋的锚固长度及搭接长度，而在柱的"平法"施工图中，则不能直接在图中表达这些内容。实际上，箍筋的锚固长度及搭接长度是根据《混凝土结构设计规范》（GB 50010—2010）计算出来的。

只要知道钢筋的级别和直径，就可以查表确定钢筋的锚固长度和最小搭接长度，不一定要在图中表达出来。施工时，先根据柱施工平面图，确定柱的截面、配筋的级别和直径，再根据表等其他规范的规定，进行放样和绑扎。采用平法制图不再单独绘制柱的配筋立面图或断面图，可以极大地节省绘图工作量，同时不影响图纸内容的表达。

4）柱施工平面图的识图步骤。

① 查看图名、比例。

② 校核轴线编号及间距尺寸，必须与建筑图、基础平面图保持一致。

③ 与建筑图配合，明确各柱的编号、数量及位置。

④ 阅读结构设计总说明或有关分页专项说明，明确标高范围、柱混凝土的强度等级。

⑤ 根据各柱的编号，查对图中截面或柱表，明确柱的标高、截面尺寸和配筋，再根据抗震等级、标准构造要求确定纵向钢筋和箍筋的构造要求（包括纵向钢筋连接的方式、位置、锚固搭接长度、弯折要求、柱头节点要求，箍筋加密区长度范围等）。

三、范例

（1）某住宅楼柱施工平面图如图 2-33 所示。

① 该柱施工平面图中的柱包含框架柱和框支柱，共有 4 种编号，其中框架柱 1 种，框支柱 3 种。7 根 KZ1，位于Ⓐ轴线上；34 根 KZZ1 分别位于ⒸⒺ和Ⓖ轴线上；2 根 KZZ2 位于Ⓓ轴线上；13 根 KZZ3 位于Ⓑ轴线上。

② KZ1：框架柱，截面尺寸为 400mm×400mm，纵向受力钢筋为 8 根直径为 16mm 的 HRB335 级钢筋；箍筋直径为 8mm 的 HPB300 级钢筋，加密区间距为 100mm，非加密区间距为 150mm。根据《混凝土结构设计规范》（GB 50010—2010）和《混凝土结构施工图平面整体表示方法制图和构造详图（现浇混凝土框架、剪力墙、梁、板）》（11G101）图

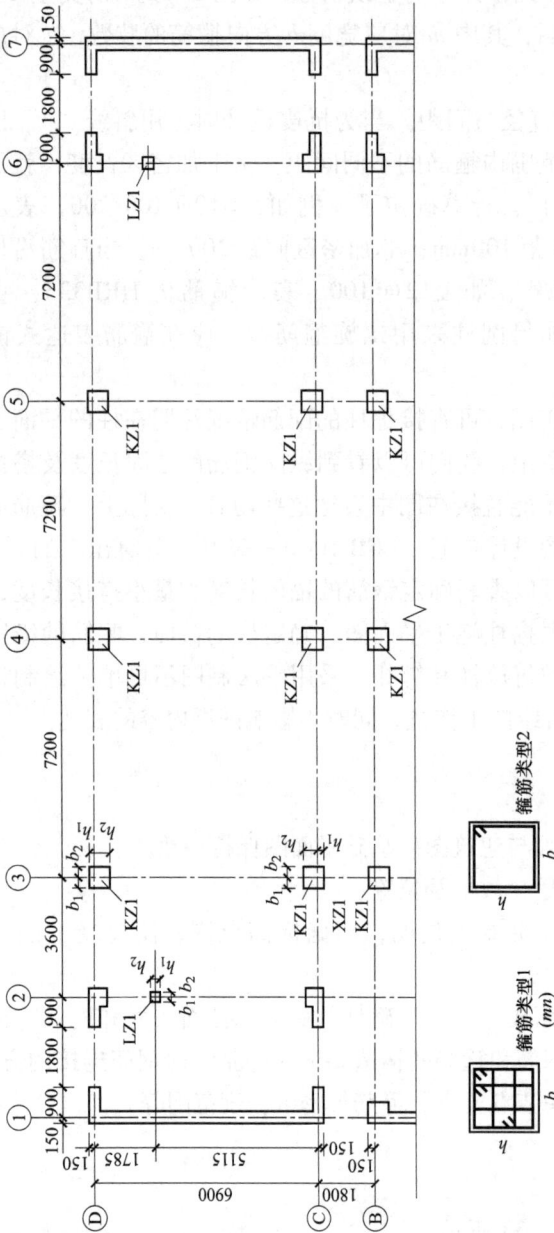

层号	标高(m)	层高(m)
屋面	59.070	
16	55.470	3.60
15	51.870	3.60
14	48.270	3.60
13	44.670	3.60
12	41.070	3.60
11	37.470	3.60
10	33.870	3.60
9	30.270	3.60
8	26.670	3.60
7	23.070	3.60
6	19.470	3.60
5	15.870	3.60
4	12.270	3.60
3	8.670	3.60
2	4.470	4.20
1	-0.030	4.50
-1	-4.530	4.50
-2	-9.030	4.50

结构层楼面标高 结构层高

柱号	标高/m	b×h(圆柱直径D)/mm	b₁/mm	b₂/mm	h₁/mm	h₂/mm	全部纵筋	角筋	b边一侧中部筋	h边一侧中部筋	箍筋类型号	箍筋	备注
KZ1	-0.030~19.470	750×700	375	375	150	550	24Φ25				1(5×4)	ϕ10@100/200	
	19.470~37.470	650×600	325	325	150	450		4Φ22	5Φ22	4Φ20	1(4×4)	ϕ10@100/200	
	37.470~59.070	550×500	275	275	150	350		4Φ22	5Φ22	4Φ20	1(4×4)	ϕ8@100/200	按《混凝土结构施工图平面整体表示方法制图规则和构造详图》(11G101)的标准构造造详图
XZ1	-0.030~8.670						8Φ25					ϕ10@200	③×Ⓑ轴KZ1中设置

(a)

图 2-33 某住宅楼柱施工平面图（一）

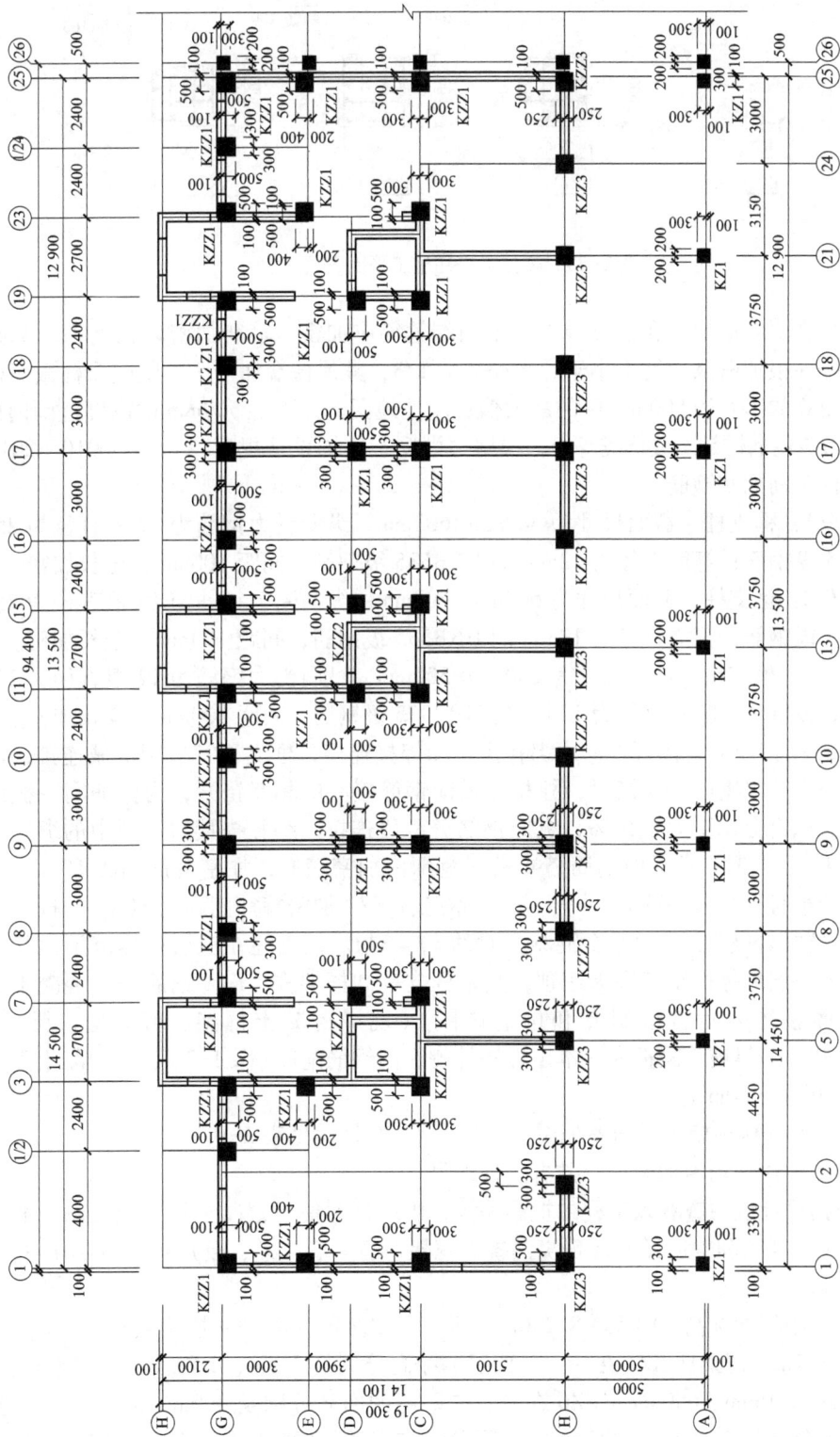

图 2-33 某住宅楼柱施工平面图 (二)

(b)

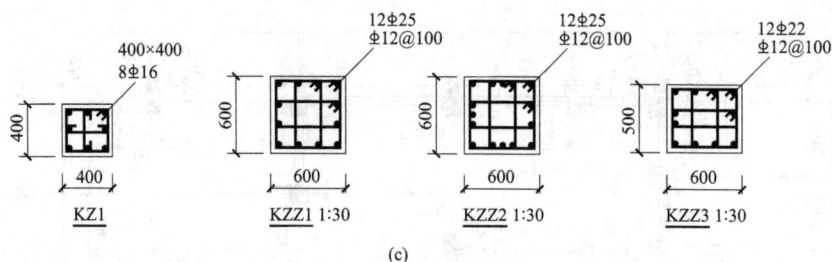

图 2-33　某住宅楼柱施工平面图（三）

集，考虑抗震要求框架柱和框支柱上、下两端箍筋应加密。箍筋加密区长度为，基础顶面以上底层柱根加密区长度不小于底层净高的 1/3；其他柱端加密区长度应取柱截面长边尺寸、柱净高的 1/6 和 500mm 中的最大值；刚性地面上、下各 500mm 的高度范围内箍筋加密。因为该住宅楼是二级抗震等级，根据《混凝土结构设计规范》（GB 50010—2010），角柱应沿柱全高加密箍筋。

③ KZZ1：框支柱，截面尺寸为 600mm×600mm，纵向受力钢筋为 12 根直径为 25mm 的 HRB335 级钢筋；箍筋直径为 12mm 的 HRB335 级钢筋，间距 100mm，全长加密。

④ KZZ2：框支柱，截面尺寸为 600mm×600mm，纵向受力钢筋为 16 根直径为 25mm 的 HRB335 级钢筋；箍筋直径为 12mm 的 HRB335 级钢筋，间距 100mm，全长加密。

⑤ KZZ3：框支柱，截面尺寸为 600mm×500mm，纵向受力钢筋为 12 根直径为 22mm 的 HRB335 级钢筋；箍筋直径为 12mm 的 HRB335 级钢筋，间距 100mm，全长加密。

⑥ 柱纵向钢筋的连接可以采用绑扎搭接和焊接连接，框支柱宜采用机械连接，连接一般设在非箍筋加密区。连接时，柱相邻纵向钢筋接头应相互错开，为保证同一截面内钢筋接头面积百分比不大于 50%，纵向钢筋分两段连接。绑扎搭接时，图中的绑扎搭接长度为 $1.4l_{aE}$，同时在柱纵向钢筋搭接长度范围内加密箍筋，加密箍筋间距取 5d（d 为搭接钢筋较小直径）及 100mm 的较小值（本工程 KZ1 加密箍筋间距为 80mm；框支柱为100mm）。抗震等级为二级、C30 混凝土时的 $l_{aE}=34d$。框支柱在三层墙体范围内的纵向钢筋应伸入三层墙体内至三层天棚顶，其余框支柱和框架柱，KZ1 钢筋按《混凝土结构施工图平面整体表示方法制图和构造详图》（现浇混凝土框架、剪力墙、梁、板）（11G101—1）图集锚入梁板内。本工程柱外侧纵向钢筋配筋率≤1.2%，且混凝土强度等级≥C20，板厚≥80mm。

（2）某培训楼柱施工平面图如图 2-34 所示，其柱表见表 2-9。

① 图中标注的均为框架柱，共有 7 种编号。

② 根据设计说明查看该工程的抗震等级，由国标图集《混凝土结构施工图平面整体表示方法制图规则和构造详图（现浇混凝土框架、剪力墙、梁、板）》（11G101—1）可知构造情况。

③ 该图中柱的标高−0.050～8.250m，即一、二两层（其中一层为底层），层高分别是 4.6m、3.7m。框架柱 KZ1 在一、二两层的净高分别是 3.7m、2.8m，所以箍筋加密区范围分别是 1250mm、650mm；KZ6 在一、二两层的净高分别是 3.0m、3.5m，所以箍筋加密区范围分别是 1000mm、600mm（为了便于施工，常常将数值人为地化零为整）。

（3）某办公楼柱施工平面图如图 2-35 所示。

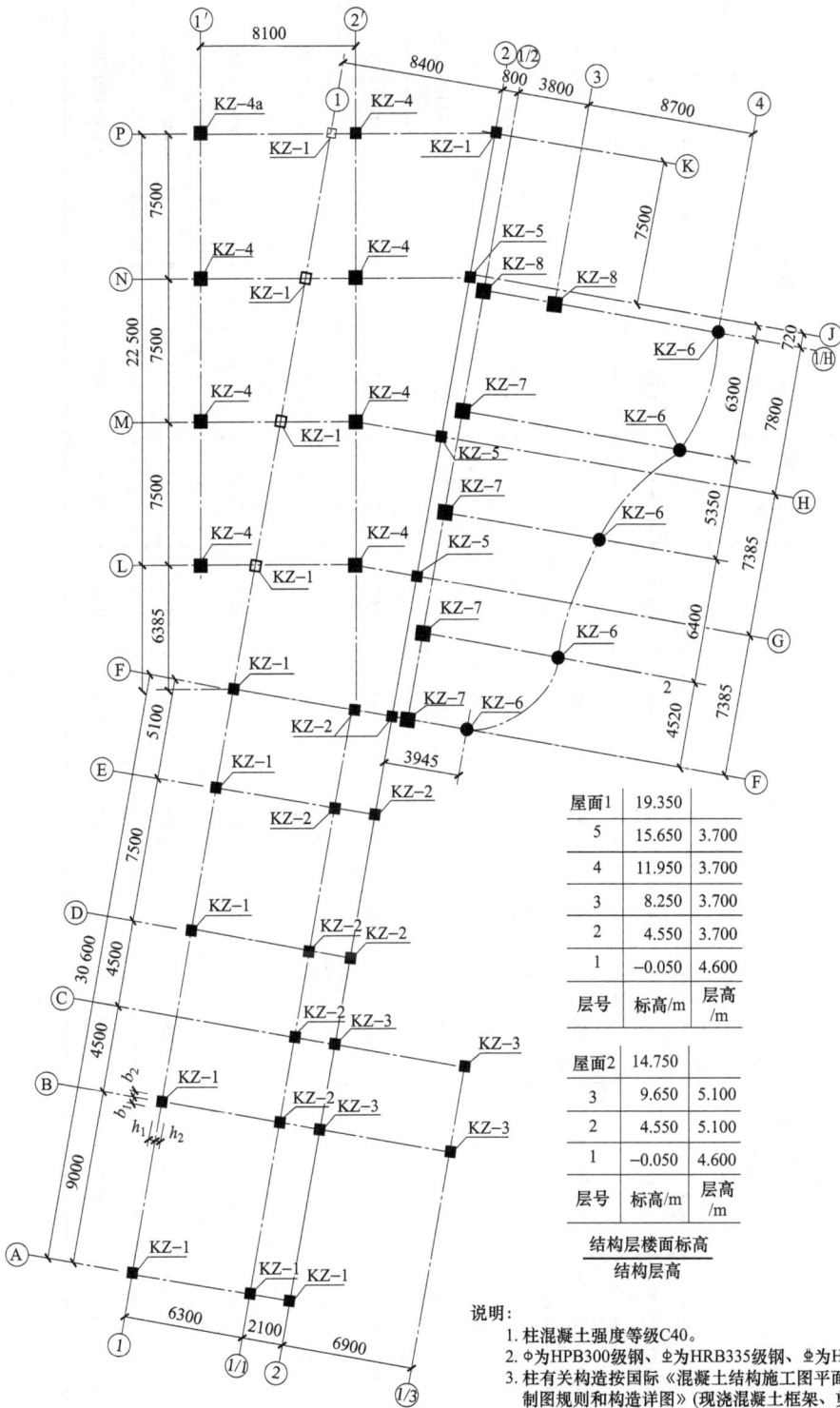

层号	标高/m	层高/m
屋面1	19.350	
5	15.650	3.700
4	11.950	3.700
3	8.250	3.700
2	4.550	3.700
1	-0.050	4.600

层号	标高/m	层高/m
屋面2	14.750	
3	9.650	5.100
2	4.550	5.100
1	-0.050	4.600

结构层楼面标高
结构层高

说明:
1. 柱混凝土强度等级C40。
2. Φ为HPB300级钢, Φ为HRB335级钢, Φ为HRB400级钢。
3. 柱有关构造按国际《混凝土结构施工图平面整体表示方法制图规则和构造详图》(现浇混凝土框架、剪力墙、梁、板)(11 G101—1) 三级抗震相应要求执行。

图 2-34　某培训楼柱施工平面图

表2-9

柱　表

柱号	标高/m	$b×h$ (圆柱直径D)/mm×mm (mm)	b_1/mm	b_2/mm	h_1/mm	h_2/mm	角筋	b边一侧中部筋	h边一侧中部筋	箍筋类型号	箍筋
KZ1	-0.050~19.350	600×600	300	300	300	300	4Φ25	3Φ25	3Φ25	1(4×4)	Φ12@100/200
KZ2	-0.050~19.350	600×600	300	300	300	300	4Φ25	3Φ22	3Φ22	1(4×4)	Φ10@100/200
KZ3	-0.050~19.350	600×600	300	300	300	300	4Φ25	2Φ25	2Φ25	1(4×4)	Φ10@100
KZ4	-0.050~11.950	700×700	350	350	350	350	4Φ25	3Φ25	3Φ25	1(5×5)	Φ12@100/200
KZ4	11.950~15.650	600×600	300	300	300	300	4Φ25	2Φ25	2Φ25	1(4×4)	Φ10@100
KZ5	-0.050~15.650	650×650	325	325	325	325	4Φ25	2Φ25	2Φ25	1(4×4)	Φ12@100/200
KZ5	15.650~19.350	650×650	325	325	325	325	4Φ25	2Φ25	2Φ25	1(4×4)	Φ10@100
KZ6	-0.050~14.150	800	400	400	400	400	18Φ25	—	—	8	Φ12@100/200
KZ7	-0.050~14.150	800×800	400	400	400	400	4Φ25	3Φ25	3Φ25	1(5×5)	Φ12@100/200

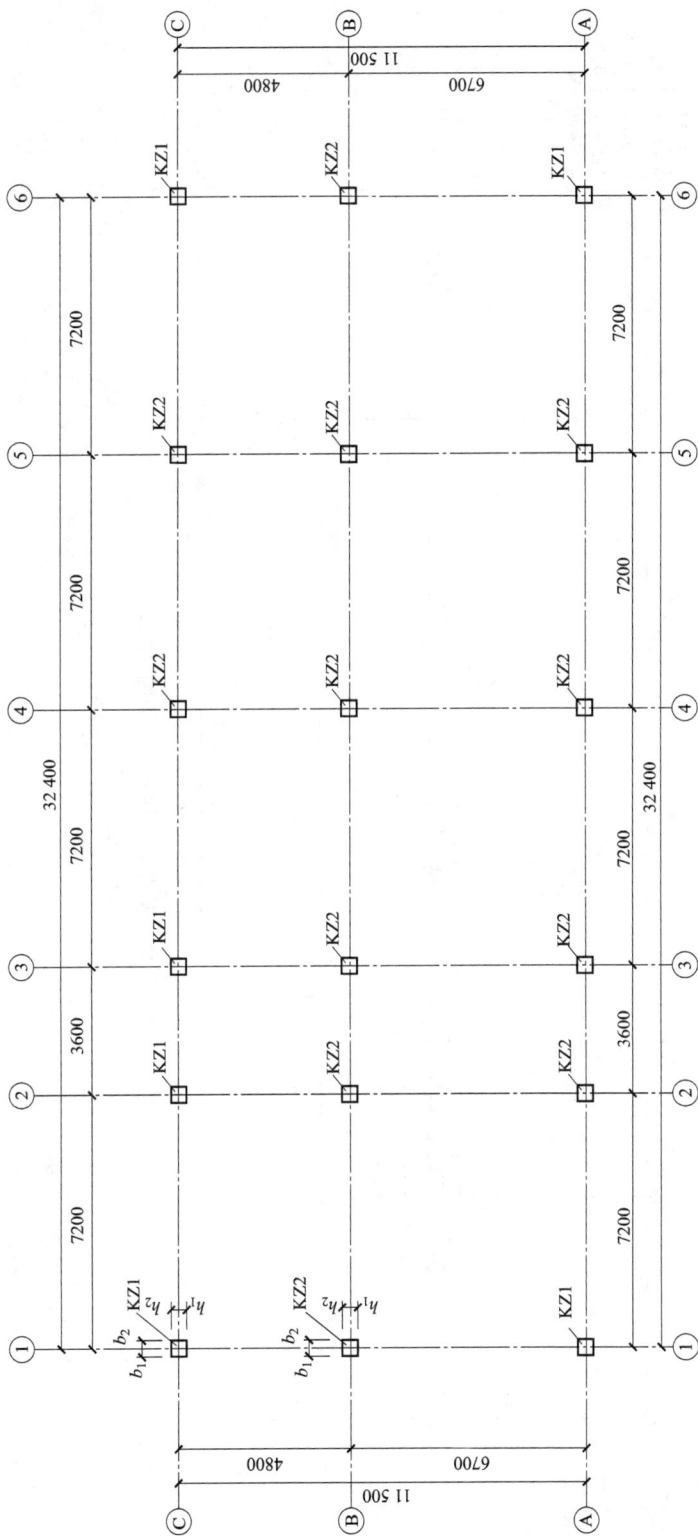

柱配筋图

柱号	标高/m	b×h(圆柱直径D)/mm	b_1/mm	b_2/mm	h_1/mm	h_2/mm	全部纵筋	角筋	b边一侧中部筋	h边一侧中部筋	箍筋类型号	箍筋	备注
KZ1	3.550~10.800	400×400	200	200	200	200	12Φ18				I(4×4)	φ8@100	
	-0.050~3.550	400×400	200	200	200	200		4Φ20	2Φ18	2Φ18	I(4×4)	φ10@100	
	基础顶~-0.050	400×400	200	200	200	200	12Φ20				I(4×4)	φ10@100	
KZ2	3.550~10.800	400×400	200	200	200	200	12Φ18				I(4×4)	φ8@100/200	
	-0.050~3.550	400×400	200	200	200	200		4Φ20	2Φ18	2Φ18	I(4×4)	φ10@100/200	
	基础顶~-0.050	400×400	200	200	200	200	12Φ20				I(4×4)	φ10@100/200	

箍筋类型. (m×n)

层号	标高/m	层高/m
屋面	10.800	3.650
3	7.150	3.600
2	3.550	3.600
1	-0.050	1.950
基础底	-2.000	

结构层楼面标高
结构层高

(a)

图2-35 某办公楼柱施工平面图（一）
(a) 列表注写方式

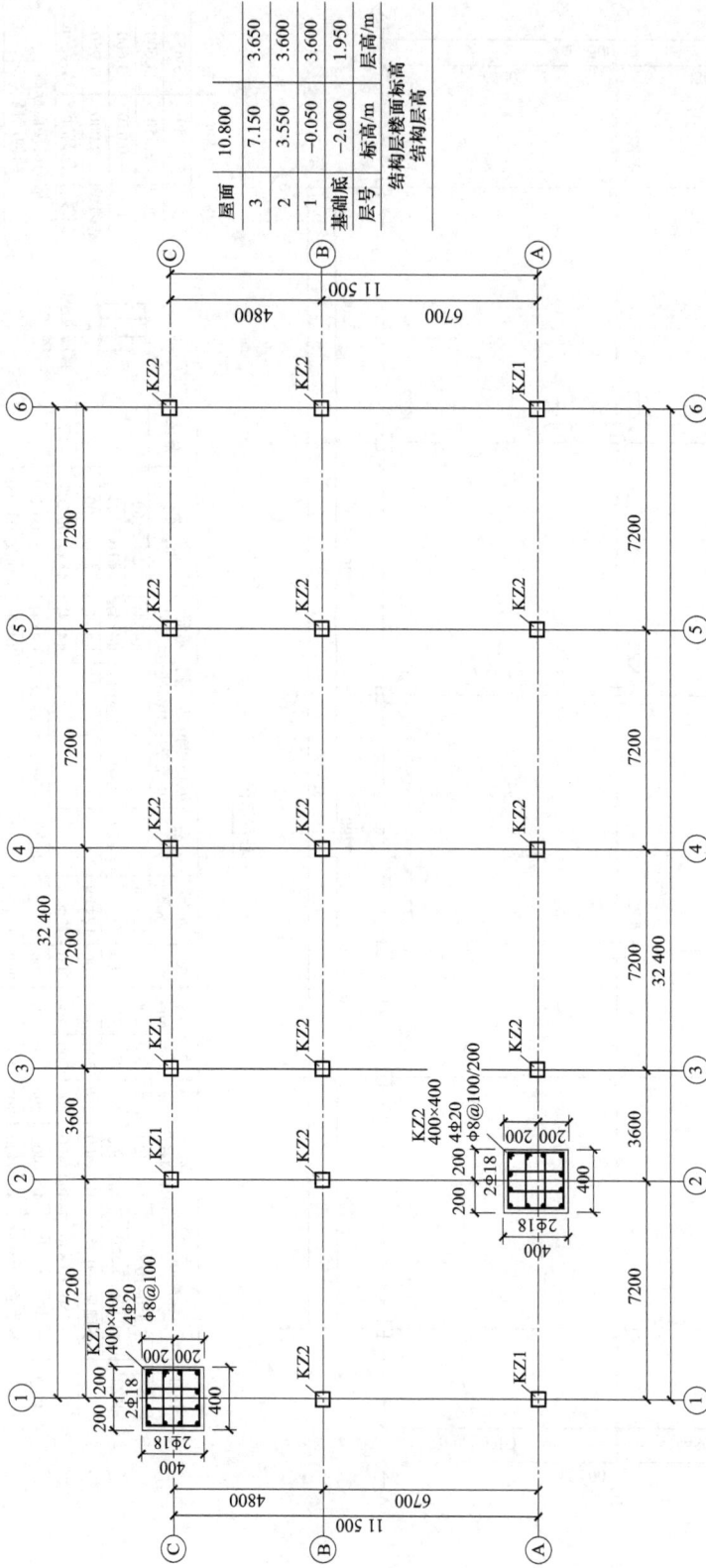

屋面	10.800		
3	7.150	3.650	
2	3.550	3.600	
1	-0.050	3.600	
基础底	-2.000	1.950	
层号	标高/m	层高/m	

结构层楼面标高
结构层高

KZ1 400×400
2Φ18
Φ8@100
4Φ20
2Φ18
200 200
400
400

KZ2 400×400
2Φ18
Φ8@100/200
4Φ20
2Φ18
200 200
400
400

7200 3600 7200 7200 7200
32400
11500
4800 6700

-0.050~3.550m柱配筋图
(b)

图 2-35 某办公楼施工平面图 (二)
(b) 截面注写方式

① 图 2-35（a）采用列表注写方式表示某办公楼框架柱施工平面图，该办公楼框架柱共有两种：KZ1 和 KZ2，而且 KZ1 和 KZ2 的纵筋相同，仅箍筋不同。

② 图 2-35（a）中的纵筋均分为三段，第一段从基础顶到标高-0.050m，纵筋直径均为1220mm；第二段为标高-0.050~3.550m，即第一层的框架柱，纵筋为角筋 4Φ20，每边中部 2Φ18；第三段为标高 3.550~10.800m，即二、三层框架柱，纵筋为 12Φ18。

③ 图 2-35（a）中箍筋不同，KZ1 箍筋为：标高 3.550m 以下为 Φ10@100，标高 3.550m 以上为 Φ8@100。KZ2 箍筋为：标高 3.550m 以下为 Φ10@100/200，标高 3.550m 以上为 Φ8@100/200。它们的箍筋形式均为类型1，箍筋肢数为 4×4。

④ 图 2-35（b）采用断面注写方式柱配筋图，表示的是标高-0.050~3.550m 的框架柱配筋图，即一层的柱配筋图。

⑤ 图 2-35（b）中共有两种框架柱，即 KZ1 和 KZ2，它们的断面尺寸相同，均为400mm×400mm，它们与定位轴线的关系均为轴线居中。

⑥ 图 2-35（b）中框架柱的纵筋相同，角筋均为 4Φ20，每边中部钢筋均为 2Φ18，KZ1 箍筋为 Φ8@100，KZ2 箍筋为 Φ8@100/200。

第八节　剪力墙施工平面图

一、概述

剪力墙根据配筋形式可将其看成由剪力墙柱（简称墙柱）、剪力墙身（简称墙身）和剪力墙梁（简称墙梁）三类构件组成。剪力墙施工平面图是在剪力墙平面布置图上采用截面注写方式或列表注写方式来表达剪力墙柱、剪力墙身、剪力墙梁的标高、偏心、断面尺寸和配筋情况的。

二、内容

（1）剪力墙施工平面图主要内容。

1）图名和比例。

2）定位轴线及其编号、间距和尺寸。

3）剪力墙柱、剪力墙身、剪力墙梁的编号、平面布置。

4）每一种编号剪力墙柱、剪力墙身、剪力墙梁的标高、截面尺寸、钢筋配置情况。

5）必要的设计说明和详图。

（2）剪力墙施工平面图注写方式。

1）剪力墙施工平面图截面注写方式。

剪力墙施工平面图截面注写方式（图 2-36）是在分标准层绘制的剪力墙平面布置图上，以直接在墙柱、墙身、墙梁上注写截面尺寸和配筋具体数值的方式来表达剪力墙施工平面图。在剪力墙平面布置图上，在相同编号的墙柱、墙身、墙梁中选择一根墙柱、一道墙身、一个墙梁，以适当的比例原位将其放大进行注写。

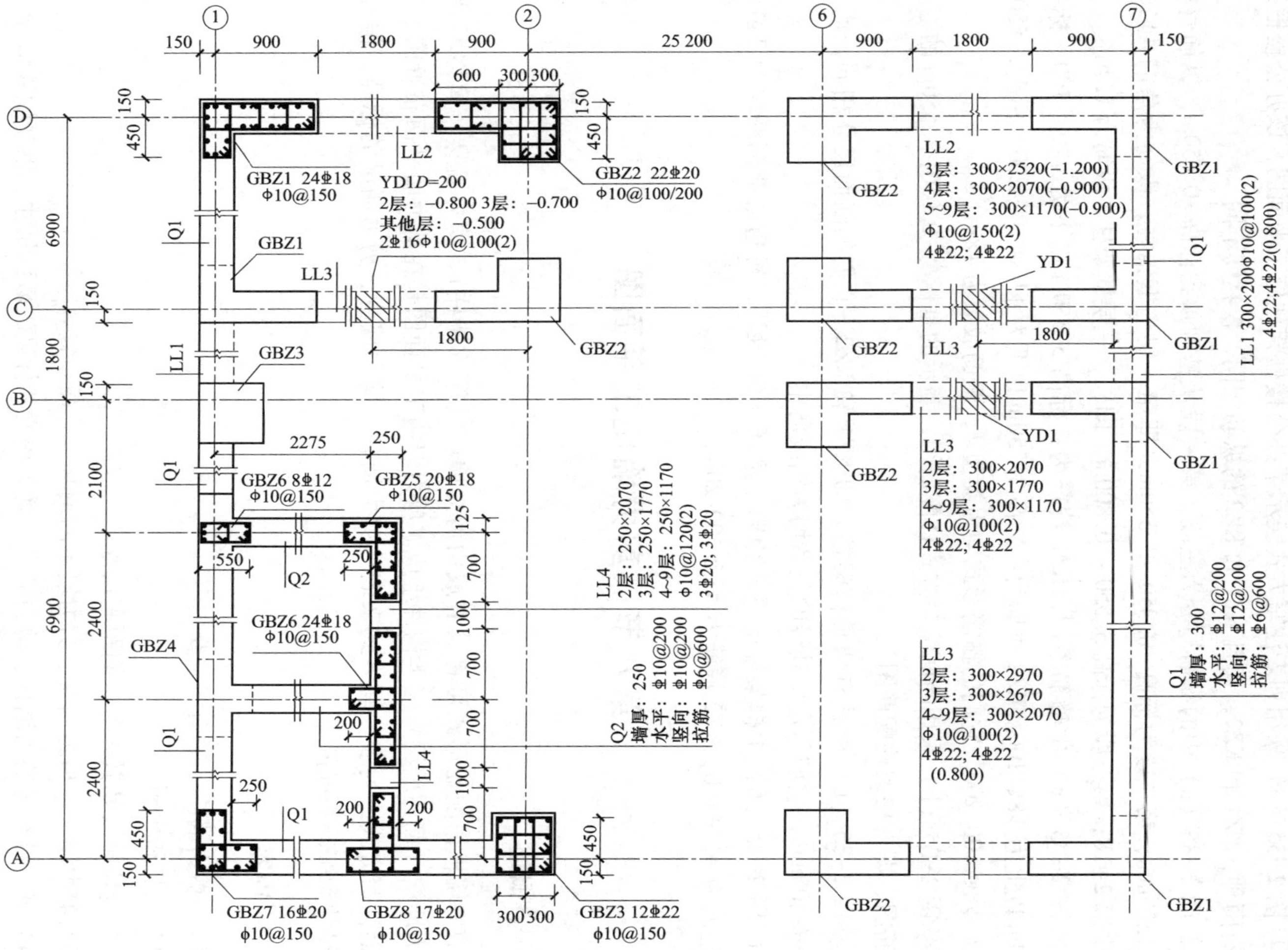

图 2-36 剪力墙施工平面图截面注写方式示例图

LL1 300×200 4Φ10@100(2)
4Φ22;4Φ22(0.800)

Q1
垂直: 300
水平: Φ12@200
拉筋: Φ12@200
Φ6@600

GBZ1

LL2
3层: 300×2520(-1.200)
4层: 300×2070(-0.900)
5-9层: 300×1170(-0.900)
Φ10@150(2)
4Φ22;4Φ22

YD1

LL3
2层: 300×2070
3层: 300×1770
4-9层: 300×1170
Φ10@100(2)
4Φ22;4Φ22

LL3
2层: 300×2970
3层: 300×2670
4-9层: 300×2070
Φ10@100(2)
4Φ22;4Φ22
(0.800)

GBZ2

Q2
垂直: 250
水平: Φ10@200
拉筋: Φ10@200
Φ6@600

LL4
2层: 250×2070
3层: 250×1770
4-9层: 250×1170
Φ10@120(2)
3Φ20;3Φ20

GBZ2 22Φ20 Φ10@100/200

YD1 D=200
2层: -0.800 3层: -0.500
其他层: -0.700
2层16Φ16 Φ10@100(2)

LL2

GBZ1 24Φ18 Φ10@150

GBZ3

GBZ3 12Φ22 Φ10@150
GBZ8 17Φ20 Φ10@150
GBZ7 16Φ20 Φ10@150
GBZ5 20Φ18 Φ10@150
GBZ6 8Φ12 Φ10@150
GBZ6 24Φ18 Φ10@150
GBZ4

层号	标高/m	层高/m
屋面2	65.670	3.30
塔层2	62.370	3.30
屋面1(塔层1)	59.070	3.60
16	55.470	3.60
15	51.870	3.60
14	48.270	3.60
13	44.670	3.60
12	41.070	3.60
11	37.470	3.60
10	33.870	3.60
9	30.270	3.60
8	26.670	3.60
7	23.070	3.60
6	19.470	3.60
5	15.870	3.60
4	12.270	3.60
3	8.670	3.60
2	4.470	4.20
1	-0.030	4.50
-1	-4.530	4.50
-2	-9.030	4.50

结构层楼面标高
结构层高
上部结构嵌固部位:
-0.030m

① 剪力墙柱注写的内容有：绘制截面配筋图，并标注截面尺寸、全部纵向钢筋和箍筋的具体数值。

② 剪力墙身注写的内容有：依次引注墙身编号（应包括注写在括号内墙身所配置的水平分布钢筋和竖向分布钢筋的排数）、墙厚尺寸、水平分布筋、竖向分布钢筋和拉筋的具体数值。

③ 剪力墙梁注写的有如下内容。

a. 从相同编号的墙柱中选择一个截面，注明几何尺寸，标注全部纵筋及箍筋的具体数值。

b. 约束边缘构件除需注明阴影部分具体尺寸外，还需注明约束边缘构件沿墙肢长度 l_c，约束边缘翼墙中沿墙肢长度尺寸为 $2b_f$ 时可不注，除注写阴影部位的箍筋外，还需注写非阴影区内布置的拉筋或箍筋。❶

c. 从相同编号的墙身中选择一道墙身，按顺序引注的内容为：墙身编号（应包括注写在括号内墙身所配置的水平与竖向分布钢筋的排数）、墙厚尺寸，水平分布钢筋、竖向分布钢筋和拉筋的具体数值。

d. 从相关编号的墙梁中选择一根墙梁，按顺序引注的内容为：注写墙梁编号、墙梁截面尺寸 bh、墙梁箍筋、上部纵筋、下部纵筋和墙梁顶面标高高差的具体数值。

e. 当连梁设有对角暗撑时［代号为 LL（JC）××］，注写暗撑的截面尺寸（箍筋外皮尺寸）；注写一根暗撑的全部纵筋，并标注×2 表明两根暗撑相互交叉；注写暗撑箍筋的具体数值。

f. 当连梁设有交叉斜筋时［代号为 LL（JX）××］，注写连梁一侧对角斜筋的配筋值，并标注×2 表明对称设置；注写对角斜筋在连梁端部设置的拉筋根数、规格及直径，并标注×4 表示 4 个角都设置；注写连梁一侧折线配筋值，并标注×2 表明对称设置。

g. 当连梁设有集中对角斜筋时［代号为 LL（DX）××］，注写一条对角线上的对角斜筋，并标注×2 表明对称设置。

h. 当墙身水平分布钢筋不能满足连梁、暗梁及边框梁的梁侧面纵向构造钢筋的要求时，应补充注明梁侧面纵筋的具体数值。

i. 注写时，以大写字母 N 打头，接续注写直径与间距。其在支座内的锚固要求同连梁中受力钢筋。

2）剪力墙施工平面图列表注写方式。

① 剪力墙施工平面图列表注写方式如图 2-37 所示。为表达清楚、简便，剪力墙可视为由剪力墙柱、剪力墙身和剪力墙梁三类构件构成。

列表注写方式，是分别在剪力墙柱表、剪力墙身表和剪力墙梁表中，对应于剪力墙平面布置图上的编号，用绘制截面配筋图并注写几何尺寸与配筋具体数值的方式，来表达剪力墙平法施工图，见表 2-10。

---

❶ 当约束边缘构件体积配箍率计算中计入墙身水平分布钢筋在阴影区域内设置的拉筋，施工时，墙身水平分布钢筋应注意采用相应的构造做法。

表 2-10   剪 力 墙 的 表 达 内 容

项目	内 容
在剪力墙柱表中表达的内容	(1) 注写墙柱编号，绘制该墙柱的截面配筋图，标注墙柱几何尺寸。约束边缘构件需注明阴影部分尺寸。构造边缘构件需注明阴影部分尺寸。扶壁柱及非边缘暗柱需标注几何尺寸。 (2) 注写各段墙柱的起止标高，自墙柱根部往上以变截面位置或截面未变但配筋改变处为界分段注写。墙柱根部标高一般指基础地面标高（部分框支剪力墙结构则为框支梁顶面标高）。 (3) 注写各段墙柱的纵向钢筋和箍筋，注写值应与表中绘制的截面配筋图对应一致。纵向钢筋注总配筋值；墙柱箍筋的注写方式与柱箍筋相同。约束边缘构件除注写阴影部位的箍筋外，还需在剪力墙平面布置图中注写非阴影区内布置的拉筋（或箍筋）。设计、施工时应注意，当约束边缘构件体积配箍率计算中计入墙身水平分布钢筋时，设计者应注明。此时还应注明墙身水平分布钢筋在阴影区域内设置的拉筋。施工时，墙身水平分布钢筋应注意采用相应的构造做法。当非阴影区外圈设置箍筋时，设计者应注明箍筋的具体数值及其余拉筋。施工时，箍筋应包住阴影区内第二列竖向纵筋。当设计采用与构造详图不同的做法时，应另行注明
在剪力墙身表中表达的内容	(1) 注写墙身编号（含水平与竖向分布钢筋的排数）。 (2) 注写各段墙身起止标高，自墙身根部往上以变截面位置或截面未变但配筋改变处为界分段注写。墙身根部标高一般指基础顶面标高（部分框支剪力墙结构则为框支梁的顶面标高）。 (3) 注写水平分布钢筋、竖向分布钢筋和拉筋的具体数值。注写数值为一排水平分布钢筋和竖向分布钢筋的规格与间距，具体设置几排已经在墙身编号后面表达。拉筋应注明布置方式"双向"或"梅花双向"，如图 2-38 所示（图中 a 为竖向分布钢筋间距，b 为水平分布钢筋间距）
在剪力墙梁表中表达的内容	(1) 注写墙梁编号。 (2) 注写墙梁所在楼层号。 (3) 注写墙梁顶面标高高差，是指相对于墙梁所在结构层楼面标高的高差值。高于者为正值，低于者为负值，当无高差时不注。 (4) 注写墙梁截面尺寸 $b×h$，上部纵筋、下部纵筋和箍筋的具体数值。 (5) 当连梁设有对角暗撑时［代号为 LL（JC）××］，注写暗撑的截面尺寸（箍筋外皮尺寸）；注写一根暗撑的全部纵筋，并标注×2 表明有 2 根暗撑相互交叉；注写暗撑箍筋的具体数值。 (6) 当连梁设有交叉斜筋时［代号为 LL（JX）××］，注写连梁一侧对角斜筋的配筋值，并标注×2 表明对称设置；注写对角斜筋在连梁端部设置的拉筋根数、规格及直径，并标注×4 表示 4 个角都设置；注写连梁一侧折线筋配筋值，并标注×2 表明对称设置。 (7) 当连梁设有集中对角斜筋时［代号为 LL（DX）××］，注写一条对角线上的对角斜筋，并标注×2 表明对称设置。墙梁侧面纵筋的配置，当墙身水平分布钢筋满足连梁、暗梁及边框梁的梁侧面纵向构造钢筋的要求时，该筋配置同墙身水平分布钢筋，表中不注，施工按标准构造详图的要求即可；当不满足时，应在表中补充注明梁侧面纵筋的具体数值（其在支座内的锚固要求同连梁中受力钢筋）

剪力墙梁表

编号	所在楼层号	梁顶相对标高高差/m	梁截面 $b×h$ /mm×mm	上部纵筋	下部纵筋	箍筋
LL1	2~9	0.800	300×2000	4Φ22	4Φ22	Φ10@100(2)
	10~16	0.800	250×2000	4Φ20	4Φ20	Φ10@100(2)
	屋面1		250×1200	4Φ20	4Φ20	Φ10@100(2)
LL2	3	-1.200	300×2520	4Φ22	4Φ22	Φ10@150(2)
	4	-0.900	300×2070	4Φ22	4Φ22	Φ10@150(2)
	5~9	-0.900	300×1770	4Φ22	4Φ22	Φ10@150(2)
	10~屋面1	-0.900	250×1770	3Φ22	3Φ22	Φ10@150(2)
LL3	2		300×2070	4Φ22	4Φ22	Φ10@100(2)
	3		300×1770	4Φ22	4Φ22	Φ10@100(2)
	4~9		300×1170	4Φ22	4Φ22	Φ10@100(2)
	10~屋面1		250×1170	3Φ22	3Φ22	Φ10@100(2)
LL4	2		250×2070	3Φ20	3Φ20	Φ10@120(2)
	3		250×1770	3Φ20	3Φ20	Φ10@120(2)
	4~屋面1		250×1170	3Φ20	3Φ20	Φ10@120(2)
AL1	2~9		300×600	3Φ20	3Φ20	Φ8@150(2)
	10~16		250×500	3Φ18	3Φ18	Φ8@150(2)
BKL1	屋面1		500×750	4Φ22	4Φ22	Φ10@150(2)

剪力墙身表

编号	标高/m	墙厚/mm	水平分布筋	垂直分布筋	拉筋(双向)
Q1	-0.030~30.270	300	Φ12@200	Φ12@200	Φ6@600@600
	30.270~59.070	250	Φ12@200	Φ12@200	Φ6@600@600
Q2	-0.030~30.270	250	Φ12@200	Φ12@200	Φ6@600@600
	30.270~59.070	200	Φ12@200	Φ12@200	Φ6@600@600

剪力墙施工平面图列表注写方式示例图

-0.030~12.270m剪力墙平法施工图

层号	标高/m	层高/m
屋面2	65.670	3.30
塔层2	62.370	3.30
屋面1(塔层1)	59.070	3.60
16	55.470	3.60
15	51.870	3.60
14	48.270	3.60
13	44.670	3.60
12	41.070	3.60
11	37.470	3.60
10	33.870	3.60
9	30.270	3.60
8	26.670	3.60
7	23.070	3.60
6	19.470	3.60
5	15.870	3.60
4	12.270	3.60
3	8.670	4.20
2	4.470	4.50
1	-0.030	4.50
-1	-4.530	4.50
-2	-9.030	
层号	标高/m	层高/m

结构层楼面标高
结构层高
上部结构嵌固部位：-0.030m

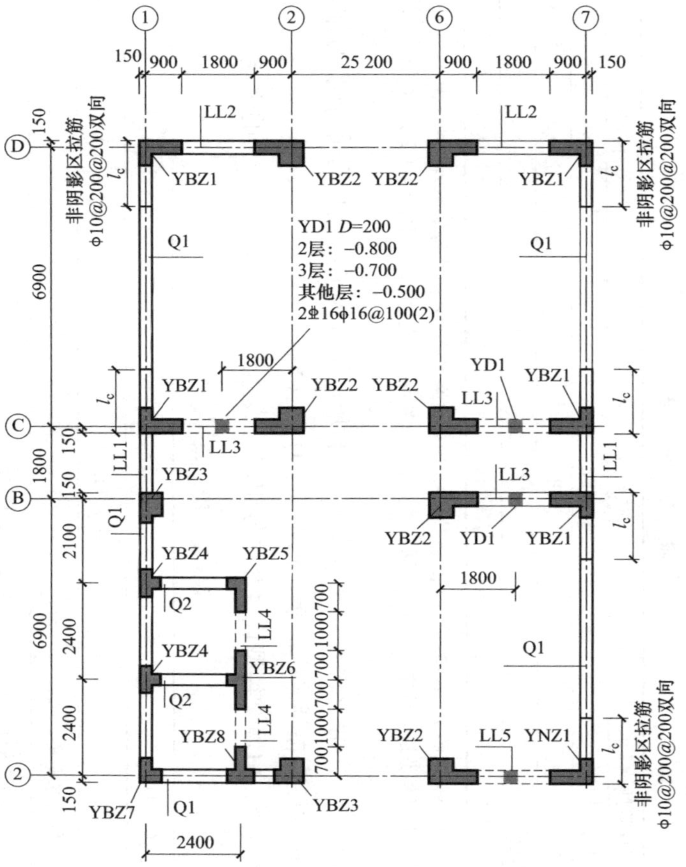

图 2－37 剪力墙平面图列表注写方式示例图

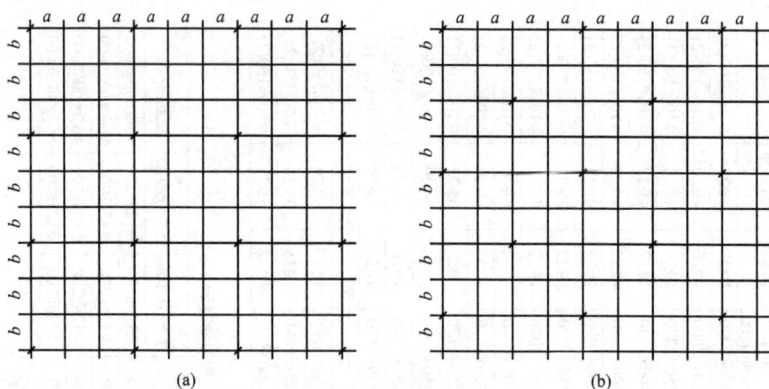

图 2-38 双向拉筋与梅花双向拉筋示意

（a）拉筋@$3a3b$ 双向（$a \leqslant 200mm$、$b \leqslant 200mm$）；（b）拉筋@$4a4b$ 双向（$a \leqslant 150mm$、$b \leqslant 150mm$）

② 编号规定：将剪力墙按剪力墙柱、剪力墙身、剪力墙梁（简称为墙柱、墙身、墙梁）三类构件分别编号。

a. 墙柱编号，由墙柱类型代号和序号组成，表达形式应符合表 2-11 的规定。

表 2-11　　　　　　　　　墙　柱　编　号

墙柱类型	代　号	序　号
约束边缘构件	YBZ	××
构造边缘构件	GBZ	××
非边缘暗柱	AZ	××
扶壁柱	FBZ	××

注：约束边缘构件包括约束边缘暗柱、约束边缘端柱、约束边缘翼墙、约束边缘转角墙四种（图 2-39）。构造边缘构件包括构造边缘暗柱、构造边缘端柱、构造边缘翼墙、构造边缘转角墙四种（图 2-40）。

b. 墙身编号，由墙身代号、序号以及墙身所配置的水平与竖向分布钢筋的排数组成，其中，排数注写在括号内。表达形式为：Q××（×排）。

c. 墙梁编号，由墙梁类型代号和序号组成，表达形式应符合表 2-12 的规定。

表 2-12　　　　　　　　　墙　梁　编　号

墙梁类型	代　号	序　号
连梁	LL	××
连梁（对角暗撑配筋）	LL	××
连梁（交叉斜筋配筋）	LL（JC）	××
连梁（集中对角斜筋配筋）	LL（DX）	××
暗梁	AL	××
边框梁	BKL	××

注：在具体工程中，当某些墙身需设置暗梁或边框梁时，宜在剪力墙平法施工图中绘制暗梁或边框梁的平面布置图并编号，以明确其具体位置。

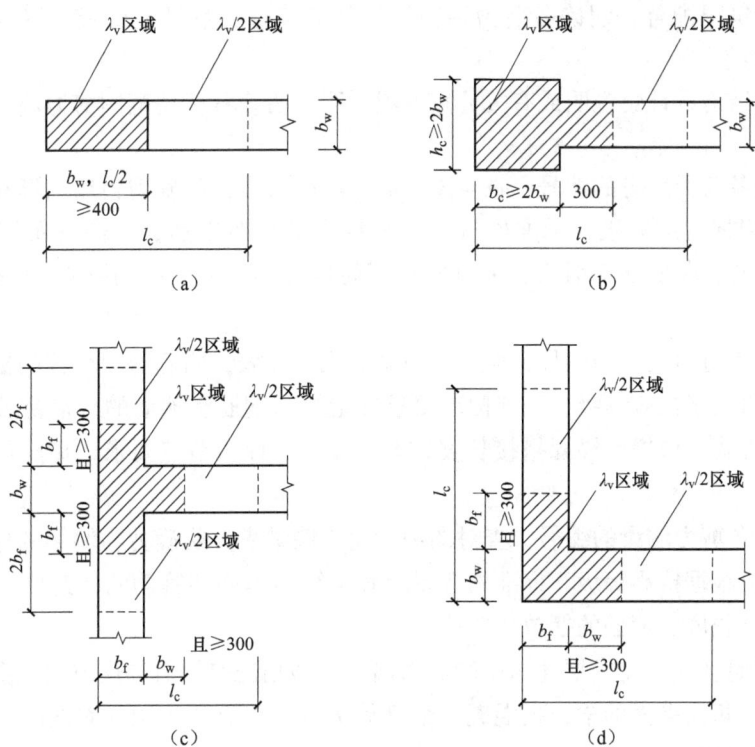

图 2-39　约束边缘构件

（a）约束边缘暗柱；（b）约束边缘端柱；（c）约束边缘翼墙；（d）约束边缘转角墙

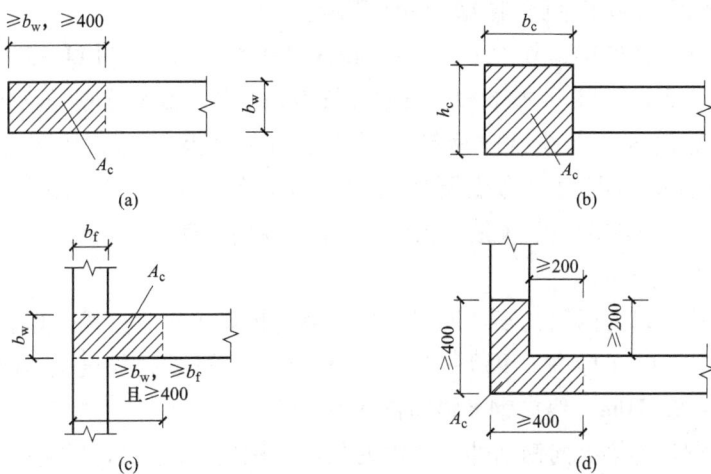

图 2-40　构造边缘构件

（a）构造边缘暗柱；（b）构造边缘端柱；（c）构造边缘翼墙；（d）构造边缘转角墙

（3）剪力墙施工平面图的识图步骤。

1）查看图名、比例。

2）校核轴线编号及间距尺寸，必须与建筑平面图、基础平面图保持一致。

3）与建筑图配合，明确各剪力墙边缘构件的编号、数量及位置，墙身的编号、尺寸、洞口位置。

4）阅读结构设计总说明或有关分页专项说明，明确各标高范围剪力墙混凝土的强度等级。

5）根据各剪力墙身的编号，查对图中截面或墙身表，明确剪力墙的标高、截面尺寸和配筋。再根据抗震等级、标准构造要求确定水平分布钢筋、竖向分布钢筋和拉筋的构造要求（包括水平分布钢筋、竖向分布钢筋连接的方式、位置、锚固搭接长度、弯折要求）。

6）根据各剪力墙柱的编号，查对图中截面或墙柱表，明确剪力墙柱的标高、截面尺寸和配筋。再根据抗震等级、标准构造要求确定纵向钢筋和箍筋的构造要求（包括纵向钢筋连接的方式、位置、锚固搭接长度、弯折要求、柱头节点要求、箍筋加密区长度范围等）。

7）根据各剪力墙梁的编号，查对图中截面或墙梁表，明确剪力墙梁的标高、截面尺寸和配筋。再根据抗震等级、标准构造要求确定纵向钢筋和箍筋的构造要求（包括纵向钢筋锚固搭接长度、箍筋的摆放位置等）。

8）剪力墙（尤其是高层建筑中的剪力墙）一般情况是沿着高度方向混凝土强度等级不断变化的；每层楼面的梁、板混凝土强度等级也可能有所不同，看图时应格外加以注意，避免出现错误。

三、范例

某教学楼现浇板施工平面图如图 2-41 所示。

（1）图中共 8 种连梁，其中 LL-1 和 LL-8 各 1 根，LL-2 和 LL-5 各 2 根，LL-3、LL-6 和 LL-7 各 3 根，LL-4 共 6 根。查阅连梁表知，各个编号连梁的梁底标高、截面宽度和高度、连梁跨度、上部纵向钢筋、下部纵向钢筋及箍筋。从图 2-41（a）知，连梁的侧面构造钢筋即为剪力墙配置的水平分布筋，其在三、四层为直径 12mm、间距 250mm 的 HRB335 级钢筋，在五～十六层为直径 10mm、间距 250mm 的 HPB300 级钢筋。

（2）因转换层以上两层（三、四层）剪力墙，抗震等级为三级，以上各层抗震等级为四级，知三、四层（标高 6.950～12.550m）纵向钢筋锚固长度为 31d，五～十六层（标高 12.550～49.120m）纵向钢筋锚固长度为 30d。

（3）顶层洞口连梁纵向钢筋伸入墙内的长度范围内，应设置间距为 150mm 的箍筋，箍筋直径与连梁跨内箍筋直径相同。

（4）图中剪力墙身的编号只有一种，墙厚 200mm。查阅剪力墙身表知，剪力墙水平分布钢筋和垂直分布钢筋均相同，在三、四层为直径 12mm、间距 250mm 的 HRB335 级钢筋，在五～十六层为直径 10mm、间距 250mm 的 HPB300 级钢筋。拉筋为直径 8mm 的 HPB300 级钢筋，间距为 500mm。

（5）因转换层以上两层（三、四层）剪力墙，抗震等级为三级，以上各层抗震等级

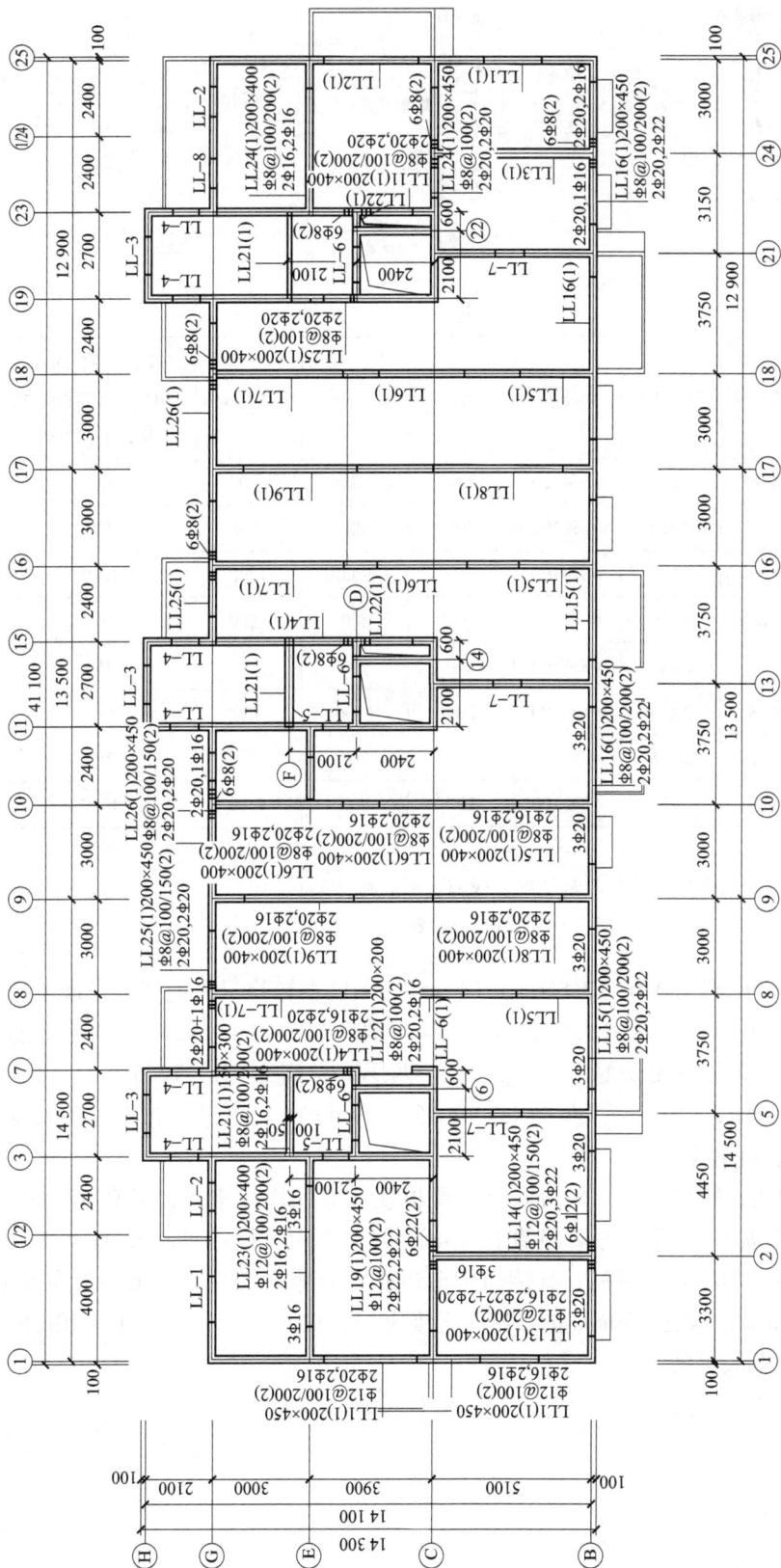

设计说明：1. 剪力墙、框架柱除标注外，混凝土等级均为C30。

2. 钢筋采用HPB300(Φ)，HRB335(Φ)。

3. 墙水平筋伸入暗柱。

4. 剪力墙上留洞不得穿过暗柱。

(a)

图2-41 某教学楼现浇楼板施工平面图（一）

(a) 标注层顶梁配筋平面图

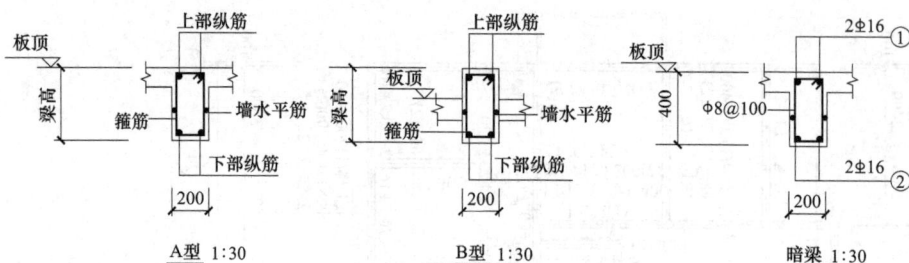

板顶 梁高 箍筋 上部纵筋 墙水平筋 下部纵筋 200
A型 1:30

板顶 梁高 箍筋 上部纵筋 墙水平筋 下部纵筋 200
B型 1:30

板顶 400 Φ8@100 2Φ16 ① 2Φ16 ② 200
暗梁 1:30

连 梁 表

梁号	类型	上部纵筋	下部纵筋	梁箍筋	梁宽/mm	梁高/mm	跨度/mm	梁底标高/mm（相对本层顶板结构标高，下沉为正）
LL-1	B	2Φ25	2Φ25	Φ8@100	200	1500	1400	450
LL-2	A	2Φ18	2Φ18	Φ8@100	200	900	450	450
LL-3	B	2Φ25	2Φ25	Φ8@100	200	1200	1300	1800
LL-4	A	4Φ20	4Φ20	Φ8@100	200	800	1800	0
LL-5	A	2Φ18	2Φ18	Φ8@100	200	900	750	750
LL-6	A	2Φ18	2Φ18	Φ8@100	200	1100	580	580
LL-7	A	2Φ18	2Φ18	Φ8@100	200	900	750	750
LL-8	B	2Φ25	2Φ25	Φ8@100	200	900	1800	1350

(b)

图 2-41 某教学楼现浇板施工平面图 (二)

（b）连接类型和连梁表

为四级，知三、四层（标高 6.950~12.550m）墙身竖向钢筋在转换梁内的锚固长度不小于 l_{aE}，水平分布筋锚固长度 l_{aE} 为 31d，五~十六层（标高 12.550~49.120m）水平分布筋锚固长度 l_{aE} 为 24d，各层搭接长度为 1.4l_{aE}；三、四层（标高 6.950~12.550m）水平分布筋锚固长度 l_{aE} 为 31d，五~十六层（标高 12.550~49.120m）水平分布筋锚固长度 l_{aE} 为 24d，各层搭接长度为 1.6l_{aE}。

（6）根据图纸说明，所有混凝土剪力墙上楼层板顶标高处均设暗梁，梁高 400mm，上部纵向钢筋和下部纵向钢筋同为 2 根直径 16mm 的 HPB355 级钢筋；箍筋为直径 8mm、间距 100mm 的 HPB300 级钢筋；梁侧面构造钢筋即为剪力墙配置的水平分布筋，在三、四层为直径 12mm、间距 250mm 的 HPB335 级钢筋，在五~十六层为直径 10mm、间距 250mm 的 HPB300 级钢筋。

第九节 构 件 详 图

一、概述

梁、板、柱、剪力墙施工平面图等主体结构施工图只表示出了一些常规构件的设计信息，但对于一些特殊的构件或者在结构平面图中无法表示清楚的构件，尚需单独绘制详图来表达。

构件详图是用来表示特殊构件的尺寸、位置、材料和配筋情况的施工图，主要包括楼梯结构详图和建筑造型的有关节点详图等特殊构件。

楼梯结构详图如图 3-50~图 3-53 所示。

二、内容

1. 楼梯平面图

1）楼梯类型（表 2-13）。

表 2-13   楼 梯 类 型

梯板代号	适用范围		是否参与结构整体抗震计算
	抗震构造措施	适用结构	
AT	无	框架、剪力墙、砌体结构	不参与
BT			
CT	无	框架、剪力墙、砌体结构	不参与
DT			
ET	无	框架、剪力墙、砌体结构	不参与
FT			
GT	无	框架结构	不参与
HT		框架、剪力墙、砌体结构	
ATa	有	框架结构	不参与
ATb			不参与
ATc			参与

注：1. ATa 低端设滑动支座支承在梯梁上；ATb 低端设滑动支座支承在梯梁的挑板上。

2. ATa、ATb、ATc 均用于抗震设计，设计者应指定楼梯的抗震等级。

2）注写方式。平面注写方式是在楼梯平面布置图上注写截面尺寸和配筋具体数值来表达楼梯施工图的方式。包括集中标注和外围标注。

楼梯集中标注的规定如下。

1）梯板类型代号与序号，如 AT××。

2）梯板厚度，注写为 h＝×××。当为带平板的梯板且梯段板厚度和平板厚度不同时，可在梯段板厚度后面括号内以字母 P 打头注写平板厚度。

3）踏步段总高度和踏步级数，之间以"/"分隔。

4）梯板支座上部纵筋和下部纵筋，之间以";"分隔。

5）梯板分布筋，以 F 打头注写分布钢筋具体值，该项也可在图中统一说明。

楼梯外围标注的内容，包括楼梯间的平面尺寸、楼层结构标高、层间结构标高、楼梯的上下方向、梯板的平面几何尺寸、平台板配筋、梯梁及梯柱配筋等。

各类型梯板的平面注写要求见《混凝土结构施工图平面整体表示方法制图规则和构造详图（现浇混凝土板式楼梯）》（11G101-2）。

2. 楼梯剖面图

1）剖面注写方式需在楼梯施工平面图中绘制楼梯平面布置图和楼梯剖面图，注写方式分平面注写、剖面注写两部分。

2）楼梯平面布置图注写内容包括楼梯间的平面尺寸、楼层结构标高、层间结构标高、楼梯的上下方向、梯板的平面几何尺寸、梯板类型及编号、平台板配筋、梯梁及梯柱配筋等。

3）楼梯剖面图注写内容包括梯板集中标注、梯梁梯柱编号、梯板水平及竖向尺寸、楼层结构标高、层间结构标高等。

4）楼梯集中标注的内容有四项，具体规定如下。

① 梯板类型代号与序号号，如 AT××。

② 梯板厚度，注写为 h＝×××。当梯板由踏步段和平板构成，且踏步段梯板厚度和平板厚度不同时，可在梯板厚度后面括号内以字母 P 打头注写平板厚度。

③ 梯板配筋。注明梯板上部纵筋和梯板下部纵筋，用";"将上部与下部纵筋的配筋值分隔开来。

④ 梯板分布筋，以 F 打头注写分布钢筋具体值，该项也可在图中统一说明。

三、范例

1. 楼梯平面图

某住宅楼楼梯平面图如图 2-42 所示。

① 图中，"280×7＝1960"表示楼梯踏面宽度为 280mm，踏步数为 7，楼梯梯板净跨度为 1960mm。

② 图中"PTB1 h＝80"表示编号为 1 的平台板，平台板厚度为 80mm。"④φ8@200"表示 1 号平台板中编号为④的负筋（工地施工人员通常称之为爬筋或扣筋），钢筋直径为 8mm，钢筋强度等级为 HPB300 级，钢筋间距为 200mm。

③ 图中"⑤φ8@150"表示 1 号平台板中编号为⑤的板底正筋（工地施工人员通常称之为底筋），钢筋长度为板的跨度值，钢筋强度等级为 HPB300 级，钢筋直径为 8mm，

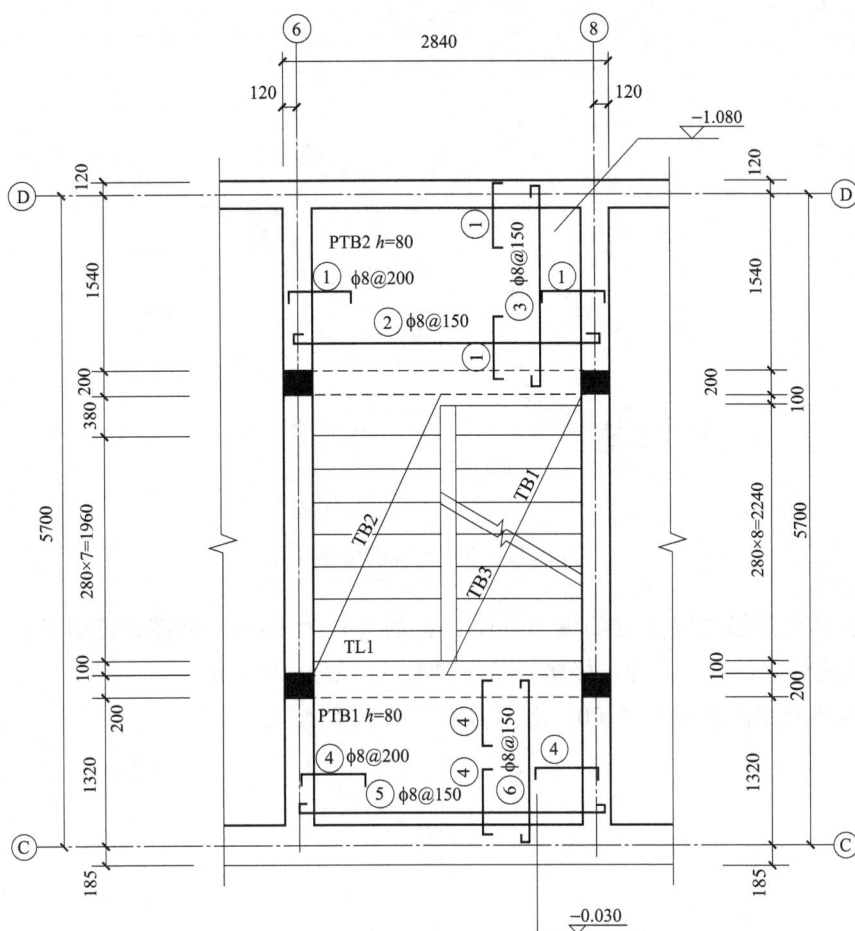

图 2-42 某住宅楼楼梯平面图

钢筋间距为 150mm。

④ 图中 " $\underline{\triangledown}^{-0.030}$ " 表示 1 号平台板顶面结构标高值为−0.030m（相对建筑标高为 ±0.000）。

⑤ 图中 "⑥φ8@150" 表示 1 号平台板短向跨度板底编号为⑥的正筋。钢筋强度等 级为 HPB300 级，钢筋直径为 8mm，钢筋间距为 150mm，沿板长跨方向均匀布置。

2. 楼梯剖面图

某住宅楼楼梯剖面图如图 2-43 所示。

① 图中 "280×7＝1960" 表示楼梯梯段踏步宽度为 280mm，踏步数为 7 踏，楼梯段 净跨值为 1960mm。

② 图中楼梯段梯板板底筋 "φ10@130" 表示钢筋强度等级为 HPB300 级，钢筋直径 为 10mm，钢筋间距为 130mm，钢筋编号为①。

③ 图中楼梯段梯板分布钢筋 "φ6@250" 表示梯板板底筋沿板跨方向全跨均匀布置， 分布钢筋直径为 6mm，钢筋强度等级为 HPB300 级，钢筋间距为 250mm，钢筋编号为④。

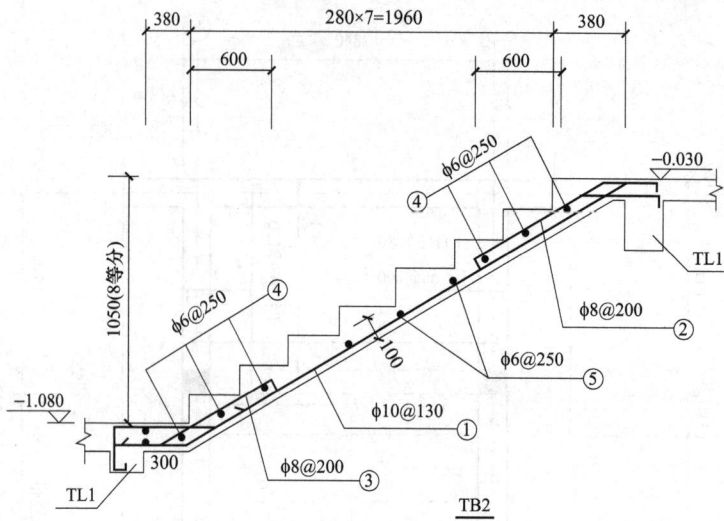

图 2-43 某住宅楼楼梯剖面图

④ 楼梯板顶部支座处钢筋编号为②，钢筋直径为 8mm，钢筋强度等级为 HPB300 级，钢筋间距为 200mm。伸入楼梯板净跨的水平长度为 600mm。

⑤ 楼梯板中部注写值"100"表示楼梯板最小厚度值。

工程实例： 某社区服务中心工程结构施工图

某社区服务中心工程结构施工图

图 纸 目 录			
序号	图 纸 名 称	图幅	图号
01	结构设计总说明（一）	A1	结施-01
02	结构设计总说明（二）	A1	结施-02
03	结构设计总说明讲解	A1	
04	筏形基础底板配筋图	A1	结施-03
05	筏形基础底板配筋图讲解	A1	
06	筏形基础梁配筋图	A1	结施-04
07	筏形基础梁配筋图讲解（一）	A1	
08	筏形基础梁配筋图讲解（二）	A1	
09	地梁配筋图	A1	结施-05
10	地梁配筋图讲解（一）	A1	
11	地梁配筋图讲解（二）	A1	
12	地梁配筋图讲解（三）	A1	
13	框架柱定位图	A1	结施-06
14	框架柱定位图讲解（一）	A1	
15	框架柱定位图讲解（二）	A1	
16	首层结构平面图	A1	结施-07
17	首层结构平面图讲解	A1	
18	二层结构平面图	A1	结施-08
19	二层结构平面图讲解（一）	A1	
20	二层结构平面图讲解（二）	A1	
21	二层结构平面图讲解（三）	A1	
22	二层结构平面图讲解（四）	A1	
23	二层结构平面图讲解（五）	A1	
24	三层结构平面图	A1	结施-09
25	三层结构平面图讲解（一）	A1	
26	三层结构平面图讲解（二）	A1	

图 纸 目 录			
序号	图 纸 名 称	图幅	图号
27	三层结构平面图讲解（三）	A1	
28	三层结构平面图讲解（四）	A1	
29	三层结构平面图讲解（五）	A1	
30	15.900m 标高结构平面图	A1	结施-10
31	15.900m 标高结构平面图讲解（一）	A1	
32	15.900m 标高结构平面图讲解（二）	A1	
33	15.900m 标高结构平面图讲解（三）	A1	
34	屋面结构平面图	A1	结施-11
35	屋面结构平面图讲解	A1	
36	首层顶板配筋图	A1	结施-12
37	首层顶板配筋图讲解（一）	A1	
38	首层顶板配筋图讲解（二）	A1	
39	二层顶板配筋图	A1	结施-13
40	二层顶板配筋图讲解（一）	A1	
41	二层顶板配筋图讲解（二）	A1	
42	三层顶板配筋图	A1	结施-14
43	三层顶板配筋图讲解（一）	A1	
44	三层顶板配筋图讲解（二）	A1	
45	15.900m 标高板配筋图	A1	结施-15
46	15.900m 标高板配筋图讲解	A1	
47	屋面板配筋图	A1	结施-16
48	屋面板配筋图讲解	A1	
49	1 号楼梯详图	A1	
50	1 号楼梯详图讲解	A1	
51	2 号楼梯详图	A1	
52	3 号楼梯详图	A1	

工程名称	某社区服务中心工程	图名	结构施工图图纸目录	日 期	
子 项				图 号	

图 3-1 图纸目录

84

结 构 设 计 总 说 明

一、工程概况

本工程位于北方某市，项目概况见下表：

地下室层数	地上层数	结构形式	基础类型	人防等级防护类别
一	4	框架结构	筏形基础	—

二、设计依据

2.1 本工程设计遵循的主要规范、规程、标准以及技术规定：

建筑结构可靠度设计统一标准（GB 50068—2001）	建筑工程抗震设防分类标准（GB 50223—2008）
建筑结构荷载规范（GB 50009—2012）	建筑地基基础设计规范（GB 50007—2011）
建筑抗震设计规范（50011—2010）	混凝土结构工程施工质量验收规范（GB 50204—2015）
混凝土结构设计规范（GB 50010—2010）	北京地区建筑地基基础勘察设计规范（DBJ 11—501—2009）

2.2 主要技术指标：

设计使用年限	50年	建筑抗震设防分类	乙类	建筑结构安全等级	二级
抗震设防烈度	8度	设计地震分组	第一组	地震基本加速度值	0.20g
场地类别	Ⅱ类	场地土类型	中硬土	结构构件重要性系数	1.0
框架抗震等级	一级	标准冻结深度	1.0m	地基基础设计等级	三级
基本风压	0.45	基本雪压	0.40	风荷载体型系数	1.3
地面粗糙度类别	B类	液化判别	不液化	地下水对钢混凝土结构腐蚀性	无腐蚀性

混凝土结构环境类别	一类：室内正常环境（地上各构件室内部分和地下室内墙、梁、柱、板，基础梁板顶侧）
	二a类：室内潮湿环境（梁、板、柱的卫生间一侧，构件的迎水面）
	二b类：露天及与无侵蚀性水土直接接触环境（地上各构件室外部分和地下室外墙、边角柱的外侧，基础梁板的迎水、土面）

2.3 荷载：

2.3.1 均布活荷载标准值见下表（单位：kN/m²）

类别	荷载标准值	类别	荷载标准值	类别	荷载标准值
诊室、体检室、保健室、办公室	2.0	库房	5.0	不上人屋面	0.5
手术室	3.0	消防疏散楼梯	3.5	上人屋面	2.0

续表

类别	荷载标准值	类别	荷载标准值	类别	荷载标准值
走廊、门厅、餐厅	2.5	口腔室	5.0	隔墙及填充墙	12kN/m³
厨房	4.0	其他房间	2.0	多功能厅	3.0

注：1. 施工荷载：楼面 2.0kN/m²；屋面：2.0kN/m²；首层楼面及有高低屋面的低屋面：4.0kN/m²。

2. 施工检修集中荷载：1.0kN；栏杆顶部水平荷载：0.5kN/m²。

3. 未经技术鉴定或设计许可，不得改变结构的使用用途和使用环境。

2.4 计算程序：《结构空间有限元分析与设计软件 SAT》（中国建筑科学研究院 PKPM CAD 工程部编制，2011 年 3 月版）。

三、结构设计概况

3.1 结构体系：钢筋混凝土框架结构。因为基础埋深较深，在标高 -0.050m 处增设一道地梁。

3.2 根据北京京西建筑勘察设计院 2011 年 5 月提供的岩土工程勘察报告（GK：1121），本建筑物基础形式：钢筋混凝土柱下筏形基础，综合考虑的地基承载力标准值为 $f_{ak} = 160$kPa。

四、主要材料

4.1 混凝土强度等级：

位置	±0.000m 以下部分				地上部分			其他
构件名称	基础垫层	筏形基础地梁、柱	框架柱	框架梁	框架柱	框架梁	楼板楼梯	
强度等级	C15	C30	C40	C30	C40	C30	C30	C25

4.2 混凝土耐久性要求：

环境类别	部位	最大水胶比	最大氯离子（%）	最大碱含量/（kg/m³）
一	见 2.2 条	0.60	0.3	不限制
二 a	见 2.2 条	0.55	0.2	3.0
二 b	见 2.2 条	0.50	0.15	3.0

4.3 钢筋：采用 HPB300（Ⅰ级钢）、HRB335（Ⅱ级钢）、HRB400（Ⅲ级钢）。框架的纵向受力钢筋的抗拉强度实测值与屈服强度实测值的比值不应小于 1.25；钢筋的屈服强度实测值与强度标准值的比值不应大于 1.3，且钢筋在最大拉力下的总伸长率实测值不应小于 9%。钢筋强度标准值应具有不小于 95% 的保值率。

4.4 钢筋的混凝土保护层厚度：

构件	基础底板基础梁	地下一层顶板上侧		混凝土板		柱（梁）		混凝土墙、混凝土板的	屋顶板的室外侧
		无覆土	有覆土	室内	露天	卫生间侧	其余部位	卫生间侧	
保护层厚度	40	20	35	15	25	25	25 (20)	20	25

注：1. 梁、板、柱节点处一般存在多层纵筋交汇的情况，此时应满足最外层纵筋保护层厚度，内层纵筋保护层按表中数值相应增加。

2. 受力钢筋的混凝土保护层厚度应从钢筋的外边缘算起。

3. 当梁、柱、墙的纵筋最大直径 d>表中数值时，保护层取 d。

4. 当梁、柱的箍筋直径 $d'≥12$mm 时，梁、柱的保护层厚度尚应≥d'+15mm。

5. 保护层厚度≥50mm 时，内设Φ4@200×200 钢丝网。

4.5 钢筋连接：

1. 梁、柱内纵向钢筋接头：直径 ≥16mm 时采用机械连接（Ⅱ级直螺纹）；其余可以采用绑扎搭接。

2. 楼、屋面板受力钢筋及分布钢筋采用绑扎搭接。

4.6 预埋件：钢板材质采用 Q300，用于手工电弧焊的焊条型号为 E43 型。

4.7 围护及填充墙体材料：外围护墙及内隔墙采用轻骨料混凝土砌块，Mb5 混凝土砌块砌筑砂浆砌筑。

4.8 室内地面回填材料采用素土。要求素土压实系数不少于 0.94。

五、钢筋混凝土结构构造

5.1 钢筋的锚固：现浇构件内的钢筋锚固长度按《混凝土结构施工图平面整体表示方法制图规则和构造详图》11G101-1 的规定确定。

5.2 钢筋的连接：钢筋接头采用绑扎搭接或机械连接，接头百分率不应大于 50%，连接构造按《混凝土结构施工图平面整体表示方法制图规则和构造详图》11G101 的规定。

5.3 筏形基础、框架梁柱、现浇楼板与屋面板及楼梯的钢筋构造按《混凝土结构施工图平面整体表示方法制图相应构造详图》施工。

5.4 板、墙孔洞应预留，当孔洞尺寸不大于 300 时，将板、墙筋从洞边绕过，不得截断。当孔洞尺寸大于 300 时，应按构造详图放置附加钢筋，待管道安装后用强度等级高一级的微膨胀混凝土灌实孔洞

工程名称	某社区服务中心工程		图名	结构设计总说明（一）		日期	
子项						图号	结施-01

图 3-2　结构设计总说明（一）

缝隙。板上尺寸小于 300 的孔洞均未在结构图上表示，施工时应与相关专业图纸配合预留。

六、围护墙及女儿墙的构造

6.1 围护墙及隔墙位置按建筑施工图确定，墙体结构构造参见《砌体填充墙结构构造》06SG614-1 图集。

6.2 门窗洞口均采用钢筋混凝土过梁，未注明者均按以下规定设置：梁长 L=洞宽+500。过梁截面尺寸及配筋见下表，当支座与柱或墙相碰时，应在柱或墙上预留钢筋，以后浇筑。

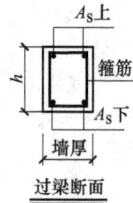

洞净宽 L_0	≤1200	1200~2100	2100~3000	3000~3500
h	120	180	240	300
A_s 上	2Φ8	2Φ10	2Φ10	2Φ12
A_s 下	2Φ12	2Φ14	2Φ14	2Φ18
箍筋	Φ6@100	Φ6@150	Φ6@200	Φ8@200

注：过梁采用 C25 混凝土。

6.3 填充墙与柱、墙连接处应沿全高每隔500mm设2ϕ6通长拉筋，并锚入柱、墙内250。填充墙墙体材料详建施图，砂浆采用Mb5混合砂浆。填充墙内门洞口边无构造柱时应设混凝土抱框，抱框做法参见相应的规范或标准图。填充墙长大于5m时，墙顶与梁应有可靠拉结；墙长超过层高2倍时，应在中部适当位置（如洞口两侧、纵横墙相交处或每隔4m）设置钢筋混凝土构造柱；墙高超过4m时，在半层高或门洞上皮宜设置且沿墙全长贯通的钢筋混凝土水平系梁。

6.4 砌体填充墙应按建施图表示的位置或按6.3条设置钢筋混凝土构造柱。构造柱配筋均为纵筋4Φ12，箍筋Φ6@100/200，构造柱与楼面相交处在施工楼面时应留出插筋4Φ12。

6.5 楼梯间和人流通道的填充墙尚应采用Φ4钢丝网砂浆面层加强。

七、施工要求

7.1 施工质量应满足以下标准要求：

建筑工程施工质量验收统一标准（GB 50300—2013）

混凝土结构工程施工质量验收规范（GB 50204—2015）

地基与基础工程施工质量验收规范（GB 50202—2002）

砌体结构工程施工质量验收规范（GB 50203—2011）

钢筋机械连接技术规程（JGJ 107—2010）

7.2 结构施工时应与其他专业图纸配合，混凝土中的管线、孔洞、沟槽及预埋件均应按有关图纸预留或预埋。除结构图上注明者外，梁、柱上不得开洞或穿管。施工时发现与其他专业图纸有矛盾时应及时与设计单位联系并协商妥善处理。

八、图面表达方式

8.1 基础及上部结构施工图均采用平面整体表示方法绘制，其规则见国家建筑标准设计《混凝土结构施工图平面整体表示方法制图规则和构造详图》。

8.2 平面图采用正投影法绘制，尺寸以 mm 为单位，标高以 m 为单位。

九、选用标准图集

混凝土结构施工图平面整体表示方法制图规则和构造详图 11G101-1（现浇混凝土框架、剪力墙、梁、板）

混凝土结构施工图平面整体表示方法制图规则和构造详图 11G101-3（独立基础、条形基础、筏形基础及桩基承台）

砌体填充墙结构构造 06SG614-1

十、其他需要说明的事项

10.1 本工程施工至±0.000m 时必须先回填土至±0.000m，方可进行下道工序。

10.2 电气专业对结构钢筋的焊接要求及防雷引下线做法见电气专业施工图。

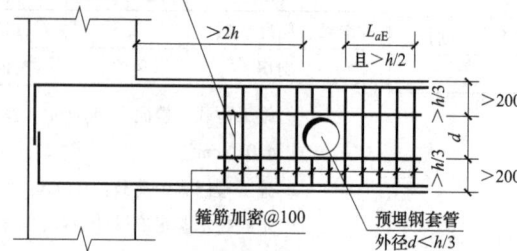

梁上穿洞做法

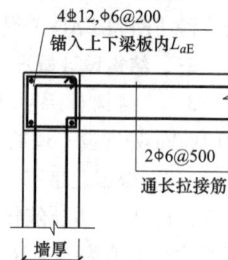

隔墙构造柱大样

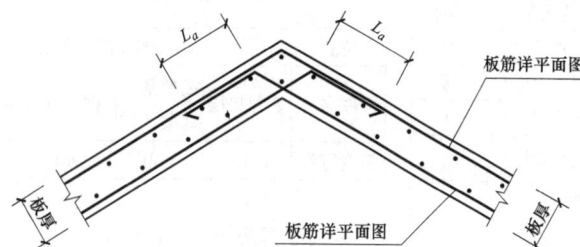

屋面折板做法

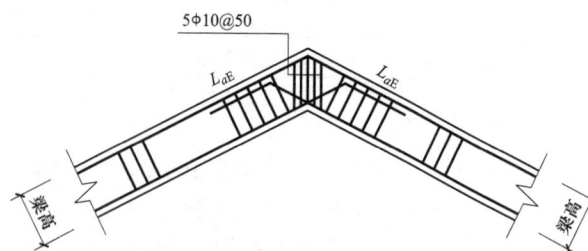

屋面折梁做法

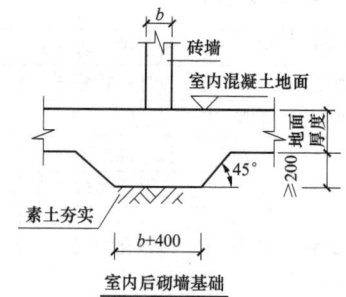

室内后砌墙基础

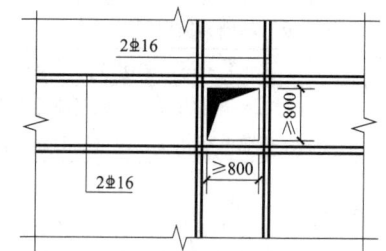

楼板留洞做法

楼板上下2Φ16且每侧加强筋不小于洞被断纵向钢筋总面积50%。

工程名称	某社区服务中心工程	图名	结构设计总说明（二）	日期	
子项				图号	结施-02

图 3-3 结构设计总说明（二）

导读

一、"工程概况"导读

通过工程概况，可以对建筑物层数，结构形式，基础形式等有一个直观的了解。

二、"设计依据"导读

2.1 条是设计人员进行结构设计遵循的规范及标准，是编制结构施工图的依据。也是注册结构工程师考试的基本内容之一。

2.2 条的"主要技术指标"是结构设计人员在进行结构设计计算时，选取的一些参数指标。这是进行结构设计的具体依据。

2.3 条中，荷载取值是根据建筑物功能，依据《荷载规范》对各个功能房间的荷载进行的抗力取值。

2.4 条中，随着建筑物越来越复杂，手工计算已经不能满足结构设计的需要，目前，常用的结构设计软件。

是中国建筑科学研究院 PKPM CAD 工程部编制的 PKPM 软件。

三、"结构设计概况"导读

3.1 条和 3.2 条给出了结构体系和建筑物基础形式。

四、"主要材料"导读

4.1 条交代了框架结构基本构件的混凝土强度等级。一般施工图中均在总说明中交代各个基本构件的混凝土强度等级，施工人员如果在梁、板、柱等具体图纸中找不到混凝土的具体强度等级，就来看结构设计总说明。总说明中肯定能找到。

钢筋混凝土结构体系的基本材料就是钢筋和混凝土，4.2 和 4.3 条就是对钢筋、混凝土两种材料在指标上的具体要求。施工单位在材料用料时，判断材料是否合格，上述指标就是检验的标准之一。也是结构设计人员在结构验收时，验收材料参考的具体数据。

4.4 条和 4.5 条指出，在钢筋混凝土构件中，为防止钢筋锈蚀，并保证钢筋和混凝土牢固黏结在一起，钢筋外面必须有足够厚度的混凝土保护层。作用如下：① 维持受力钢筋及混凝土之间的握裹力。② 保护钢筋免遭锈蚀。

五、"围护墙及女儿墙的构造"导读

钢筋混凝土过梁承载能力强，可用于较宽的门窗和洞口，对房屋不均匀沉降或震动有一定的适应性，应用较广泛。目前常用的过梁形式有钢筋砖过梁、砖砌平拱过梁和钢筋混凝土过梁。

六、"选用标准图集"导读

目前我国的结构专业设计图纸，均采用平法标注。依据的图集为 11G101 系列，施工人员如果熟读此图集，看懂看透结构设计图纸应该就没有问题了。另外，砌体填充墙结构构造06SG614-1。这本图集也很重要。

工程名称	某社区服务中心工程	图名	结构设计总说明讲解	日 期	
子 项				图 号	

图 3-4　结构设计总说明讲解

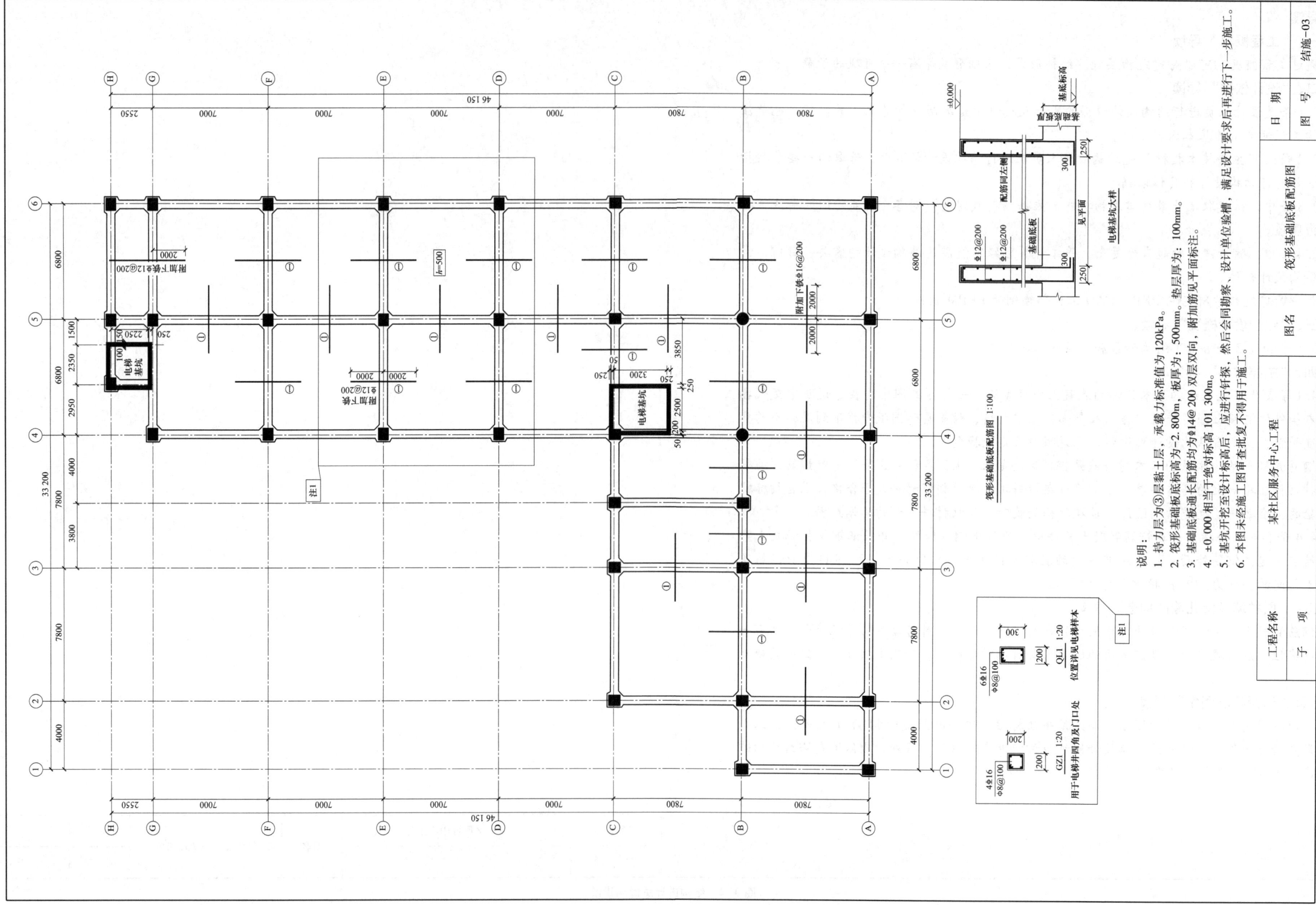

图 3-5 筏形基础底板配筋图

说明：
1. 持力层为③层黏土层，承载力标准值为120kPa。
2. 筏形基础板底标高为-2.800m，板厚为：500mm，垫层厚为：100mm。
3. 基础底板通长配筋均为φ14@200 双层双向，附加筋见平面标注。
4. ±0.000相当于绝对标高 101.300m。
5. 基坑开挖至设计标高后，应进行钎探，设计单位会验槽，然后会同勘察，满足设计要求后再进行下一步施工。
6. 本图未经施工图审查批复不得用于施工。

筏形基础底板配筋图 1:100

筏形基础底板配筋图 1:100

电梯基坑大样

GZ1 1:20

QL1 1:20

用于电梯井四角及门口处

位置详见电梯样本

工程名称 | 某社区服务中心工程

子项

图名 | 筏形基础底板配筋图

图号 | 结施-03

注1详解：

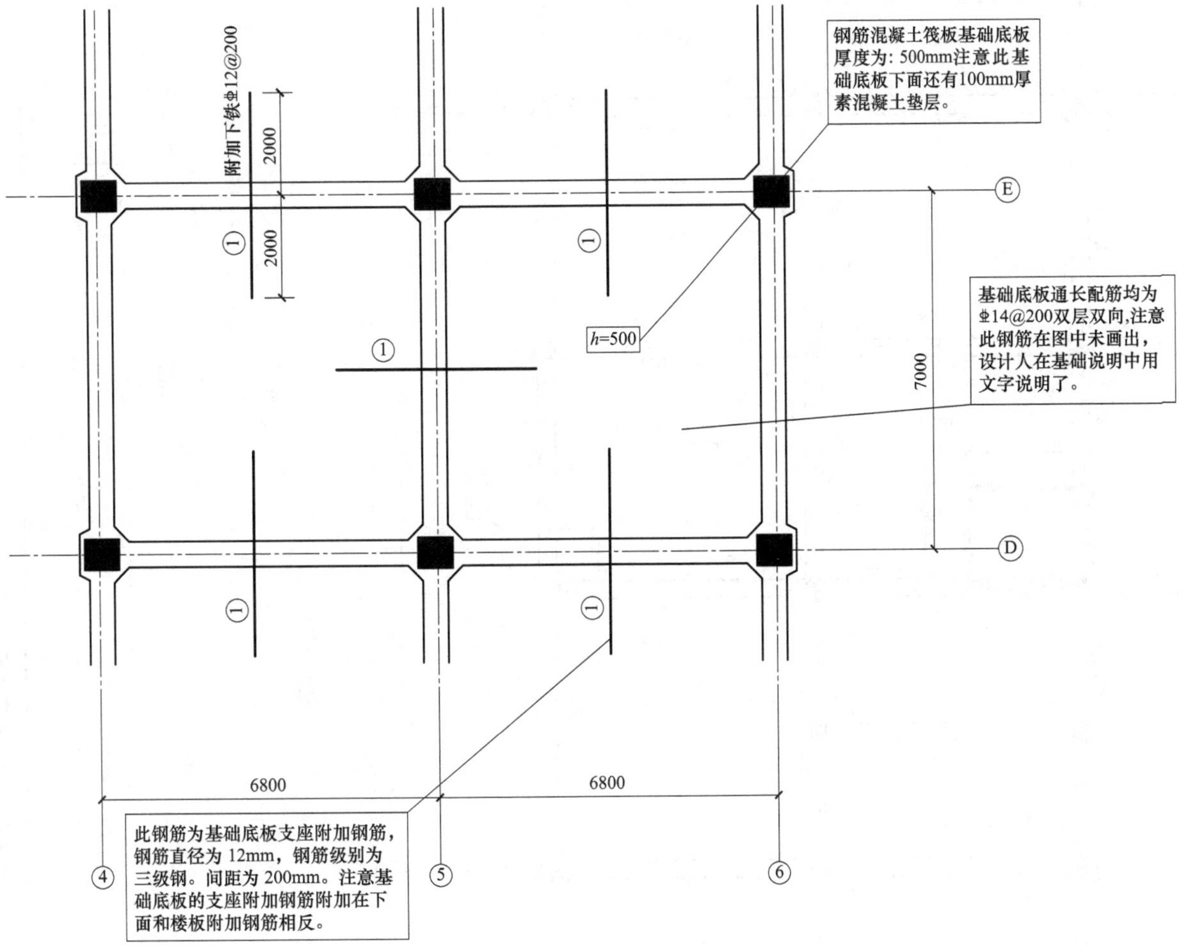

钢筋混凝土筏板基础底板厚度为：500mm注意此基础底板下面还有100mm厚素混凝土垫层。

附加下铁Φ12@200

2000
2000
2000

h=500

基础底板通长配筋均为Φ14@200双层双向，注意此钢筋在图中未画出，设计人在基础说明中用文字说明了。

7000

6800
6800

此钢筋为基础底板支座附加钢筋，钢筋直径为12mm，钢筋级别为三级钢。间距为200mm。注意基础底板的支座附加钢筋附加在下面和楼板附加钢筋相反。

④ ⑤ ⑥

① E
① D

导读

筏板基础中为固定基础底板上铁的位置，常常需要用到马凳筋。

马凳筋，施工术语。它的形状像凳子，故俗称马凳，也称撑筋。

用于上下两层板钢筋中间，起固定上层板钢筋的作用。它既是设计的范畴，也是施工范畴更是预算的范畴。马凳的设置要符合够用适度的原则，既能满足要求，又要节约资源。

注2详解：

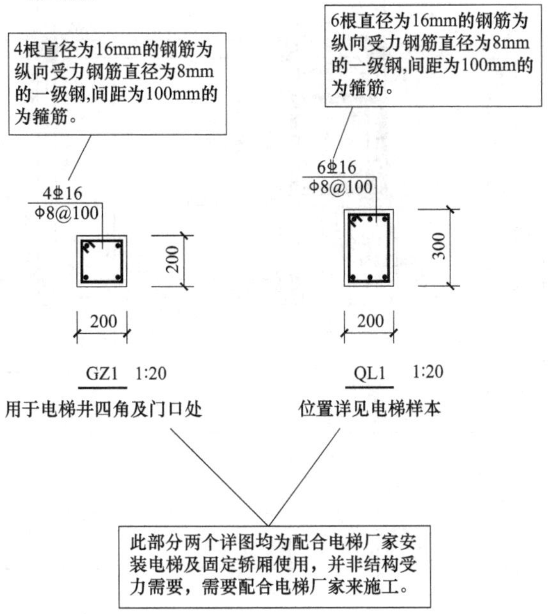

4根直径为16mm的钢筋为纵向受力钢筋直径为8mm的一级钢，间距为100mm的为箍筋。

6根直径为16mm的钢筋为纵向受力钢筋直径为8mm的一级钢，间距为100mm的为箍筋。

4Φ16
Φ8@100
200
200
GZ1 1:20
用于电梯井四角及门口处

6Φ16
Φ8@100
300
200
QL1 1:20
位置详见电梯样本

此部分两个详图均为配合电梯厂家安装电梯及固定轿厢使用，并非结构受力需要，需要配合电梯厂家来施工。

导读

钢筋混凝土民用建筑房屋常用基础形式有：柱下独立基础、柱下条形基础、筏板基础和桩基础。钢筋混凝土框架结构，设计人员在设计基础形式时，首选独立基础，当地基承载力较低时，根据具体情况采用基础形式。本工程结合建筑物层数及地基承载力情况，采用筏板基础。

工程名称	某社区服务中心工程	图名	筏形基础底板配筋图讲解	日 期	
子 项				图 号	

图 3-6　筏形基础底板配筋图讲解

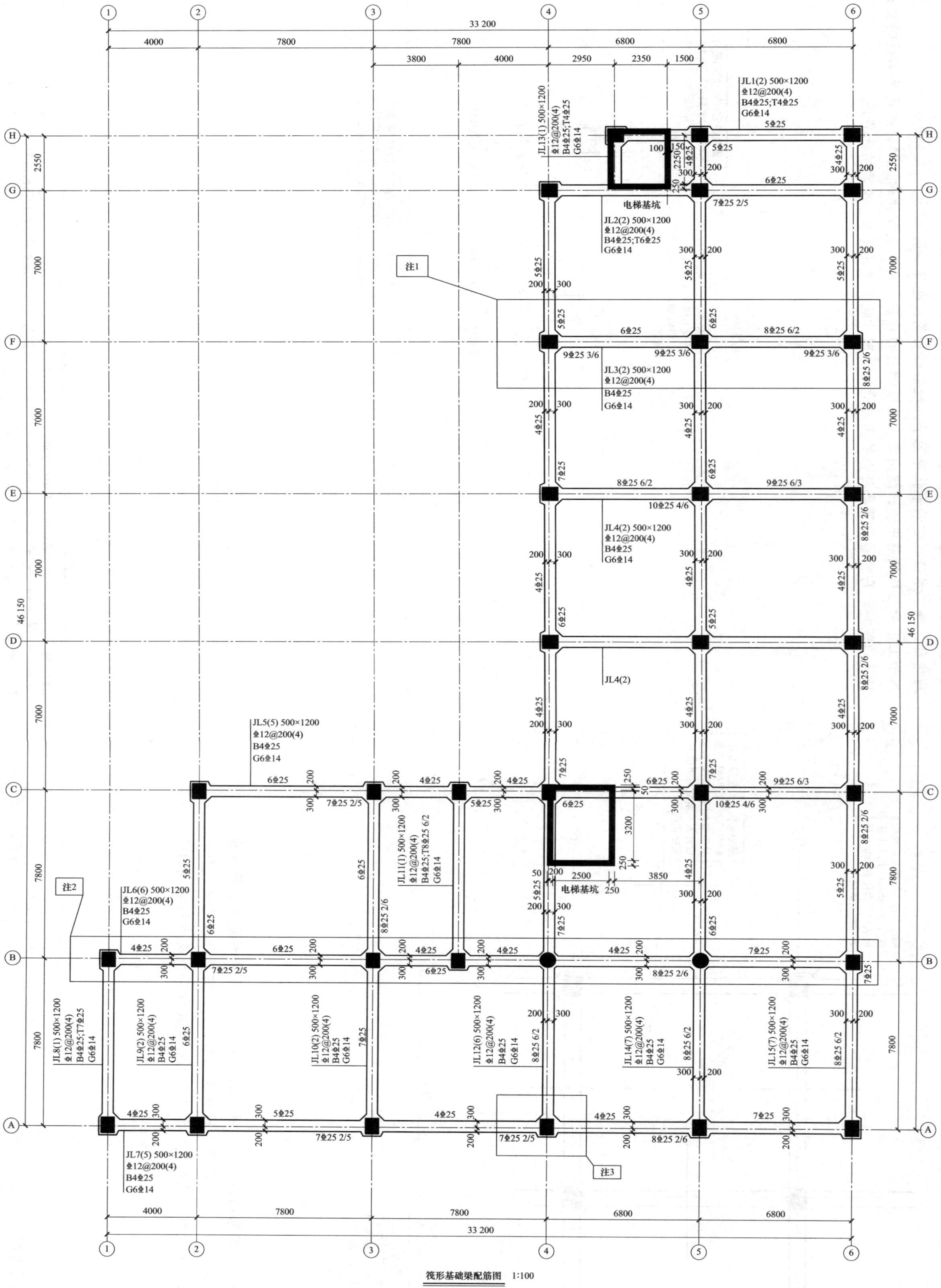

筏形基础梁配筋图 1:100

说明：

1. 筏形基础梁底标高同板底标高。
2. 未注明构件均为轴线居中。
3. 本图未经施工图审查批复不得用于施工。

工程名称	某社区服务中心工程	图名	筏形基础梁配筋图	日 期	
子 项				图 号	结施-04

图 3-7 筏形基础梁配筋图

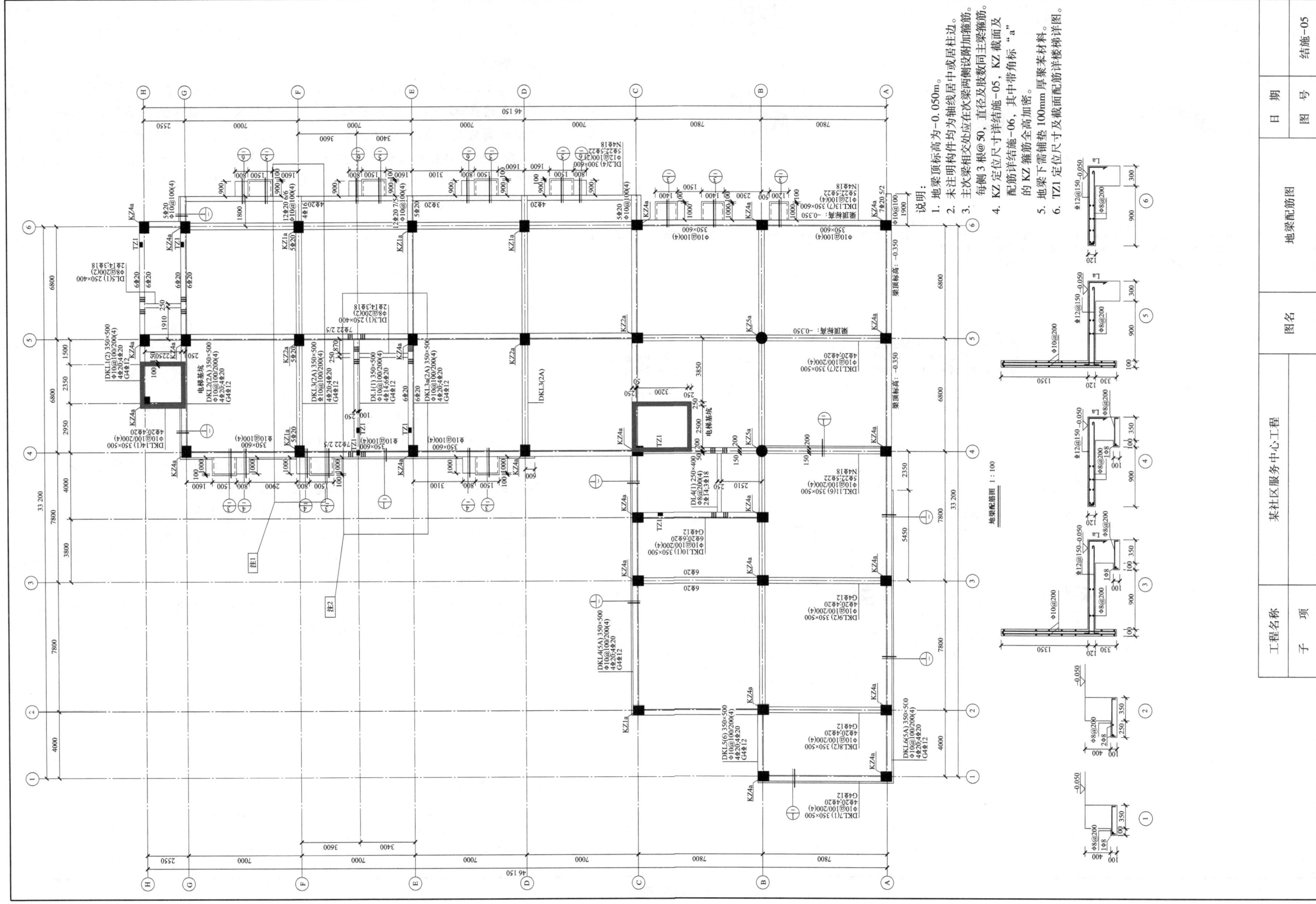

图 3-10 地梁配筋图

说明：
1. 地梁顶标高为-0.050m。
2. 未注明构件均为轴线居中或居柱边。
3. 主次梁相交处应在次梁两侧设附加箍筋，直径及肢数同主梁箍筋，每侧3根@50。
4. KZ定位尺寸详结施-05，KZ截面及配筋详结施-06，其中带角标"a"的KZ箍筋全高加密。
5. 地梁下需铺垫100mm厚素材料。
6. TZ1定位尺寸及截面配筋详楼梯详图。

注1详解：

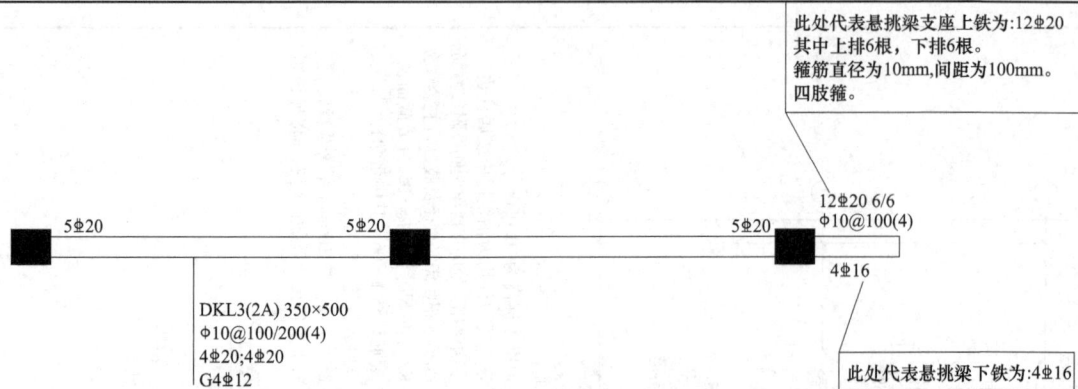

此处代表悬挑梁支座上铁为:12⊕20
其中上排6根，下排6根。
箍筋直径为10mm，间距为100mm。
四肢箍。

12⊕20 6/6
Φ10@100(4)

5⊕20   5⊕20   5⊕20

4⊕16

DKL3(2A) 350×500
Φ10@100/200(4)
4⊕20;4⊕20
G4⊕12

此处代表悬挑梁下铁为:4⊕16

DKL3(2A) 350×500：代表地框梁为两跨其中一端悬挑。截面尺寸为：梁宽350mm，梁高500mm。其中DKL代表地框梁。
Φ10@100/200(4)：代表梁箍筋钢筋级别为一级钢筋，箍筋直径为10mm，加密区箍筋间距：100mm，非加密区箍筋间距为：200mm，箍筋肢数为四肢箍。
4⊕20；4⊕20：代表梁上铁为4⊕20通常布置，梁下铁为4⊕20通常布置。
G4⊕12：代表腰筋为4⊕12每侧两根，其中⊕代表三级钢。

注2详解：

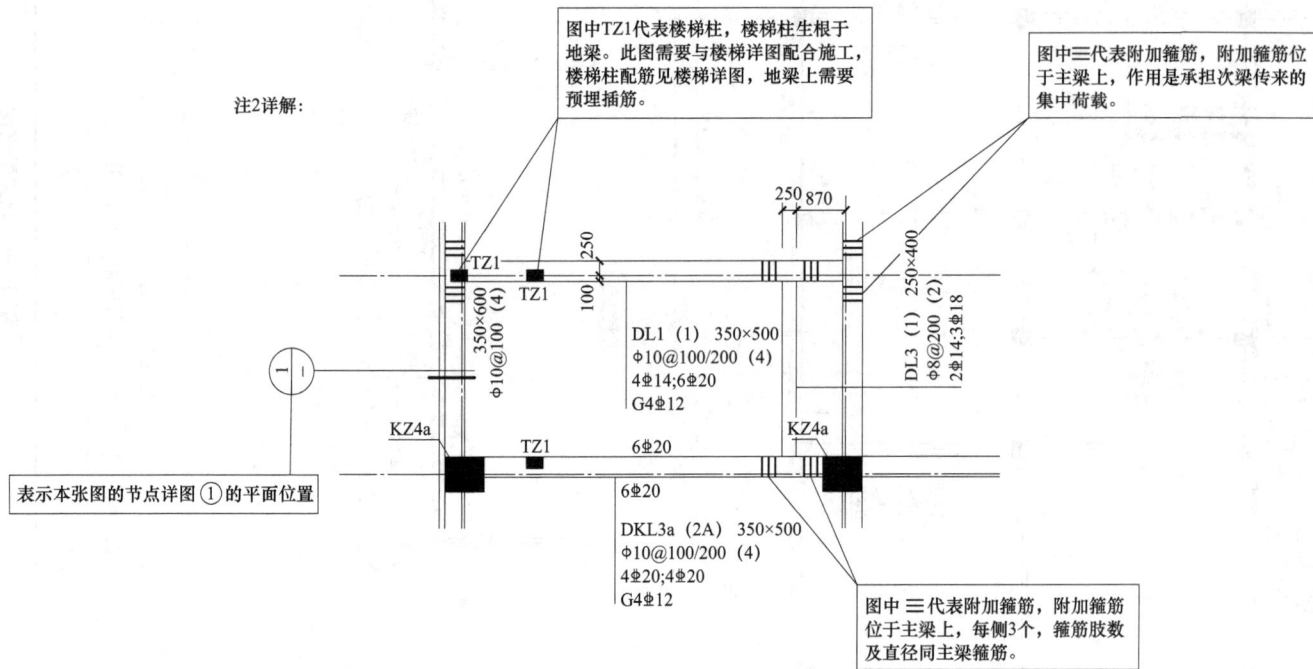

图中TZ1代表楼梯柱，楼梯柱生根于地梁。此图需要与楼梯详图配合施工，楼梯柱配筋见楼梯详图，地梁上需要预埋插筋。

图中三代表附加箍筋，附加箍筋位于主梁上，作用是承担次梁传来的集中荷载。

250 870

TZ1
TZ1

250 400
DL3 (1) 250×400
Φ8@200 (2)
2⊕14;3⊕18

350×600
Φ10@100 (4)

DL1 (1) 350×500
Φ10@100/200 (4)
4⊕14;6⊕20
G4⊕12

100 250

KZ4a

TZ1   6⊕20   KZ4a

6⊕20

DKL3a (2A) 350×500
Φ10@100/200 (4)
4⊕20;4⊕20
G4⊕12

表示本张图的节点详图①的平面位置

图中三代表附加箍筋，附加箍筋位于主梁上，每侧3个，箍筋肢数及直径同主梁箍筋。

导读

导读

对于底层层高较高同时基础埋置较深时，除按规范要求正常设置拉梁的同时，可以考虑在±0.000以下适当位置设置构造框架梁，以降低底层柱的计算长度，有助于提高底层的侧向刚度，减小柱底的弯矩，同时对柱的截面也可以适当减小（此构造框架梁应参与整体计算并按计算结果配筋）。对于底层层高不大或基础埋置不深时可按"梁顶面宜与承台顶面位于同一标高"的要求设置拉梁。

导读

本图纸中的地梁即为基础拉梁。作用如下：

（1）承受上部墙体的荷载或其他竖向荷载；

（2）对重要的建筑物或地基薄弱处，设置基础拉梁加强基础的整体性，调节各基础间的不均匀沉降，消除或减轻上部结构对沉降的敏感性；

（3）对于单桩及两桩承台的短向处，设置拉梁是因为桩身刚度与承台及上部结构刚度相比很小，桩与承台之间设计一般按照铰接考虑，自身不能用来传递上部的弯矩和剪力，上部柱子的嵌固面往往在承台面处，上部柱子传递的弯矩和剪力必须由拉梁来承担；

（4）对于有抗震设防要求的柱下承台，在地震作用下，建筑物的各桩基承台所受到的地震剪力和弯矩是不确定的，拉梁起到各承台之间的整体协调作用。

工程名称	某社区服务中心工程	图名	地梁配筋图讲解（一）	日 期	
子 项				图 号	

图 3-11　地梁配筋图讲解（一）

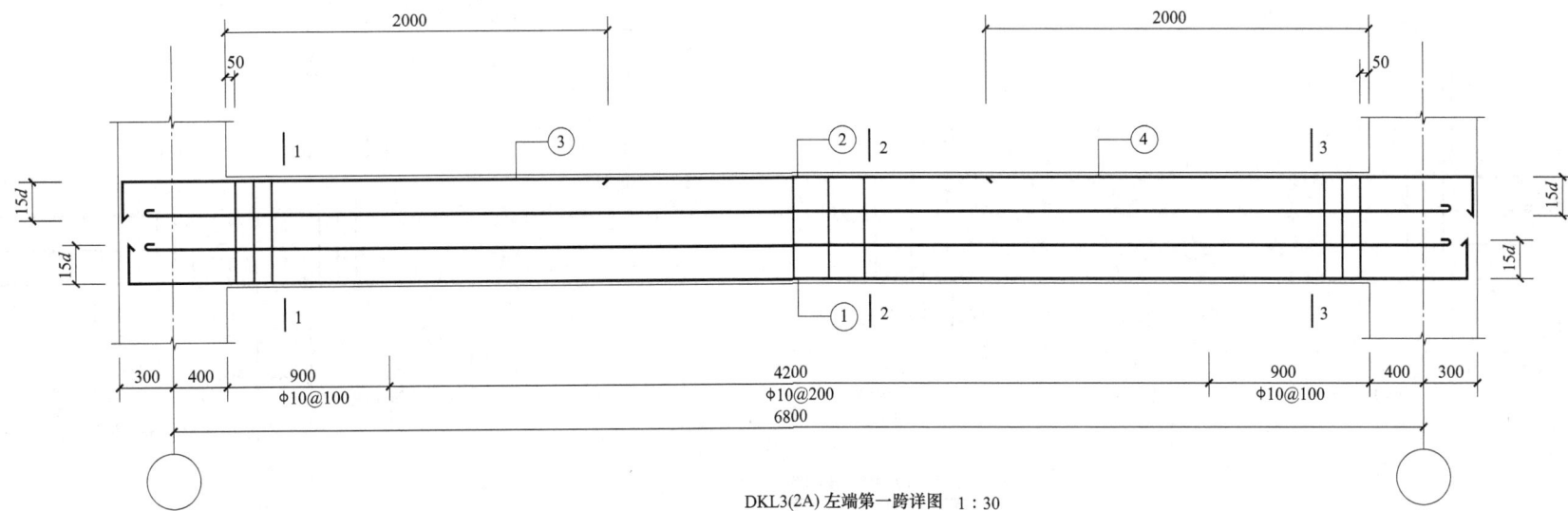

DKL3(2A)左端第一跨详图 1:30

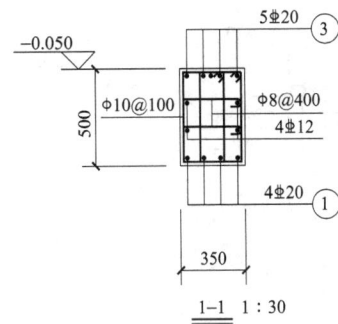

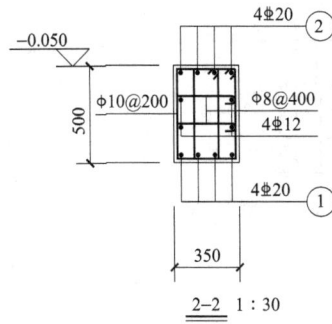

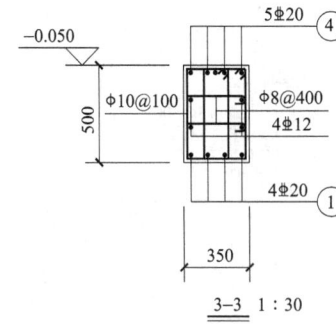

1-1 1:30

2-2 1:30

3-3 1:30

工程名称	某社区服务中心工程	图名	地梁配筋图讲解（二）	日 期	
子 项				图 号	

图 3-12 地梁配筋图讲解（二）

2000   2000

50   50   50

15d

15d

1   6   2   4   3   3   4   1

1   2   5   3   4   2

300   400   900   4200   900   400   300   1500
Φ10@100   Φ10@200   Φ10@100
6800   1800

DKL3(2A)左端第二跨详图 1:30

-0.050   5Φ20 6   -0.050   4Φ20 4   -0.050   5Φ20 3   -0.050   12Φ20 1

500   Φ10@100   Φ8@400   500   Φ10@200   Φ8@400   500   Φ10@100   Φ8@400   500   Φ10@100   Φ8@400
4Φ12   4Φ12   4Φ12   4Φ12

4Φ20 5   4Φ20 5   4Φ20 5   4Φ16 2

350   350   350   350

1-1 1:30   2-2 1:30   3-3 1:30   4-4 1:30

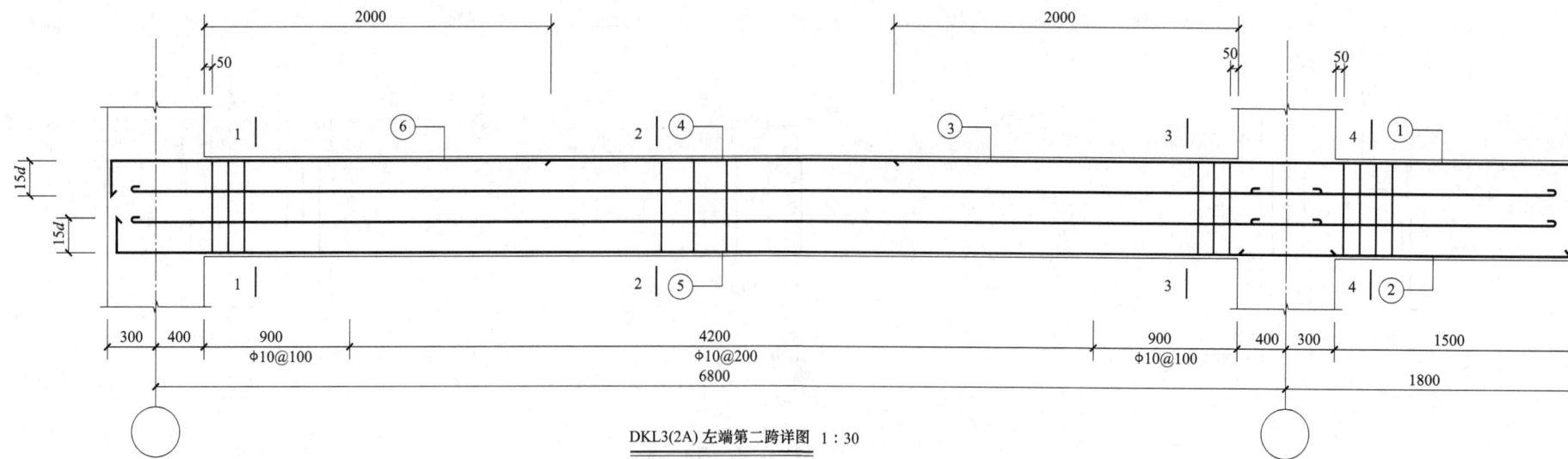

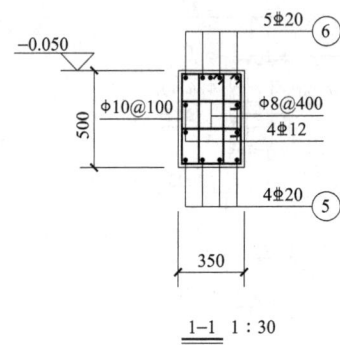

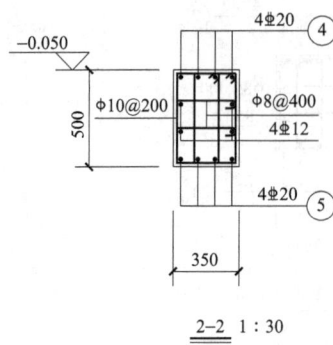

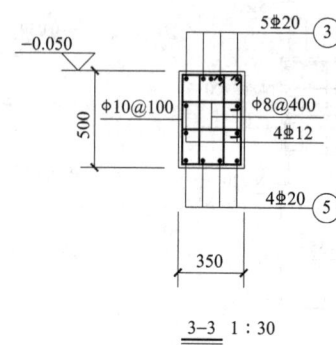

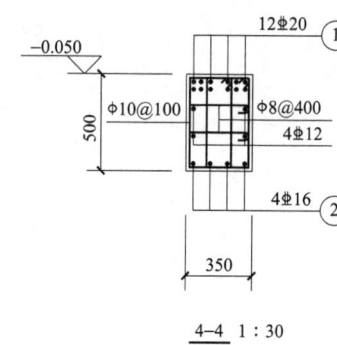

| 工程名称 | 某社区服务中心工程 | 图名 | 地梁配筋图讲解（三） | 日 期 | |
| 子 项 | | | | 图 号 | |

图 3-13 地梁配筋图讲解（三）

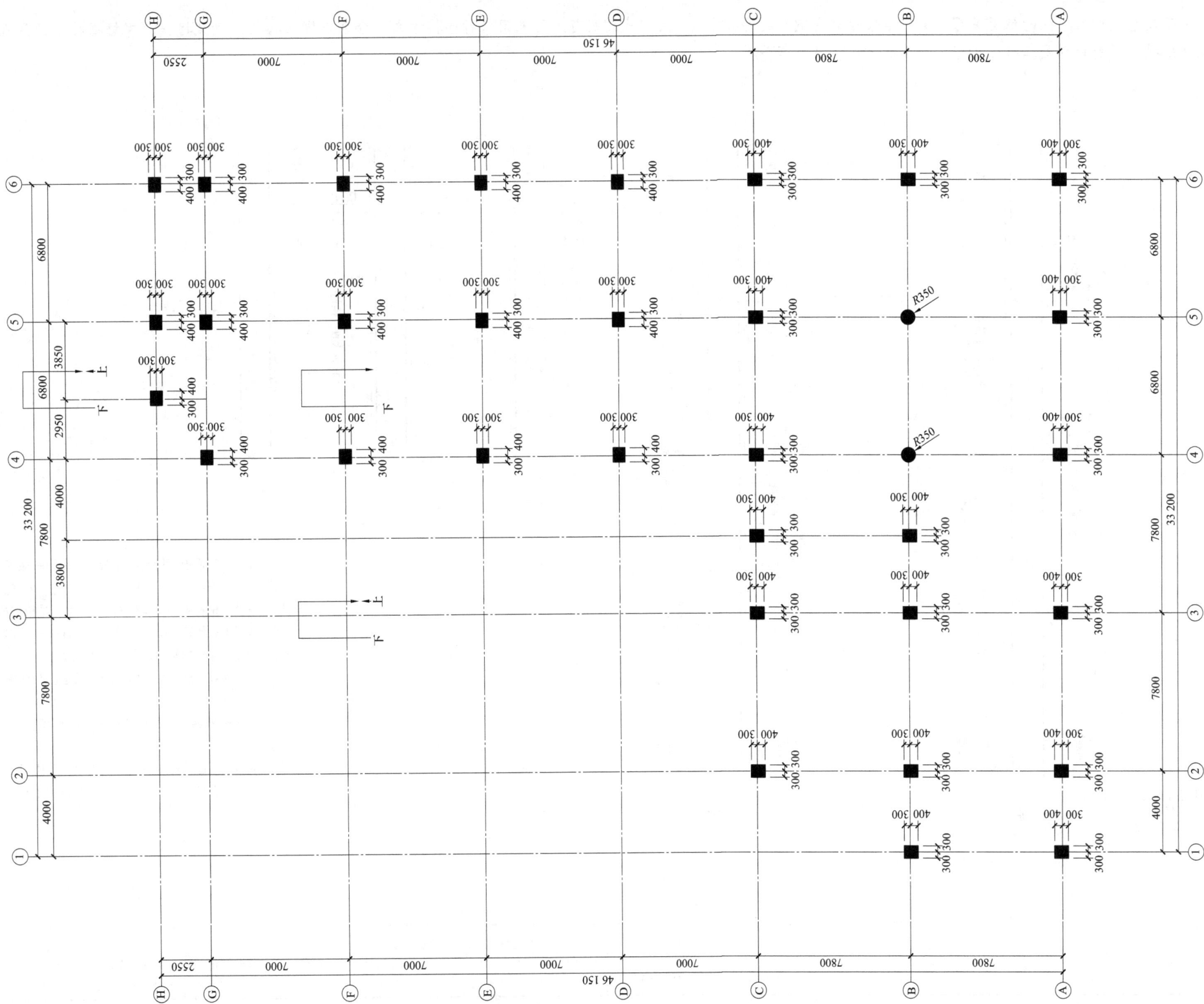

图 3-14 框架柱定位图

框架柱定位图 1：100

说明：
本图仅表示 KZ 定位尺寸。

工程名称		某社区服务中心工程	图名		框架柱定位图
子	项		图	号	结施-06
			日	期	

97

导读

    框架柱定位图所表示的是框架柱的平面尺寸及相互之间的位置关系。关于框架柱纵向钢筋的连接方法，目前我国规范主要采用三种连接方式。分别是绑扎搭接，机械搭接，焊接搭接。设计人员根据我国的国情。一般指定框架柱均采用机械搭接。下图分别是三种连接形式的构造做法，供大家参考。

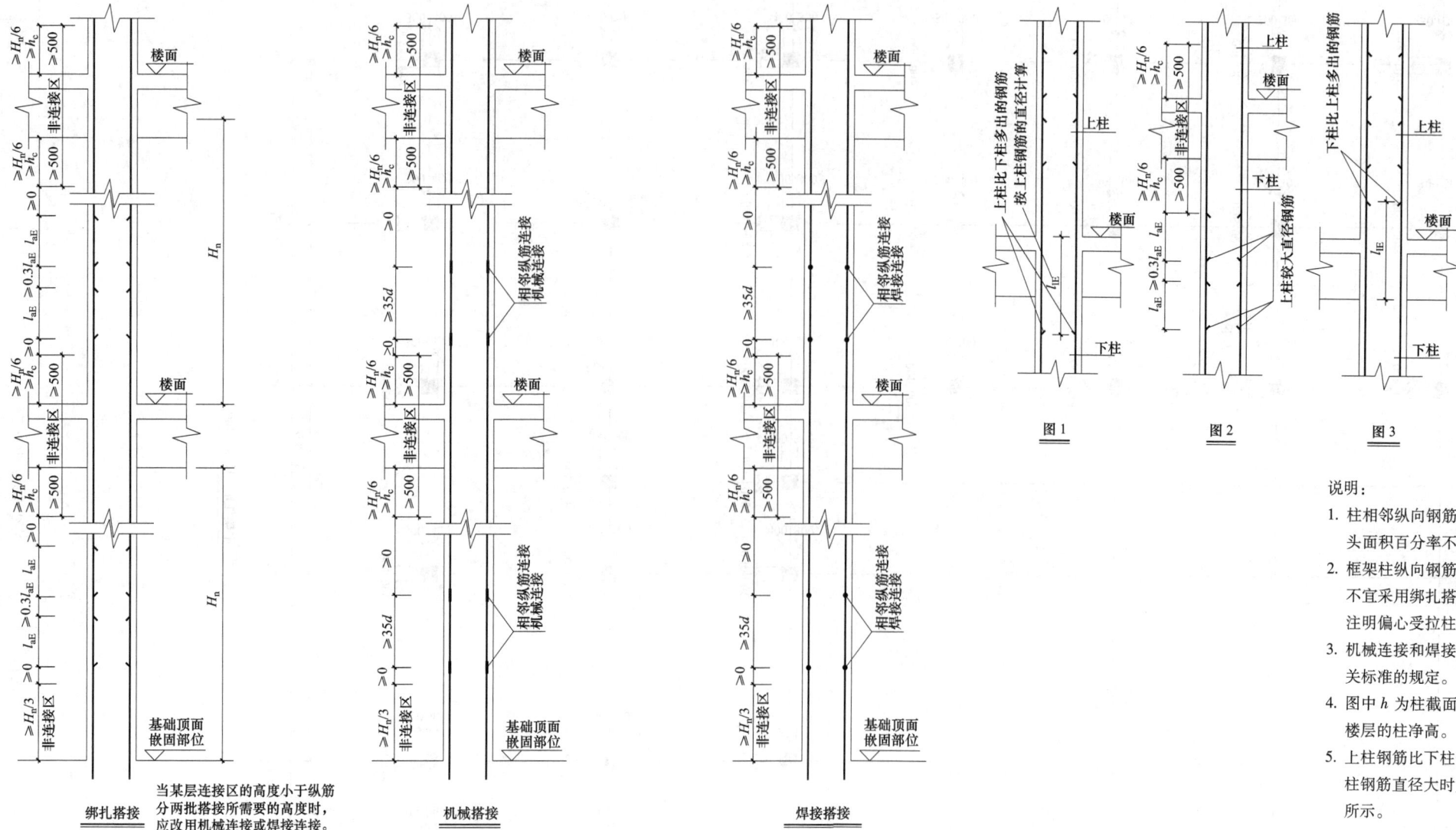

说明：

1. 柱相邻纵向钢筋连接接头相互错开。在同一截面内钢筋接头面积百分率不应大于50%。

2. 框架柱纵向钢筋直径 $d>28$ 时，以及偏心受拉柱内的纵筋，不宜采用绑扎搭接接头。设计者应在柱平法结构施工图中注明偏心受拉柱的平面位置及所在层数。

3. 机械连接和焊接连接接头的类型及质量应符合国家现行有关标准的规定。

4. 图中 h 为柱截面长边尺寸（圆柱为截面直径），H 为所在楼层的柱净高。

5. 上柱钢筋比下柱钢筋多时如图1所示，上柱钢筋直径比下柱钢筋直径大时如图2所示，下柱钢筋比上柱多时如图3所示。

工程名称	某社区服务中心工程	图名	框架柱定位图讲解（一）	日　期	
子　项				图　号	

图 3-15　框架柱定位图讲解（一）

框架结构梁柱之间的连接节点非常重要，施工时，一定要正确理解图纸。下面就框架柱顶与框架梁的连接做法介绍给大家，仅供参考。

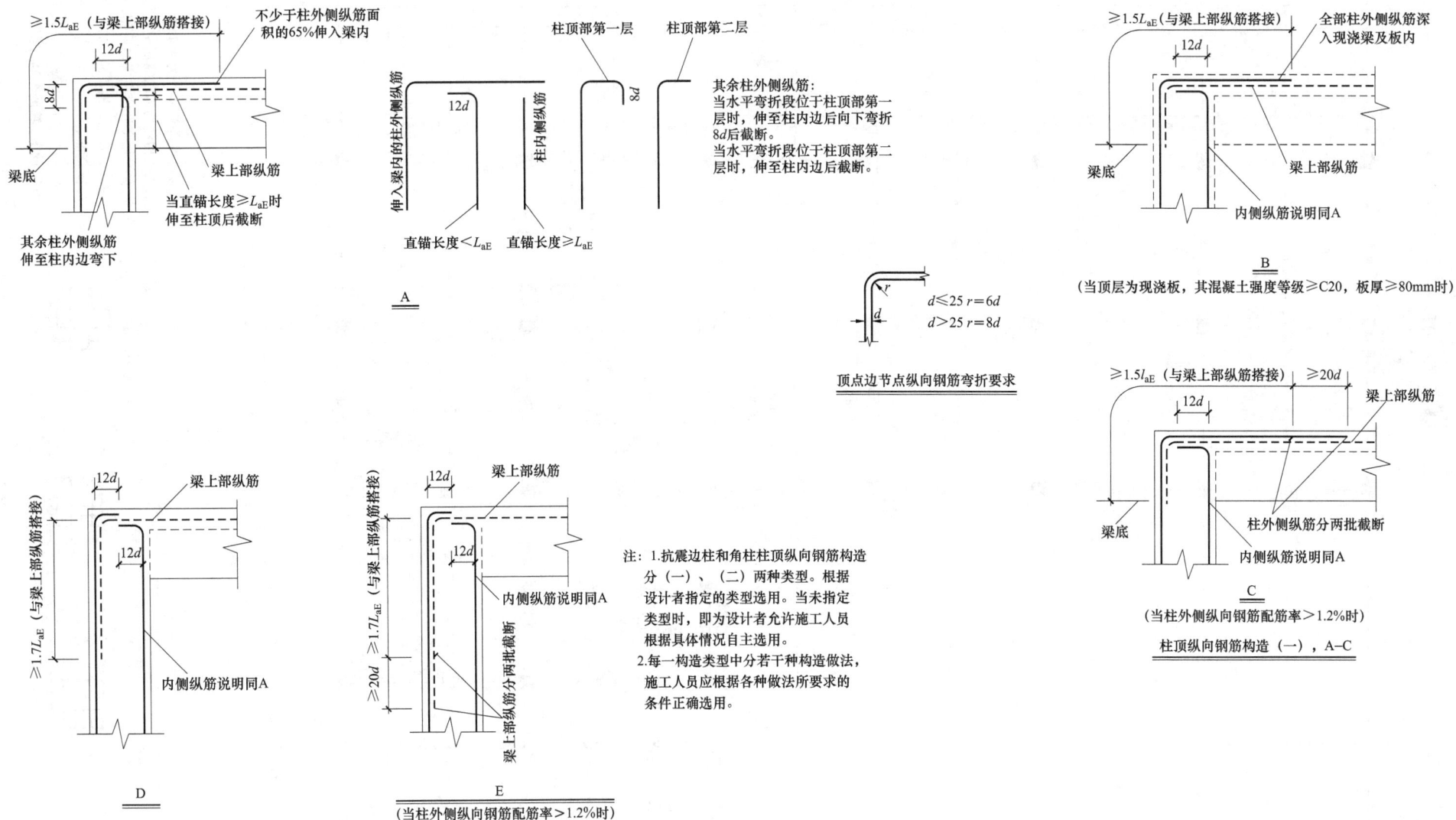

$\geq 1.5L_{aE}$（与梁上部纵筋搭接）

不少于柱外侧纵筋面积的65%伸入梁内

12d

8d

梁底

当直锚长度$\geq L_{aE}$时伸至柱顶后截断

梁上部纵筋

当直锚长度$\geq L_{aE}$时伸至柱顶后截断

其余柱外侧纵筋伸至柱内边弯下

A

柱顶部第一层   柱顶部第二层

伸入梁内的柱外侧纵筋

12d

8d

柱内侧纵筋

其余柱外侧纵筋：
当水平弯折段位于柱顶部第一层时，伸至柱内边后向下弯折8d后截断。
当水平弯折段位于柱顶部第二层时，伸至柱内边后截断。

直锚长度$< L_{aE}$ 直锚长度$\geq L_{aE}$

r
d

$d\leq 25\ r=6d$
$d>25\ r=8d$

顶点边节点纵向钢筋弯折要求

$\geq 1.5l_{aE}$（与梁上部纵筋搭接）

全部柱外侧纵筋深入现浇梁及板内

12d

梁底

梁上部纵筋

内侧纵筋说明同A

B
（当顶层为现浇板，其混凝土强度等级$\geq$C20，板厚$\geq$80mm时）

12d

梁上部纵筋

12d

$\geq 1.7L_{aE}$（与梁上部纵筋搭接）

内侧纵筋说明同A

D

12d

梁上部纵筋

12d

$\geq 20d$ $\geq 1.7L_{aE}$（与梁上部纵筋搭接）

内侧纵筋说明同A

梁上部纵筋分两批截断

E
（当柱外侧纵向钢筋配筋率$>$1.2%时）

柱顶纵向钢筋构造（二），D、E

注：1.抗震边柱和角柱柱顶纵向钢筋构造分（一）、（二）两种类型。根据设计者指定的类型选用。当未指定类型时，即为设计者允许施工人员根据具体情况自主选用。
2.每一构造类型中分若干种构造做法，施工人员应根据各种做法所要求的条件正确选用。

$\geq 1.5l_{aE}$（与梁上部纵筋搭接） $\geq 20d$

12d

梁上部纵筋

梁底

柱外侧纵筋分两批截断

内侧纵筋说明同A

C
（当柱外侧纵向钢筋配筋率$>$1.2%时）

柱顶纵向钢筋构造（一），A–C

工程名称	某社区服务中心工程	图名	框架柱定位图讲解（二）	日 期	
子 项				图 号	

图 3-16　框架柱定位图讲解（二）

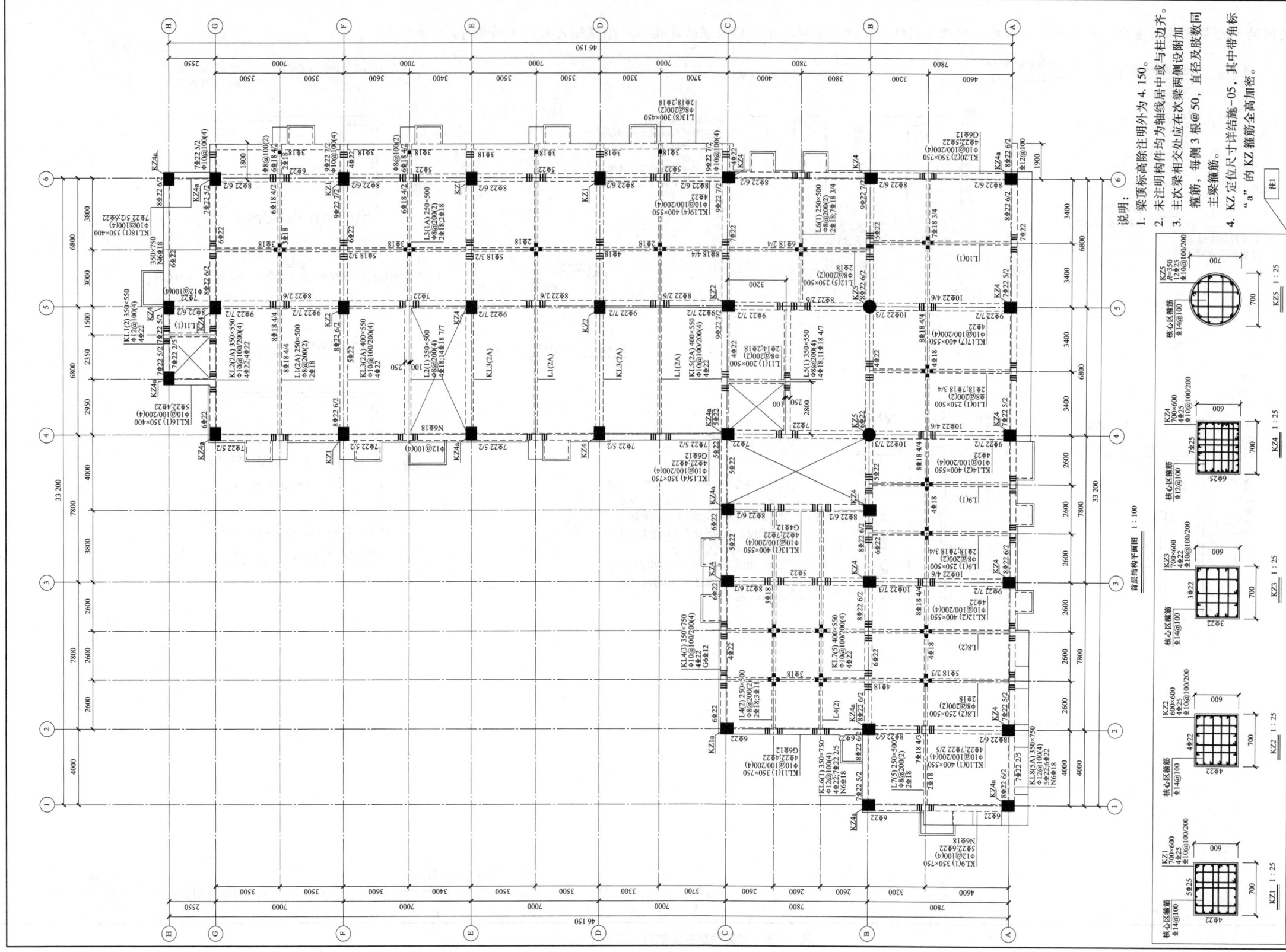

图 3-17 首层结构平面图

注1详解:

框架柱截面宽700mm，截面高600mm。
框架柱角部配置4根直径为25mm的三级钢。
箍筋直径为10mm，加密区间距100mm，非加密区间距为200mm。

表示梁柱节点核心区箍筋为直径为14mm的三级钢，间距为100mm。
梁柱节点核心区就是梁柱交接处所在的区域。

框架柱截面宽700mm，截面高600mm。
框架柱角部配置4根直径为22mm的三级钢。
箍筋直径为10mm，加密区间距100mm，非加密区间距为200mm。

核心区箍筋
⏛14@100

KZ1
700×600
4⏛25
Φ10@100/200

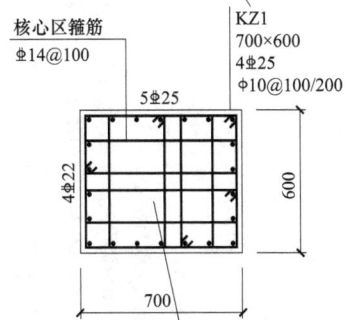

5⏛25

4⏛22

600

700

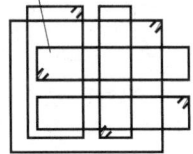

KZ1 1:25

核心区箍筋
⏛14@100

KZ2
600×600
4⏛22
Φ10@100/200

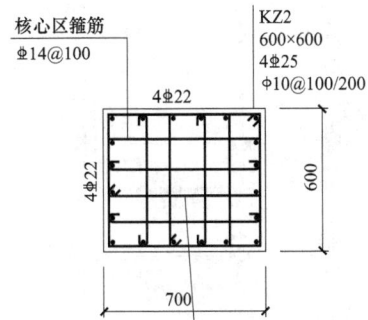

4⏛22

4⏛22

600

700

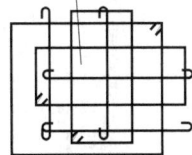

KZ2 1:25

核心区箍筋
⏛14@100

KZ3
700×600
4⏛22
Φ10@100/200

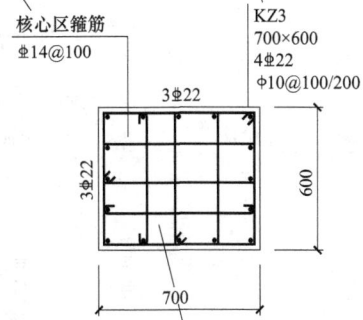

3⏛22

3⏛22

600

700

KZ3 1:25

核心区箍筋
⏛12@100

KZ4
700×600
4⏛25
Φ10@100/200

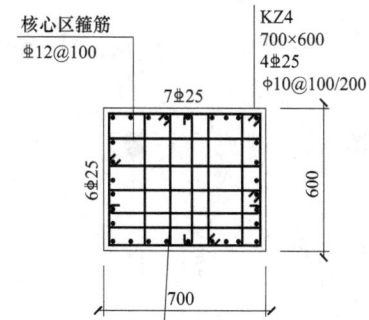

7⏛25

6⏛25

600

700

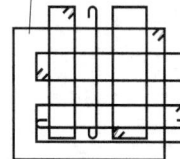

KZ4 1:25

核心区箍筋
⏛14@100

KZ5
R=350
12⏛25
Φ10@100/200

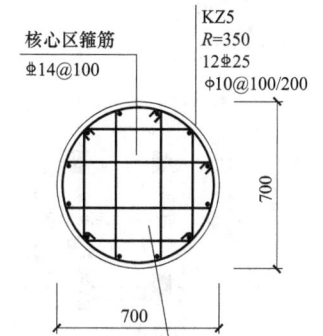

700

700

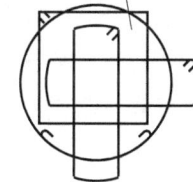

KZ5 1:25

导读

框架柱就是在框架结构中承受梁和板传来的荷载，并将荷载传给基础，是主要的竖向受力构件。需要通过计算配筋。

框支柱和框架柱的区别：框支梁与框支柱用于转换层，如下部为框架结构，上部为剪力墙结构，支撑上部结构的梁柱为 KZZ 和 KZL。

框支柱与框架柱所用部位不同，然后结构设计时所考虑的也就不尽相同了。

工程名称	某社区服务中心工程	图名	首层结构平面图讲解	日 期	
子 项				图 号	

图 3-18 首层结构平面图讲解

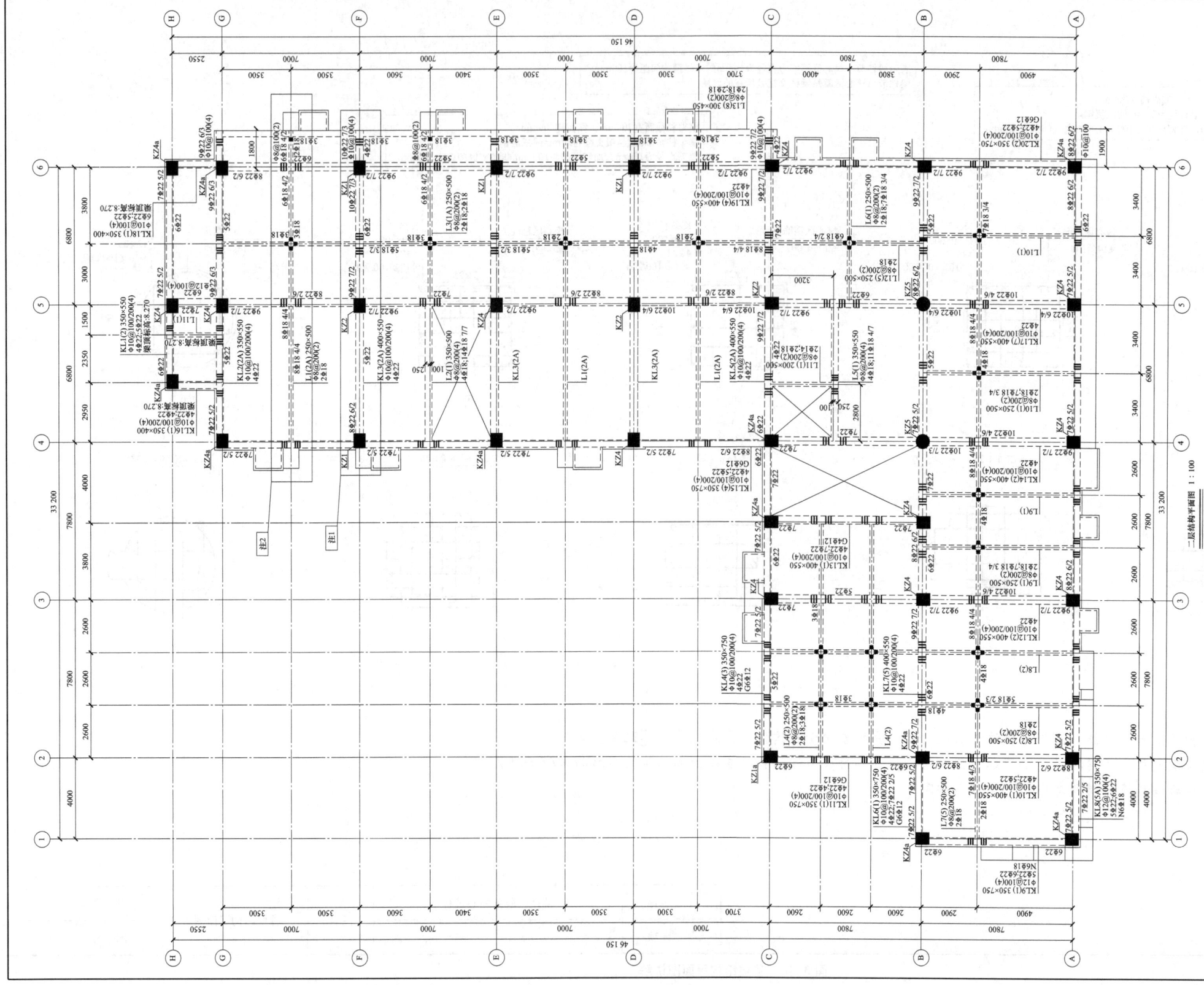

图 3-19 二层结构平面图

说明：
1. 梁顶标高除注明外为 8.050。
2. 未注明构件均为轴线居中或与柱边齐。
3. 主次梁相交处应在次梁两侧附设附加箍筋，每侧 3 根 @ 50，直径及肢数同主梁箍筋。
4. KZ 定位尺寸详结施-05，KZ 截面及配筋详结施-06，其中带角标 "a" 的 KZ 箍筋全高加密。

| 工程名称 | 某社区服务中心工程 | 图名 | 二层结构平面图 | 日期 | |
| 子项 | | 图名 | | 图号 | 结施-08 |

二层结构平面图 1：100

注1详解：

此处代表梁支座上铁为：8⌀22。
分两排放置，上排6根，下排2根。

此处代表梁支座上铁为：9⌀22。
分两排放置，上排7根，下排2根。

图中三代表附加箍筋，附加箍筋位于主梁上，作用是承担次梁传来的集中荷载。

此处代表梁支座上铁为：10⌀22。
分两排放置，上排7根，下排3根。

此处代表梁支座上铁为：10⌀22。
分两排放置，上排7根，下排3根。
箍筋钢筋级别为一级钢筋。箍筋直径为10mm，箍筋间距为100mm。

8⌀22 6/2   9⌀22 7/2   10⌀22 7/3   10⌀22 7/3
                                                   Φ10@100(4)

5⌀22   6⌀22   4⌀22

KL3(2A) 400×550
Φ10@100/200(4)
4⌀22

9⌀22 7/2

此处代表框架梁下铁为：5⌀22。
一排均匀放置。

此处代表框架梁下铁为：6⌀22。
一排均匀放置。

此处代表悬挑梁下铁为：4⌀22。
一排均匀放置。

导读

悬挑梁：不是两端都有支撑的，一端埋在或者浇筑在支撑物上，另一端伸出挑出支撑物的梁，可为固定、简支或自由段。受力钢筋在梁上边，下边为构造钢筋。

KL3(2A) 400×550：代表框架梁为两跨其中一端悬挑。截面尺寸为：梁宽400mm，梁高550mm。其中KL代表框架梁。
Φ10@100/200(4)：代表梁箍筋钢筋级别为一级钢筋。箍筋直径为10mm。加密区箍筋间距为：100mm。非加密区箍筋间距为：200mm。箍筋肢数为四肢箍。
4⌀22：代表梁上铁为4⌀22通常布置。

注2详解：

此处代表次梁支座上铁为：8⌀18。
分两排放置，上排4根，下排4根。

此处代表次梁支座上铁为：6⌀18。
分两排放置，上排4根，下排2根。

此处代表梁支座上铁为：6⌀18。
分两排放置，上排4根，下排2根。
箍筋钢筋级别为一级钢筋。箍筋直径为8mm，箍筋间距为100mm。

导读

次梁(L)在主梁的上部，主要起传递荷载的作用。在主梁和次梁的交接处，可以把主梁看成是次梁的支座（固定支座）。次梁的钢筋伸入主梁的长度只要满足锚固长度的要求即可。钢筋的锚固长度与梁的跨度无关，只与钢筋的抗拉设计强度、混凝土的抗拉设计强度及钢筋的直径和外形有关。

8⌀18 4/4   6⌀18 4/2
                      Φ8@100(2)
                      6⌀18 4/2

8⌀18 4/4   3⌀18   2⌀18

L1(2A) 250×500
Φ8@200(2)
2⌀18

此处代表次梁下铁为：8⌀18。
分两排放置，上排4根，下排4根。

此处代表次梁下铁为：3⌀18。
一排均匀放置。

此处代表悬挑次梁下铁为：2⌀18。
一排均匀放置。

导读

附加箍筋是在主梁上有集中荷载（如次梁等等）处的构造钢筋。作用是承担局部应力。附加箍筋应另外附加，不能用框架梁原有钢筋代替。

L1(2A) 250×500：代表次梁为两跨。截面尺寸为：梁宽250mm，梁高500mm。其中L代表次梁。
Φ8@200(2)：代表次梁箍筋钢筋级别为一级钢筋。箍筋直径为8mm，箍筋间距为：200mm。箍筋肢数为双肢箍。
2⌀18：代表梁上铁为2⌀18通常布置。

导读

框架梁（KL）是指两端与框架柱（KZ）相连的梁，或者两端与剪力墙相连但跨高比不小于5的梁。现在结构设计中，对于框架梁还有另一种观点，即需要参与抗震的梁。纯框架结构随着高层建筑的兴起而越来越少见，而剪力墙结构中的框架梁主要则是参与抗震的梁。

工程名称	某社区服务中心工程	图名	二层结构平面图讲解（一）	日 期	
子 项				图 号	

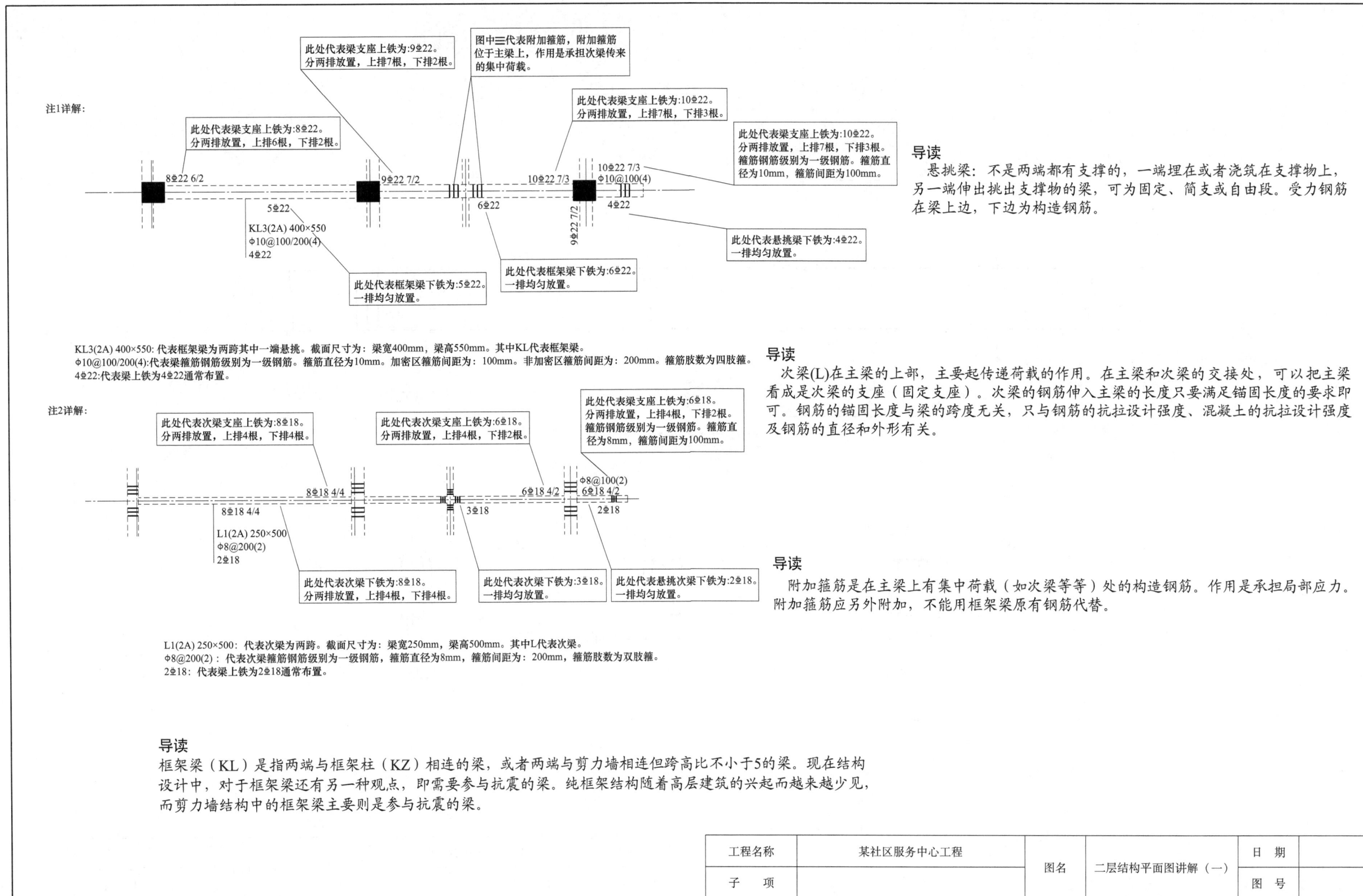

图 3-20　二层结构平面图讲解（一）

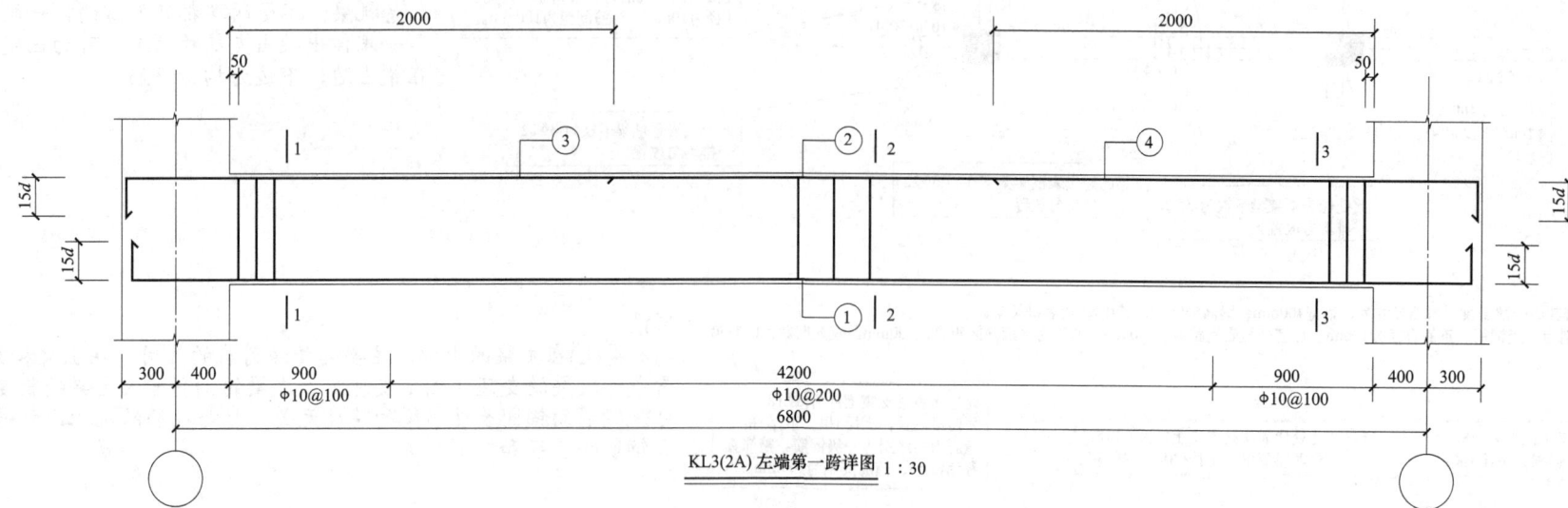

2000　　　　　　　　　　　　　　　2000

50　　　　　　　　　　　　　　　　　　　50

1　　　3　　　　2　2　　　4　　　3

15d　15d　　　　　　　　　　　　　　　　　15d　15d

1　　　1　2　　　　　3

300　400　　900　　　　　4200　　　　900　　400　300

Φ10@100　　Φ10@200　　Φ10@100

6800

KL3(2A) 左端第一跨详图 1：30

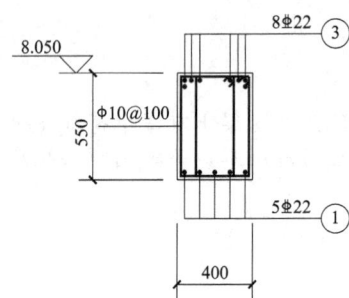

8.050　　　8Φ22　③

550　Φ10@100

5Φ22　①

400

1—1 1：30

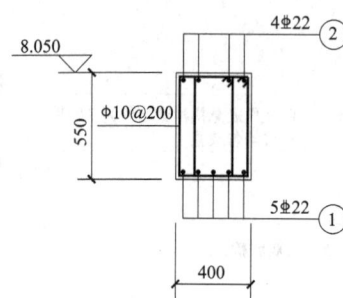

8.050　　　4Φ22　②

550　Φ10@200

5Φ22　①

400

2—2 1：30

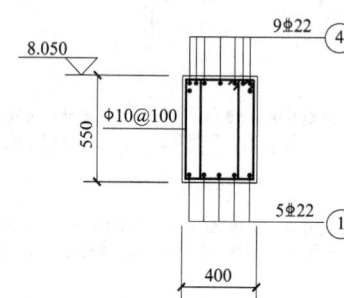

8.050　　　9Φ22　④

550　Φ10@100

5Φ22　①

400

3—3 1：30

工程名称	某社区服务中心工程	图名	二层结构平面图讲解（二）	日　期	
子　项				图　号	

图 3-21　二层结构平面图讲解（二）

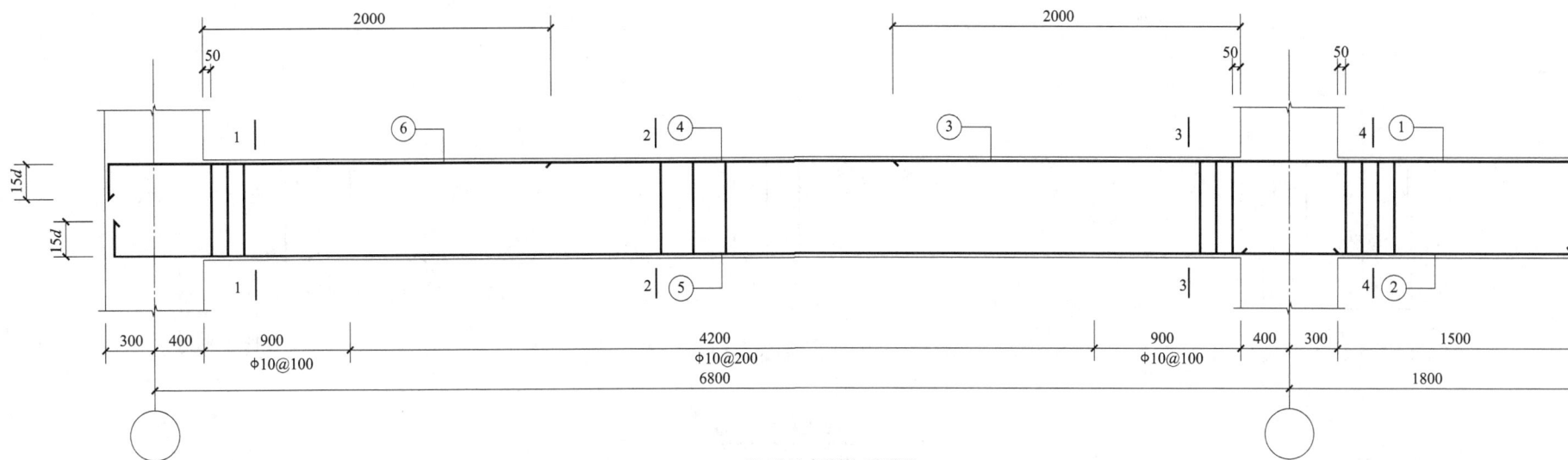

2000　　　　　　　　　　　　　2000

50　　　　　　　　　　　　　　　　50　　50

1 | 　　　　⑥　　　2 | ④　　　　③　　　　3 | 　　4 | ①

15d

15d

1 | 　　　　2 | ⑤　　　　　　　3 | 　　4 | ②

300 | 400 | 900 | 4200 | 900 | 400 | 300 | 1500
Φ10@100 | Φ10@200 | Φ10@100
6800 | 1800

KL3(2A)左端第二跨详图　1：30

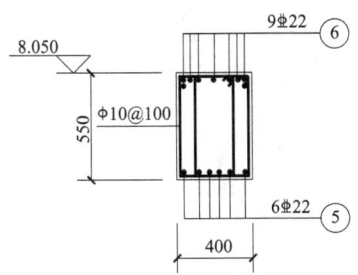

8.050

550　Φ10@100

9Φ22 ⑥

6Φ22 ⑤

400

1–1　1：30

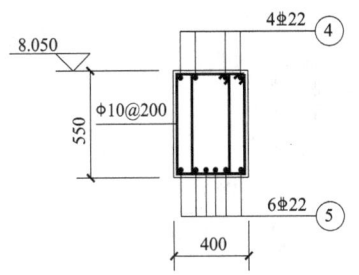

8.050

550　Φ10@200

4Φ22 ④

6Φ22 ⑤

400

2–2　1：30

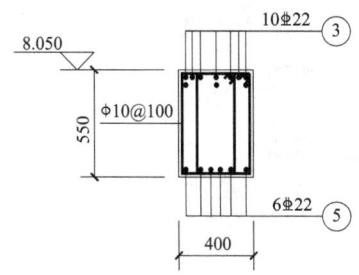

8.050

550　Φ10@100

10Φ22 ③

6Φ22 ⑤

400

3–3　1：30

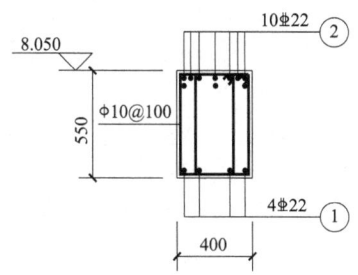

8.050

550　Φ10@100

10Φ22 ②

4Φ22 ①

400

4–4　1：30

| 工程名称 | 某社区服务中心工程 | 图名 | 二层结构平面图讲解（三） | 日　期 | |
| 子　项 | | | | 图　号 | |

图 3-22　二层结构平面图讲解（三）

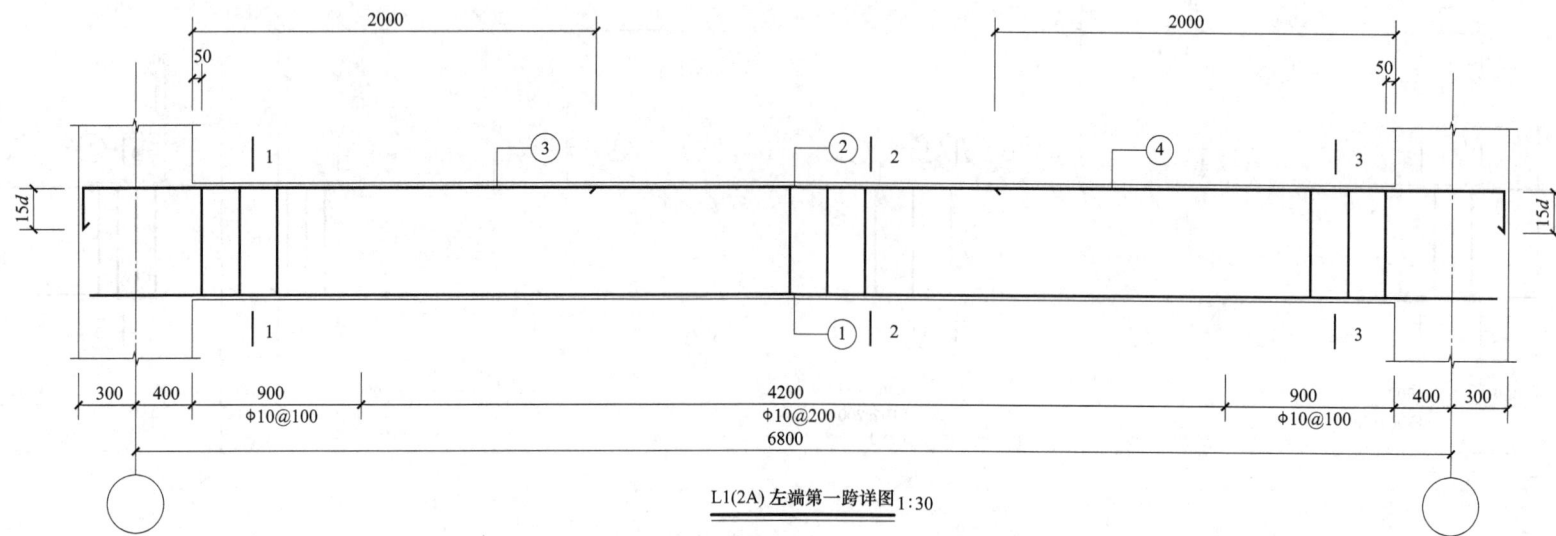

L1(2A)左端第一跨详图 1:30

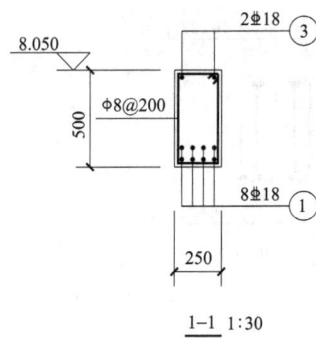

1-1 1:30

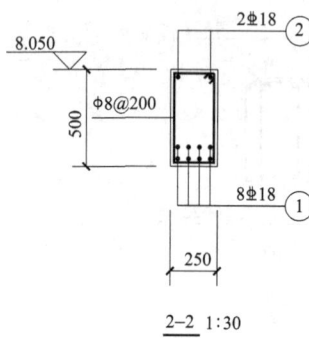

2-2 1:30

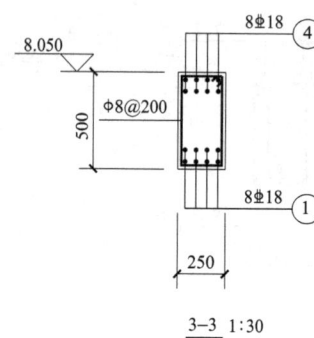

3-3 1:30

工程名称	某社区服务中心工程	图名	二层结构平面图讲解（四）	日 期	
子 项				图 号	

图 3-23 二层结构平面图讲解（四）

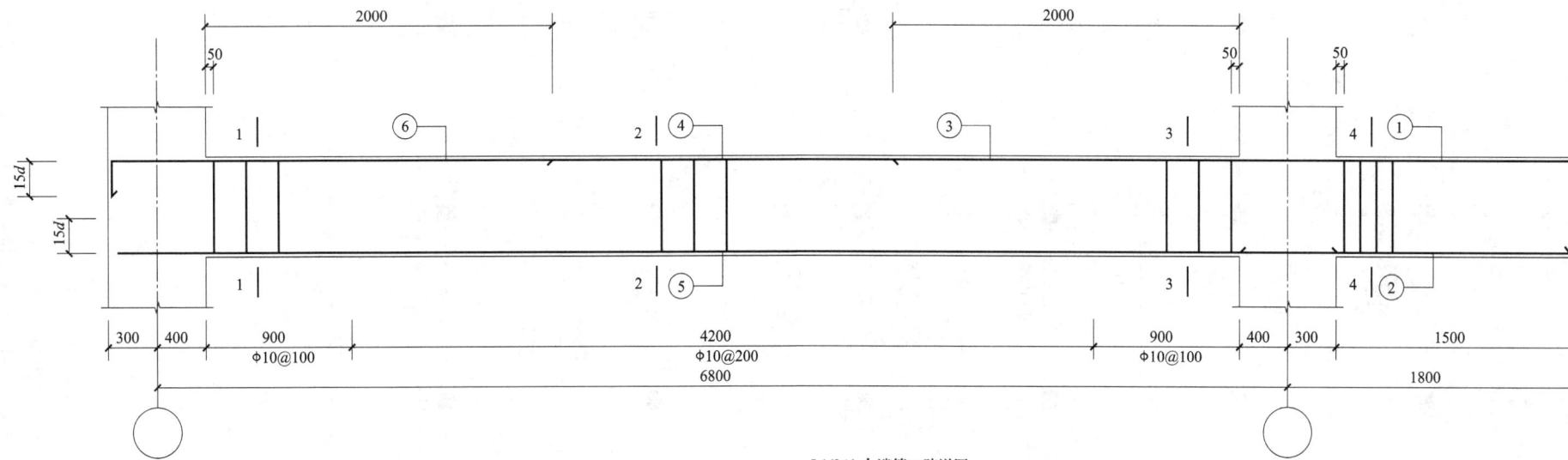

L1(2A)左端第二跨详图 1：30

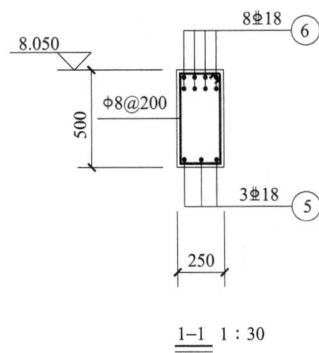

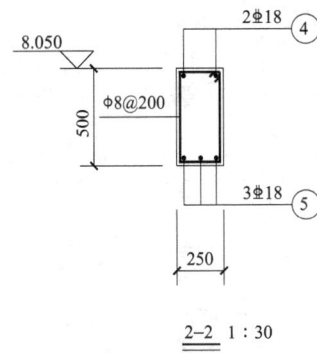

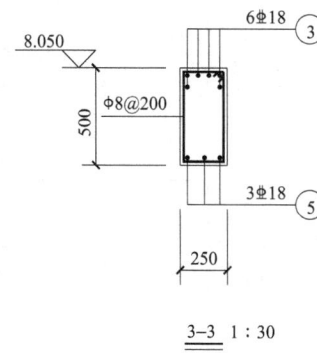

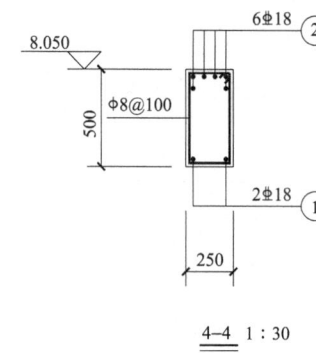

1—1 1：30 2—2 1：30 3—3 1：30 4—4 1：30

工程名称	某社区服务中心工程	图名	二层结构平面图讲解（五）	日 期	
子 项				图 号	

图 3-24 二层结构平面图讲解（五）

图 3-25 三层结构平面图

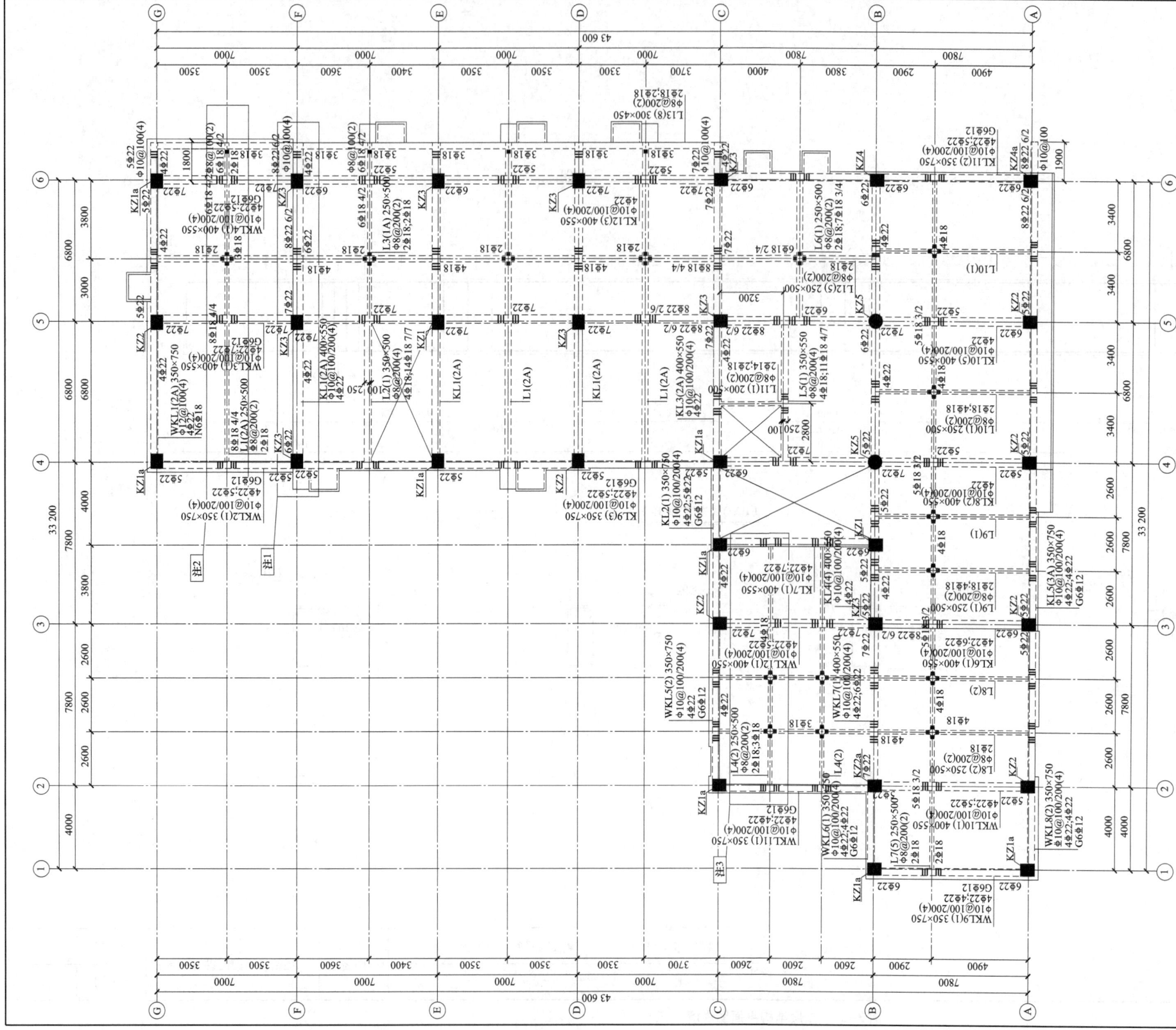

三层结构平面图 1：100

说明：
1. 梁顶标高除注明外为11.950。
2. 未注明构件均为轴线居中或与柱边齐。
3. 主次梁相交处应在次梁两侧附设附加箍筋，每侧3根@50，直径及肢数同主梁箍筋。
4. KZ定位尺寸详见结施-05，KZ截面及配筋详结施-06 其中带角标"a"的KZ箍筋全高加密。

工程名称	某社区服务中心工程	图名	三层结构平面图	图号	结施-09
子项				日期	

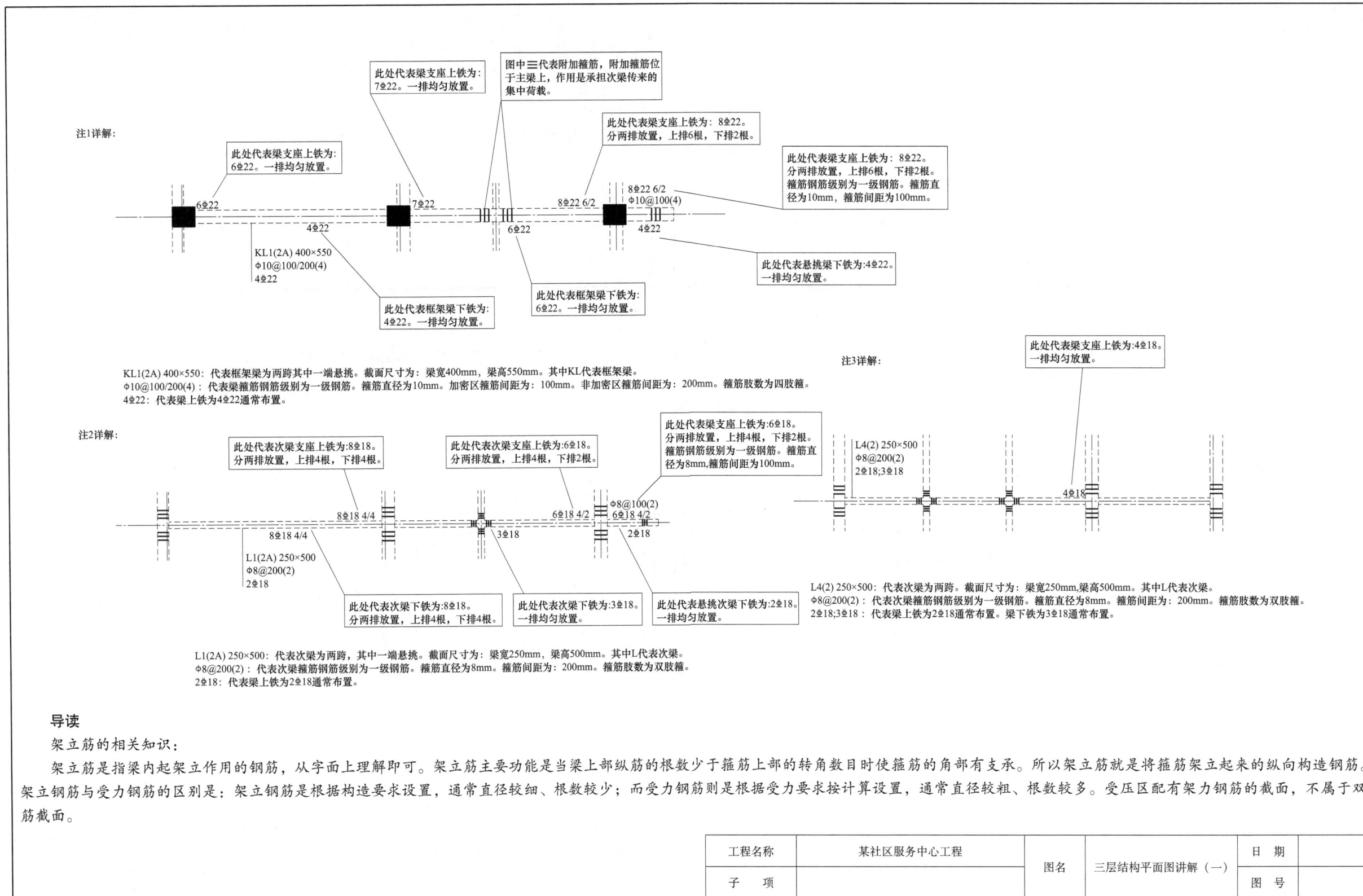

注1详解：

此处代表梁支座上铁为：
6Φ22。一排均匀放置。

此处代表梁支座上铁为：
7Φ22。一排均匀放置。

图中三代表附加箍筋，附加箍筋位
于主梁上，作用是承担次梁传来的
集中荷载。

此处代表梁支座上铁为：8Φ22。
分两排放置，上排6根，下排2根。

此处代表梁支座上铁为：8Φ22。
分两排放置，上排6根，下排2根。
箍筋钢筋级别为一级钢筋。箍筋直
径为10mm，箍筋间距为100mm。

6Φ22　　　　7Φ22　　　　8Φ22 6/2　8Φ22 6/2
　　　　　　　　　　　　　　　　Φ10@100(4)
　　　4Φ22　　　　　　6Φ22　　　4Φ22

KL1(2A) 400×550
Φ10@100/200(4)
4Φ22

此处代表框架梁下铁为：
4Φ22。一排均匀放置。

此处代表框架梁下铁为：
6Φ22。一排均匀放置。

此处代表悬挑梁下铁为:4Φ22。
一排均匀放置。

KL1(2A) 400×550：代表框架梁为两跨其中一端悬挑。截面尺寸为：梁宽400mm，梁高550mm。其中KL代表框架梁。
Φ10@100/200(4)：代表梁箍筋钢筋级别为一级钢筋。箍筋直径为10mm。加密区箍筋间距为：100mm。非加密区箍筋间距：200mm。箍筋肢数为四肢箍。
4Φ22：代表梁上铁为4Φ22通常布置。

注2详解：

此处代表次梁支座上铁为：8Φ18。
分两排放置，上排4根，下排4根。

此处代表次梁支座上铁为：6Φ18。
分两排放置，上排4根，下排2根。

此处代表梁支座上铁为：6Φ18。
分两排放置，上排4根，下排2根。
箍筋钢筋级别为一级钢筋。箍筋直
径为8mm，箍筋间距为100mm。

此处代表梁支座上铁为：4Φ18。
一排均匀放置。

注3详解：

8Φ18 4/4　　　　6Φ18 4/2　Φ8@100(2)
　　　　　　　　　　　　　　6Φ18 4/2
8Φ18 4/4　　　3Φ18　　　　2Φ18

L1(2A) 250×500
Φ8@200(2)
2Φ18

L4(2) 250×500
Φ8@200(2)
2Φ18;3Φ18　　　　4Φ18

此处代表次梁下铁为：8Φ18。
分两排放置，上排4根，下排4根。

此处代表次梁下铁为：3Φ18。
一排均匀放置。

此处代表悬挑次梁下铁为:2Φ18。
一排均匀放置。

L4(2) 250×500：代表次梁为两跨。截面尺寸为：梁宽250mm,梁高500mm。其中L代表次梁。
Φ8@200(2)：代表次梁箍筋钢筋级别为一级钢筋。箍筋直径为8mm。箍筋间距为：200mm。箍筋肢数为双肢箍。
2Φ18;3Φ18：代表梁上铁为2Φ18通常布置。梁下铁为3Φ18通常布置。

L1(2A) 250×500：代表次梁为两跨，其中一端悬挑。截面尺寸为：梁宽250mm，梁高500mm。其中L代表次梁。
Φ8@200(2)：代表次梁箍筋钢筋级别为一级钢筋。箍筋间距为：200mm。箍筋肢数为双肢箍。
2Φ18：代表梁上铁为2Φ18通常布置。

导读

架立筋的相关知识：

架立筋是指梁内起架立作用的钢筋，从字面上理解即可。架立筋主要功能是当梁上部纵筋的根数少于箍筋上部的转角数目时使箍筋的角部有支承。所以架立筋就是将箍筋架立起来的纵向构造钢筋。架立钢筋与受力钢筋的区别是：架立钢筋是根据构造要求设置，通常直径较细、根数较少；而受力钢筋则是根据受力要求按计算设置，通常直径较粗、根数较多。受压区配有架力钢筋的截面，不属于双筋截面。

| 工程名称 | 某社区服务中心工程 | 图名 | 三层结构平面图讲解（一） | 日 期 | |
| 子 项 | | | | 图 号 | |

图3-26　三层结构平面图讲解（一）

2000

50

2000

50

1

3

2

2

4

3

15d

15d

15d

15d

1

1

2

1

2

3

300 400

900

4200

900

400 300

Φ10@100

Φ10@200

Φ10@100

6800

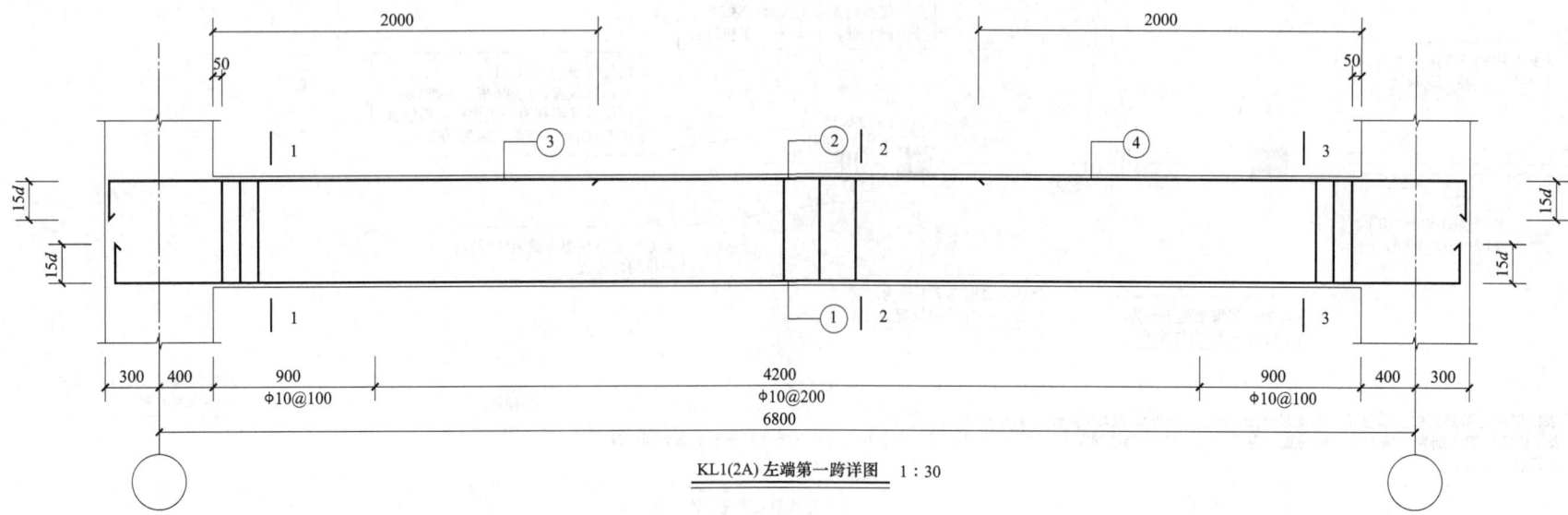

KL1(2A)左端第一跨详图   1:30

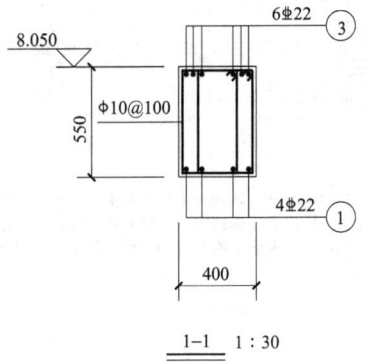

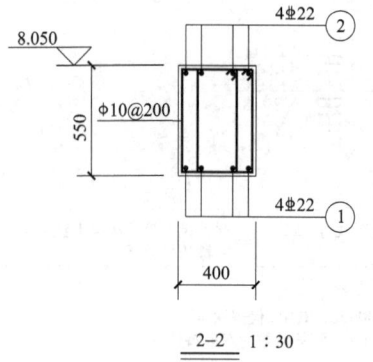

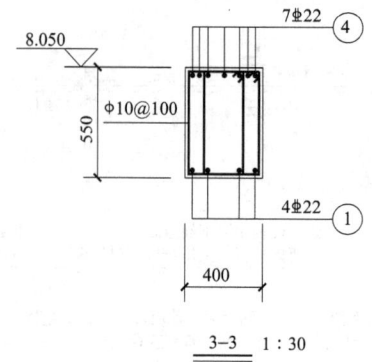

8.050

6Φ22

3

8.050

4Φ22

2

8.050

7Φ22

4

550

Φ10@100

550

Φ10@200

550

Φ10@100

4Φ22

1

4Φ22

1

4Φ22

1

400

400

400

1—1   1:30

2—2   1:30

3—3   1:30

工程名称	某社区服务中心工程	图名	三层结构平面图讲解（二）	日 期	
子 项				图 号	

图 3-27　三层结构平面图讲解（二）

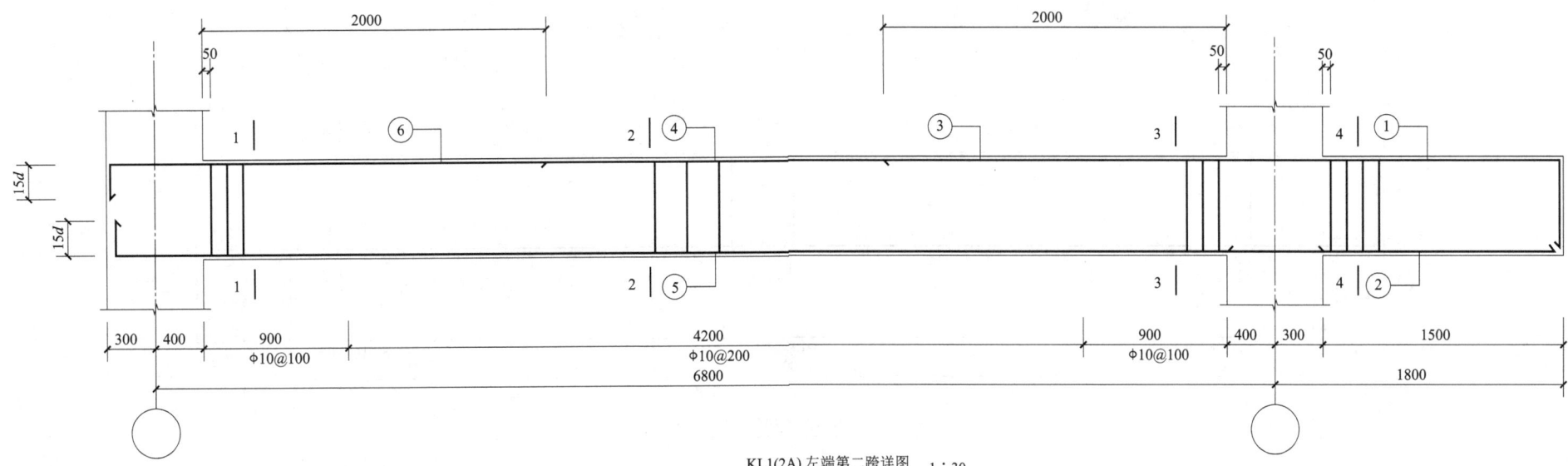

2000　　　　　　　　　　　2000

50　　　　50　　50

1 | 　　⑥　　　2 | ④　　　③　　　3 | 　　4 | ①

15d

15d

1 | 　　　　　2 | ⑤　　　　3 | 　　4 | ②

300 | 400 | 900 | 4200 | 900 | 400 | 300 | 1500
Φ10@100　　　　　　Φ10@200　　　　Φ10@100

6800　　　　　　　　　　　　　　　　1800

KL1(2A) 左端第二跨详图　　1:30

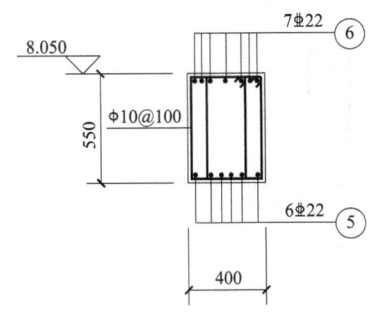

8.050

7⊈22 ⑥

550　Φ10@100

6⊈22 ⑤

400

1—1　1:30

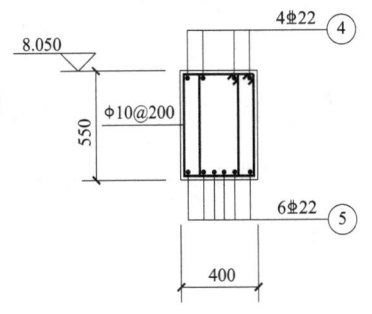

8.050

4⊈22 ④

550　Φ10@200

6⊈22 ⑤

400

2—2　1:30

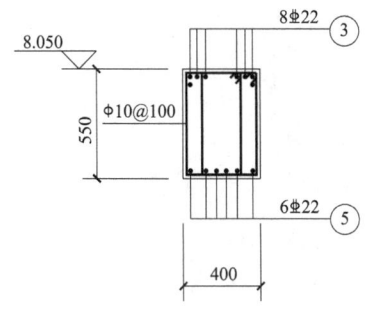

8.050

8⊈22 ③

550　Φ10@100

6⊈22 ⑤

400

3—3　1:30

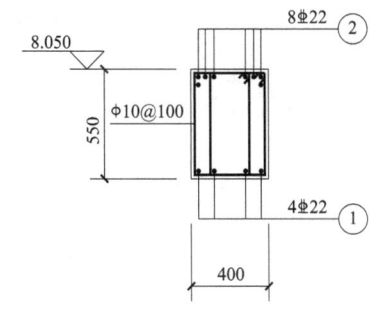

8.050

8⊈22 ②

550　Φ10@100

4⊈22 ①

400

4—4　1:30

| 工程名称 | 某社区服务中心工程 | 图名 | 三层结构平面图讲解（三） | 日　期 | |
| 子　项 | | | | 图　号 | |

图 3-28　三层结构平面图讲解（三）

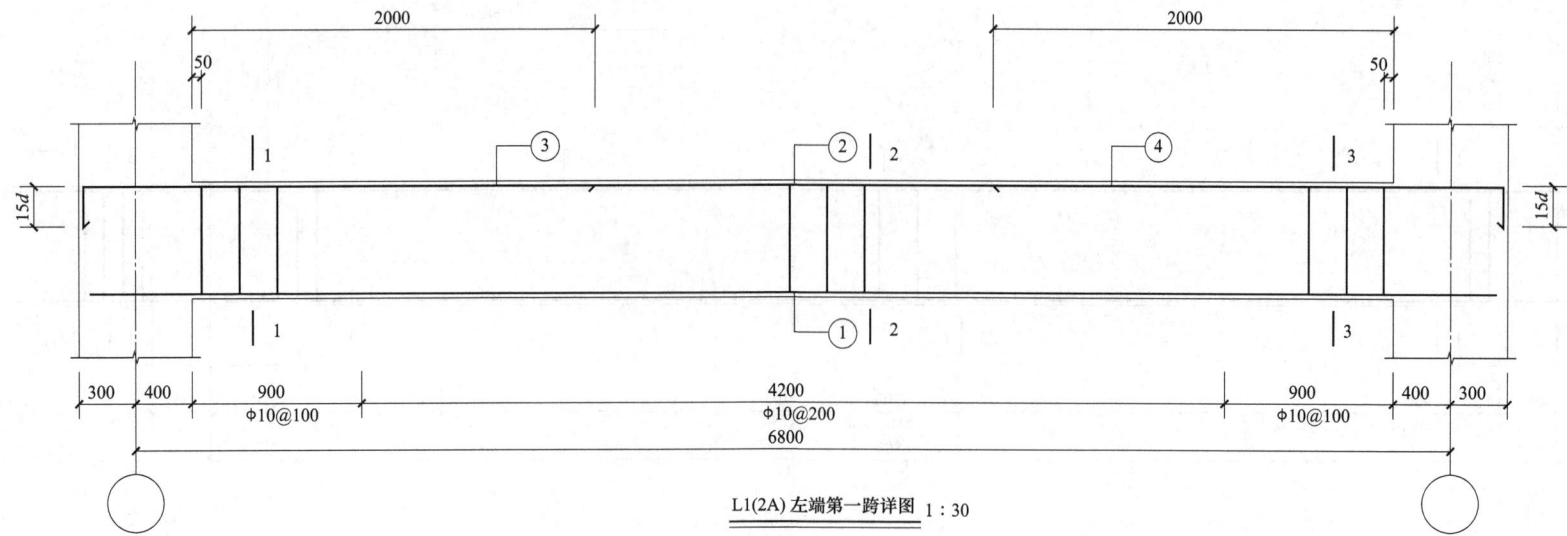

2000　　　　　　　　　　　　2000

50　　　　　　　　　　　　　　　　50

15d　　　　　　　　　　　　　　　15d

① 1　　　　 ③　　　 ② 2　　　 ④　　　 3

① 1　　　　　　　 ① 2　　　　　　　 3

300 | 400 | 900 | 4200 | 900 | 400 | 300

Φ10@100　　　Φ10@200　　　Φ10@100

6800

L1(2A)左端第一跨详图　1：30

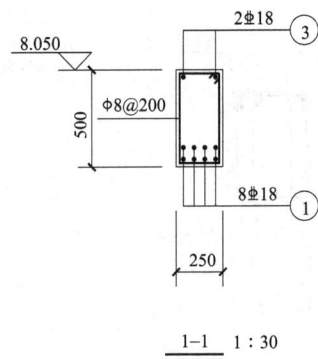

8.050

2Φ18 ③

500　Φ8@200

8Φ18 ①

250

1—1　1：30

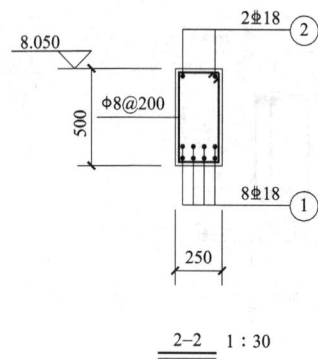

8.050

2Φ18 ②

500　Φ8@200

8Φ18 ①

250

2—2　1：30

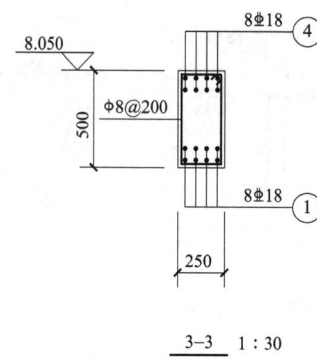

8.050

8Φ18 ④

500　Φ8@200

8Φ18 ①

250

3—3　1：30

工程名称	某社区服务中心工程	图名	三层结构平面图讲解（四）	日　期	
子　项				图　号	

图 3-29　三层结构平面图讲解（四）

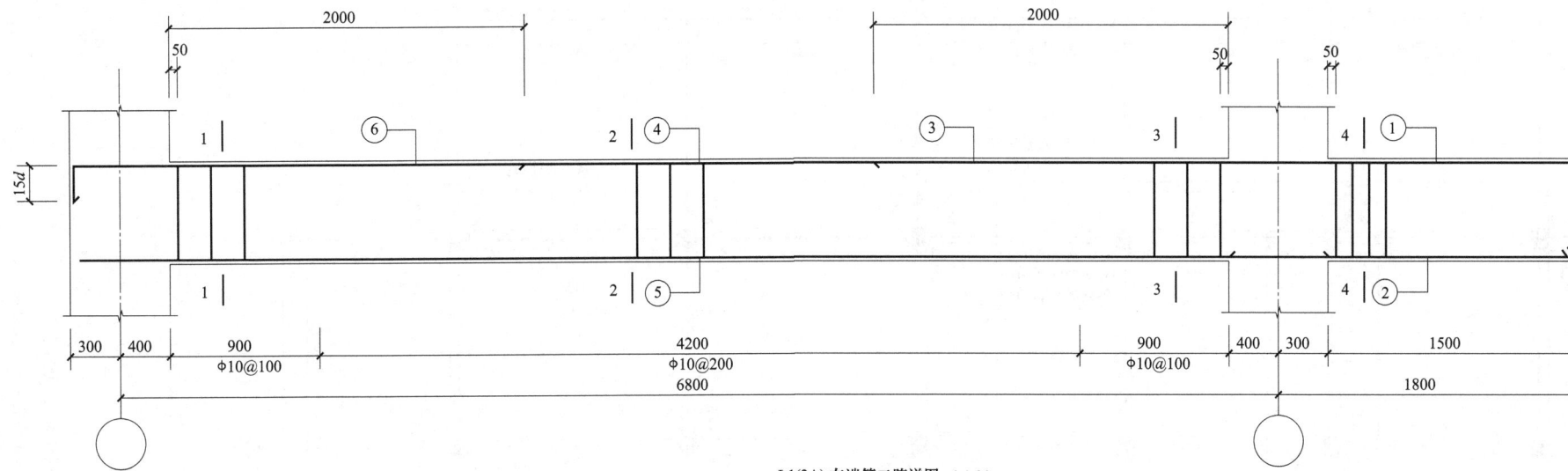

L1(2A)左端第二跨详图 1：30

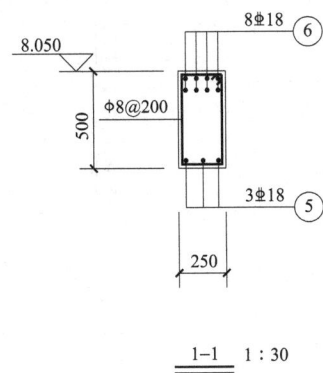

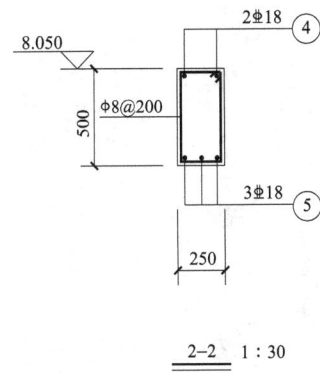

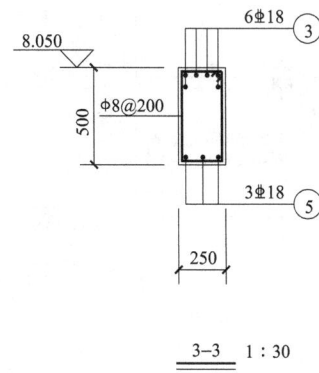

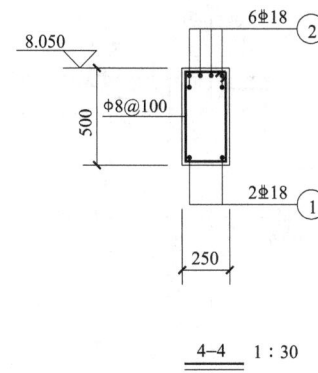

2000　　　　　　　　　　　　　　2000

50　　　　　　　　　　　　　　　　　　　　　　　　　　　50　　　50

1 | 　　　　　6 　　　　　　　2 | 4 　　　　　3 　　　　3 | 　　　4 | 1

15d

1 | 　　　　　　　　　　　　　2 | 5 　　　　　　　　　　　　3 | 　　　4 | 2

300 400　　900　　　　　　　　　4200　　　　　　　　900　　400 300　　　1500
　　　　Φ10@100　　　　　　　Φ10@200　　　　　Φ10@100
　　　　　　　　　　　6800　　　　　　　　　　　　　　　1800

8.050 ▽　　8Φ18 6 　　　　8.050 ▽　2Φ18 4 　　　8.050 ▽　6Φ18 3 　　　8.050 ▽　6Φ18 2

Φ8@200 500 　　　　Φ8@200 500 　　　Φ8@200 500 　　　Φ8@100 500

3Φ18 5 　　　　　　3Φ18 5 　　　　3Φ18 5 　　　　2Φ18 1

250 　　　　　　　250 　　　　　250 　　　　　250

1-1　1：30 　　　　2-2　1：30 　　　3-3　1：30 　　　4-4　1：30

工程名称	某社区服务中心工程	图名	三层结构平面图讲解（五）	日　期	
子　项				图　号	

图 3-30　三层结构平面图讲解（五）

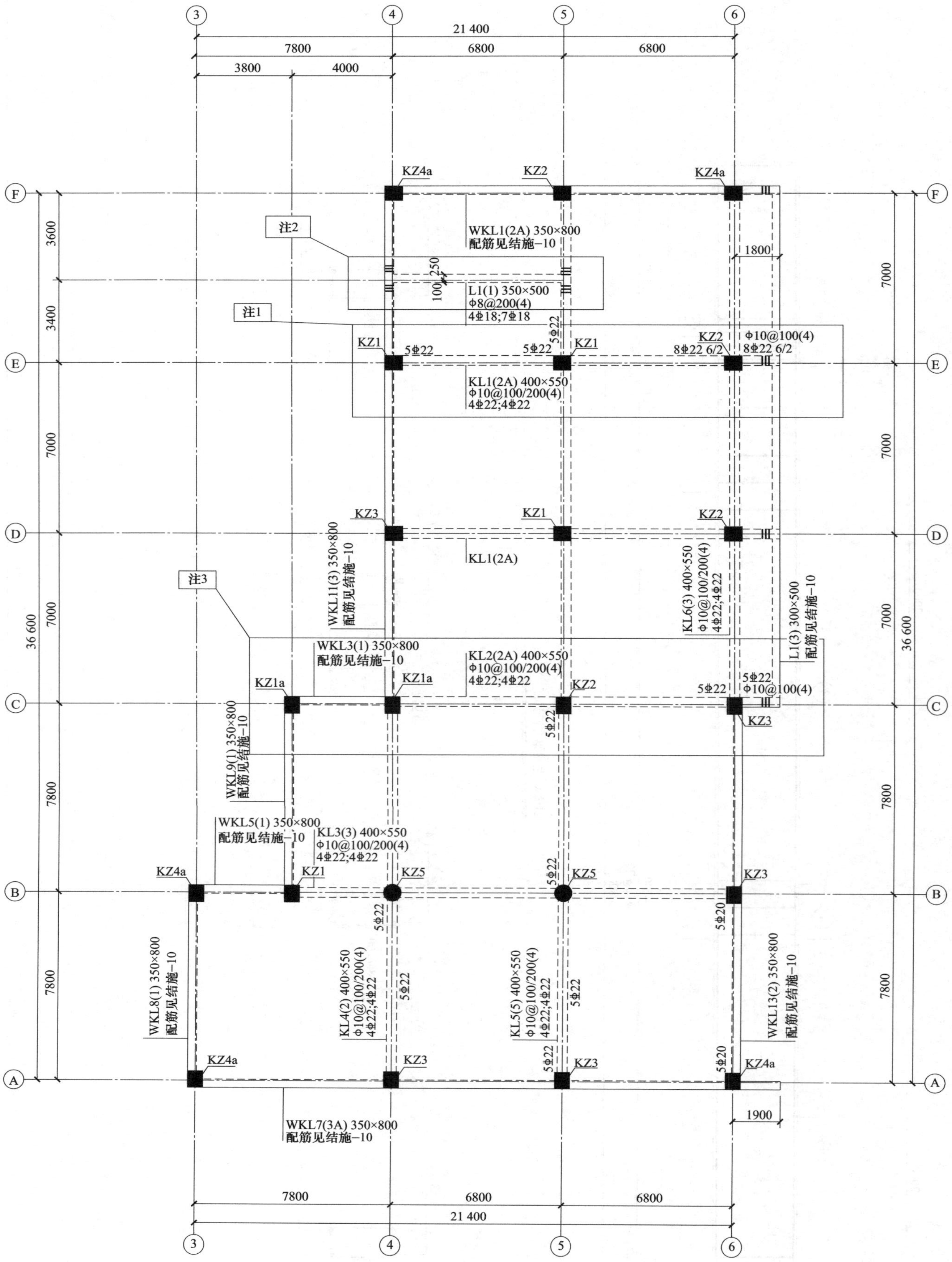

15.900m标高结构平面图 1：100

说明：

1. 梁顶标高除注明外为 15. 900m。
2. 未注明构件均为轴线居中或与柱边齐。
3. 主次梁相交处应在次梁两侧设附加箍筋，每侧 3 根@ 50，直径及肢数同主梁箍筋。
4. KZ 定位尺寸详结施-05，KZ 截面及配筋详结施-06 其中带角标“a”的 KZ 箍筋全高加密。
5. 折梁做法见结构设计总说明。

工程名称	某社区服务中心工程	图名	15. 900m 标高结构平面图	日　期	
子　　项				图　号	结施-10

图 3-31　15. 900m 标高结构平面图

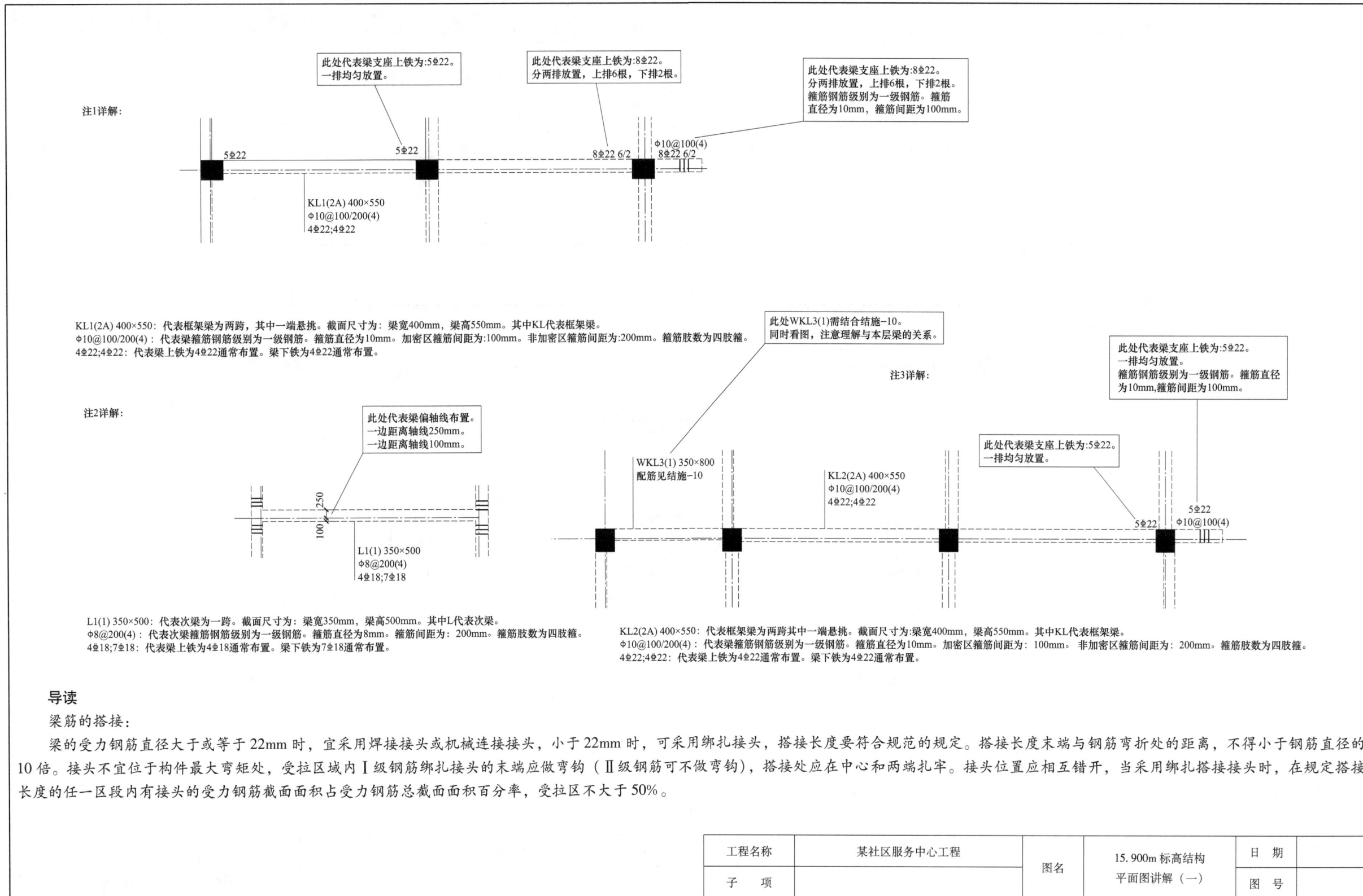

注1详解：

此处代表梁支座上铁为:5Φ22。
一排均匀放置。

此处代表梁支座上铁为:8Φ22。
分两排放置,上排6根,下排2根。

此处代表梁支座上铁为:8Φ22。
分两排放置,上排6根,下排2根。
箍筋钢筋级别为一级钢筋。箍筋
直径为10mm,箍筋间距为100mm。

5Φ22　　　5Φ22　　　Φ10@100(4)　8Φ22 6/2
　　　　　　　　　　　　　　　　　　8Φ22 6/2

KL1(2A) 400×550
Φ10@100/200(4)
4Φ22;4Φ22

KL1(2A) 400×550: 代表框架梁为两跨,其中一端悬挑。截面尺寸为：梁宽400mm,梁高550mm。其中KL代表框架梁。
Φ10@100/200(4): 代表梁箍筋钢筋级别为一级钢筋。箍筋直径为10mm。加密区箍筋间距为:100mm。非加密区箍筋间距为:200mm。箍筋肢数为四肢箍。
4Φ22;4Φ22: 代表梁上铁为4Φ22通常布置。梁下铁为4Φ22通常布置。

此处WKL3(1)需结合结施-10。
同时看图,注意理解与本层梁的关系。

注3详解：

此处代表梁支座上铁为:5Φ22。
一排均匀放置。
箍筋钢筋级别为一级钢筋。箍筋直径
为10mm,箍筋间距为100mm。

注2详解：

此处代表梁偏轴线布置。
一边距离轴线250mm。
一边距离轴线100mm。

100 250

WKL3(1) 350×800
配筋见结施-10

KL2(2A) 400×550
Φ10@100/200(4)
4Φ22;4Φ22

此处代表梁支座上铁为:5Φ22。
一排均匀放置。

5Φ22

5Φ22
Φ10@100(4)

L1(1) 350×500
Φ8@200(4)
4Φ18;7Φ18

L1(1) 350×500: 代表次梁为一跨。截面尺寸为：梁宽350mm,梁高500mm。其中L代表次梁。
Φ8@200(4): 代表次梁箍筋钢筋级别为一级钢筋。箍筋直径为8mm。箍筋间距为:200mm。箍筋肢数为四肢箍。
4Φ18;7Φ18: 代表梁上铁为4Φ18通常布置。梁下铁为7Φ18通常布置。

KL2(2A) 400×550: 代表框架梁为两跨其中一端悬挑。截面尺寸为:梁宽400mm,梁高550mm。其中KL代表框架梁。
Φ10@100/200(4): 代表梁箍筋钢筋级别为一级钢筋。箍筋直径为10mm。加密区箍筋间距为:100mm。非加密区箍筋间距为:200mm。箍筋肢数为四肢箍。
4Φ22;4Φ22: 代表梁上铁为4Φ22通常布置。梁下铁为4Φ22通常布置。

导读

梁筋的搭接：

梁的受力钢筋直径大于或等于22mm时,宜采用焊接接头或机械连接接头,小于22mm时,可采用绑扎接头,搭接长度要符合规范的规定。搭接长度末端与钢筋弯折处的距离,不得小于钢筋直径的10倍。接头不宜位于构件最大弯矩处,受拉区域内Ⅰ级钢筋绑扎接头的末端应做弯钩（Ⅱ级钢筋可不做弯钩）,搭接处应在中心和两端扎牢。接头位置应相互错开,当采用绑扎搭接接头时,在规定搭接长度的任一区段内有接头的受力钢筋截面面积占受力钢筋总截面面积百分率,受拉区不大于50%。

| 工程名称 | 某社区服务中心工程 | 图名 | 15.900m 标高结构平面图讲解（一） | 日 期 | |
| 子 项 | | | | 图 号 | |

图 3-32　15.900m 标高结构平面图讲解（一）

KL1(2A)左端第一跨详图 1：30

1—1 1：30   2—2 1：30   3—3 1：30

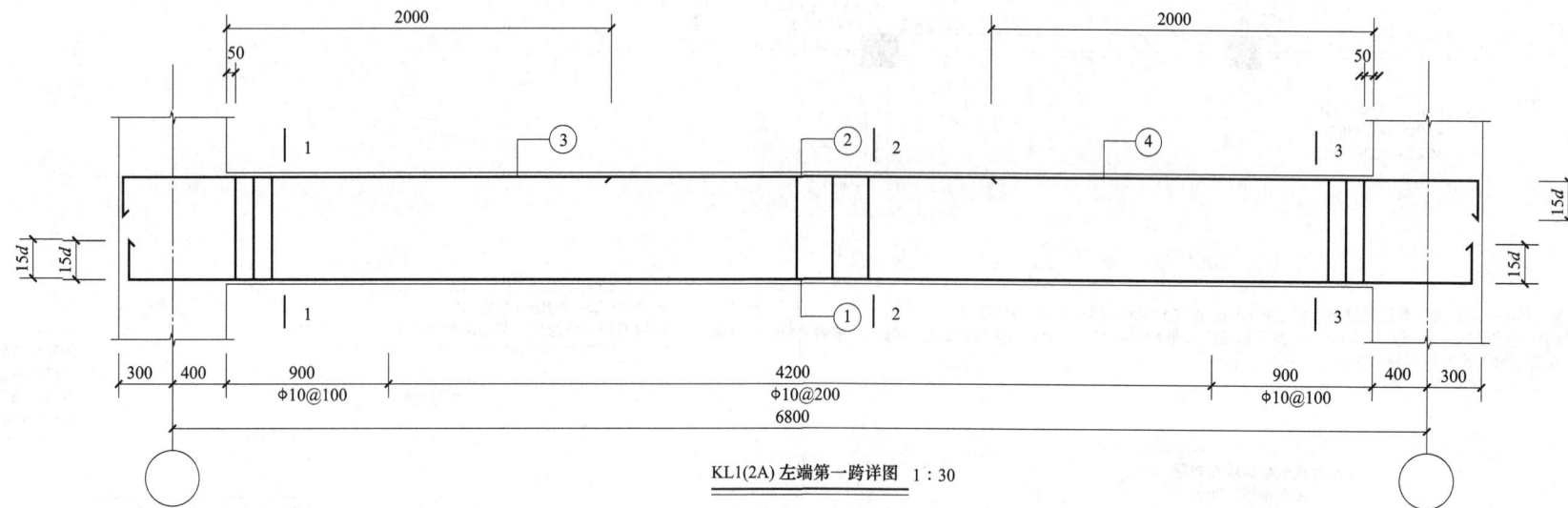

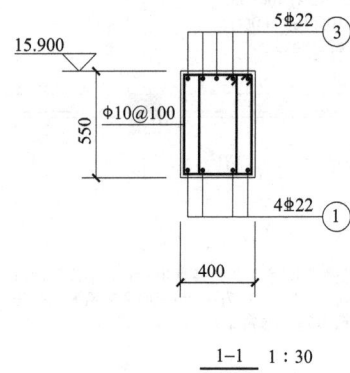

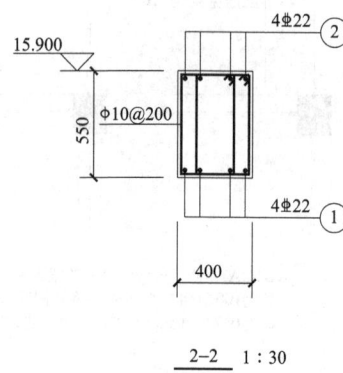

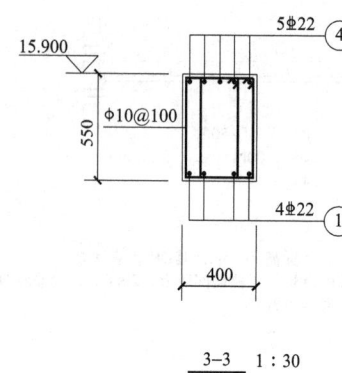

工程名称	某社区服务中心工程	图名	15.900m 标高结构 平面图讲解（二）	日 期	
子 项				图 号	

图 3-33 15.900m 标高结构平面图讲解（二）

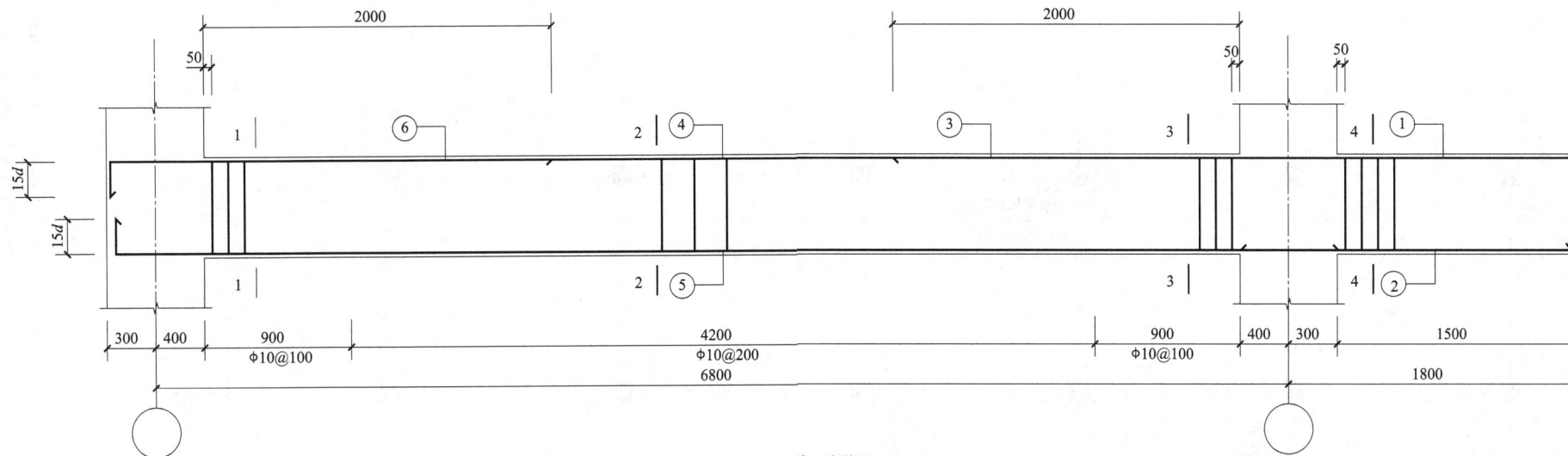

KL1(2A)左端第二跨详图 1:30

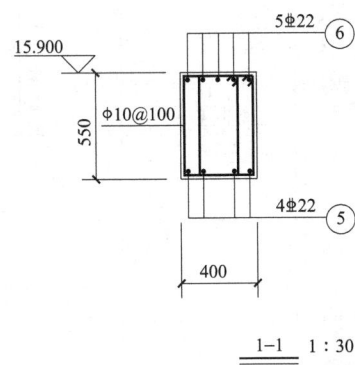

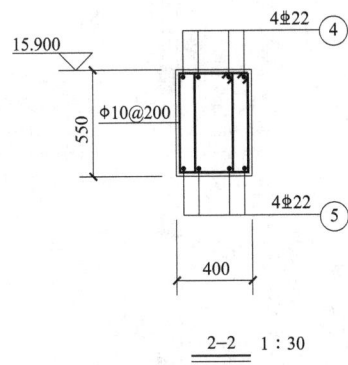

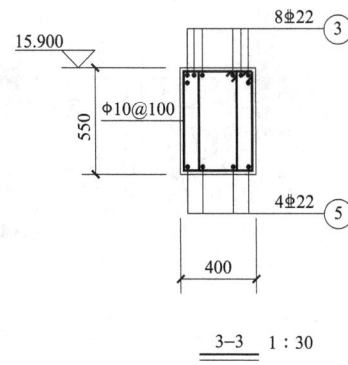

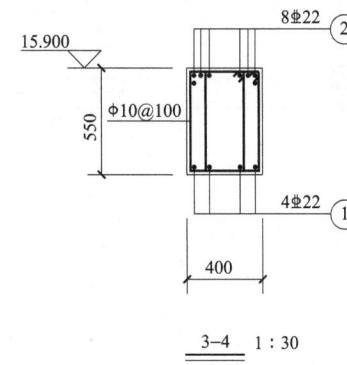

1-1 1:30

2-2 1:30

3-3 1:30

3-4 1:30

工程名称	某社区服务中心工程	图名	15.900m 标高结构 平面图讲解（三）	日 期	
子 项				图 号	

图 3-34 15.900m 标高结构平面图讲解（三）

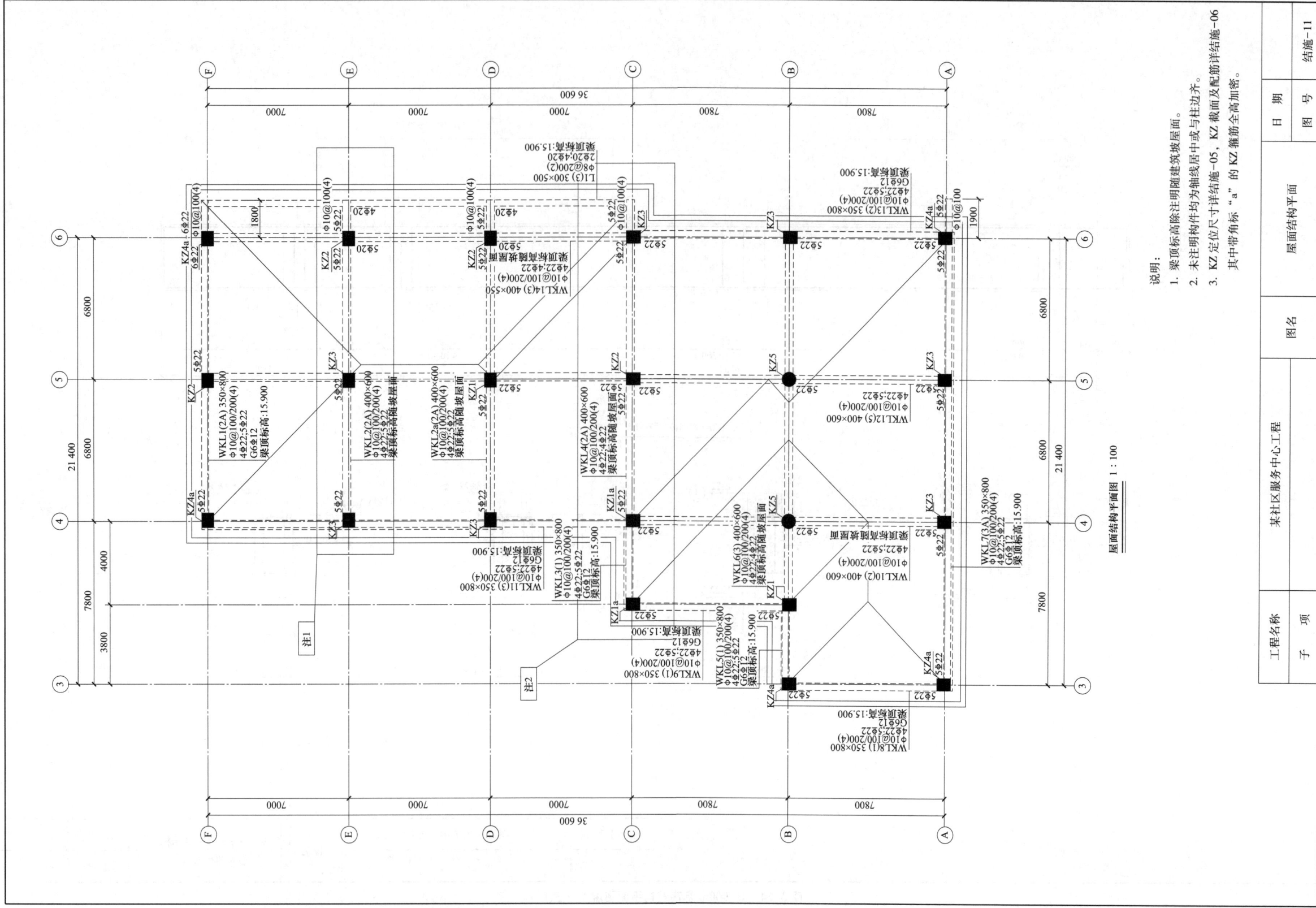

屋面结构平面图 1：100

图 3-35 屋面结构平面图

注1详解:

此处代表梁支座上铁为:5Φ22。一排均匀放置。

此处代表梁支座上铁为:5Φ22。一排均匀放置。

此处代表梁支座上铁为:5Φ22。一排均匀放置。

此处代表梁支座上铁为:5Φ22。一排均匀放置。箍筋钢筋级别为一级钢筋。箍筋直径为10mm,箍筋间距为100mm。

5Φ22   5Φ22   5Φ22   Φ10@100(4) 5Φ22

WKL2(2A) 400×600
Φ10@100/200(4)
4Φ22;5Φ22
梁顶标高随坡屋面

WKL2(2A) 400×600:代表屋面框架梁为两跨,其中一端悬挑。截面尺寸为:梁宽400mm,梁高600mm。其中WKL代表屋面框架梁。
Φ10@100/200(4):代表梁箍筋钢筋级别为一级钢筋。箍筋直径为10mm。加密区箍筋间距为:100mm。非加密区箍筋间距为:200mm。箍筋肢数为四肢箍。
4Φ22;5Φ22:代表梁上铁为4Φ22通常布置。梁下铁为5Φ22通常布置。
注意此框架梁为坡屋面折梁。

此处WKL3(1)需结合合施-09。同时看图,注意理解与下层梁的关系。

此处代表梁支座上铁为:5Φ22。一排均匀放置。箍筋钢筋级别为一级钢筋。箍筋直径为10mm,箍筋间距为100mm。

注2详解:

5Φ10@50

L_{aE} L_{aE}

梁高   梁高

屋面折梁做法

WKL3(1) 350×800
Φ10@100/200(4)
4Φ22;5Φ22
G6Φ12
梁顶标高:15.900

WKL4(2A) 400×600
Φ10@100/200(4)
4Φ22;4Φ22
梁顶标高随坡屋面

此处代表梁支座上铁为:5Φ22。一排均匀放置。

5Φ22   5Φ22   5Φ22   5Φ22 Φ10@100(4)

WKL4(2A) 400×600:代表屋面框架梁为两跨其中一端悬挑。截面尺寸为:梁宽400mm,梁高600mm。其中WKL代表屋面框架梁。
Φ10@100/200(4):代表梁箍筋钢筋级别为一级钢筋。箍筋直径为10mm,加密区箍筋间距为:100mm。非加密区箍筋间距为:200mm。箍筋肢数为四肢箍。
4Φ22;4Φ22:代表梁上铁为4Φ22通常布置。梁下铁为4Φ22通常布置。
注意此框架梁为坡屋面折梁。

导读

设计图纸时,一般坡屋面上的屋面斜梁注明为:梁顶标高随屋面,那么这根梁的标高就是随着屋面走了。或者标明梁顶标高为××~~××,表明该梁顶标高是变化的。这样的标注情况就不是代表水平梁。如果是水平梁,那么图纸中就会注明该梁的梁顶标高数值,这个数值就是一个数值,固定的,表明为水平梁。

工程名称	某社区服务中心工程	图名	屋面结构平面图讲解	日 期	
子 项				图 号	

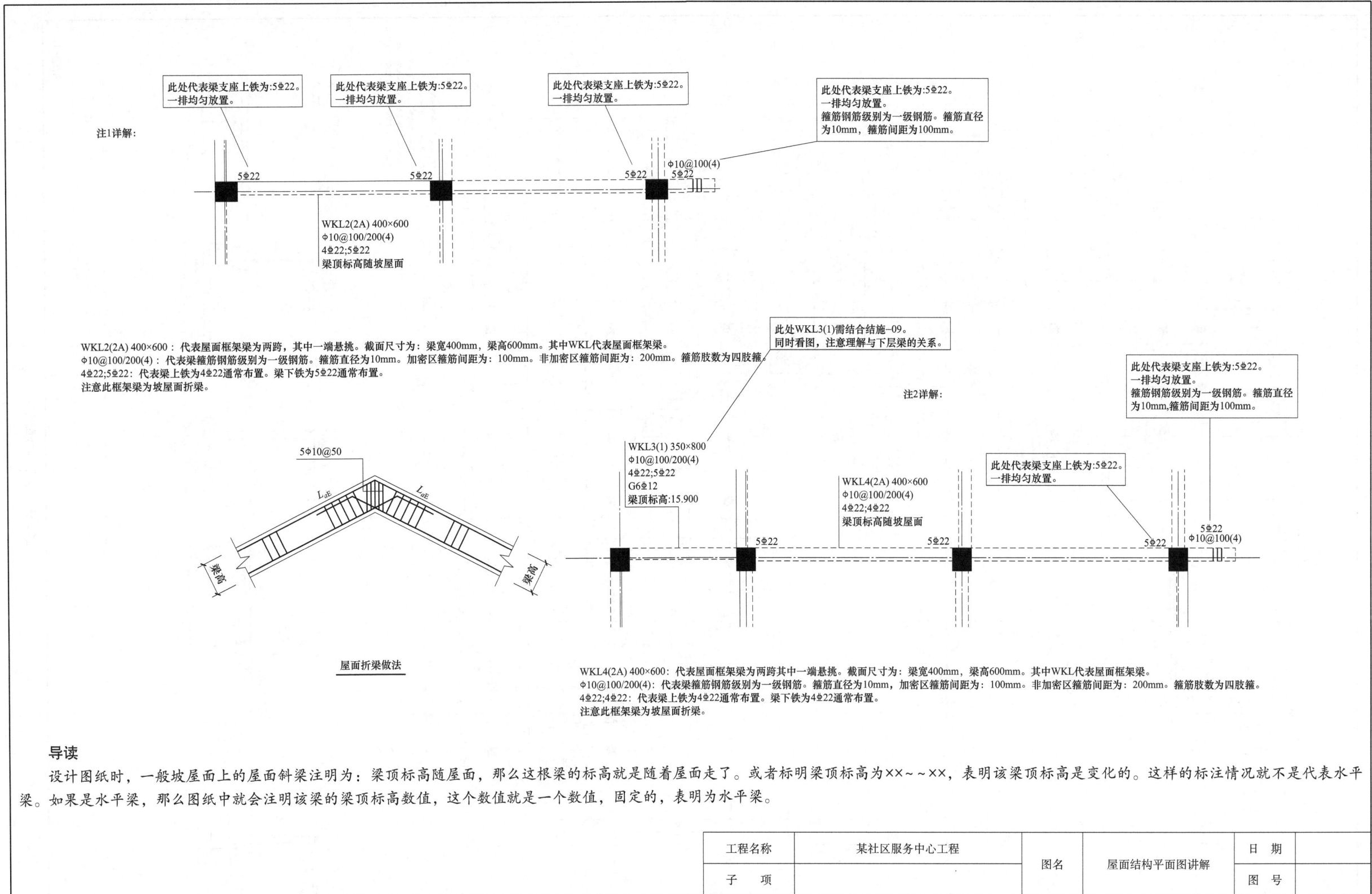

图 3-36 屋面结构平面图讲解

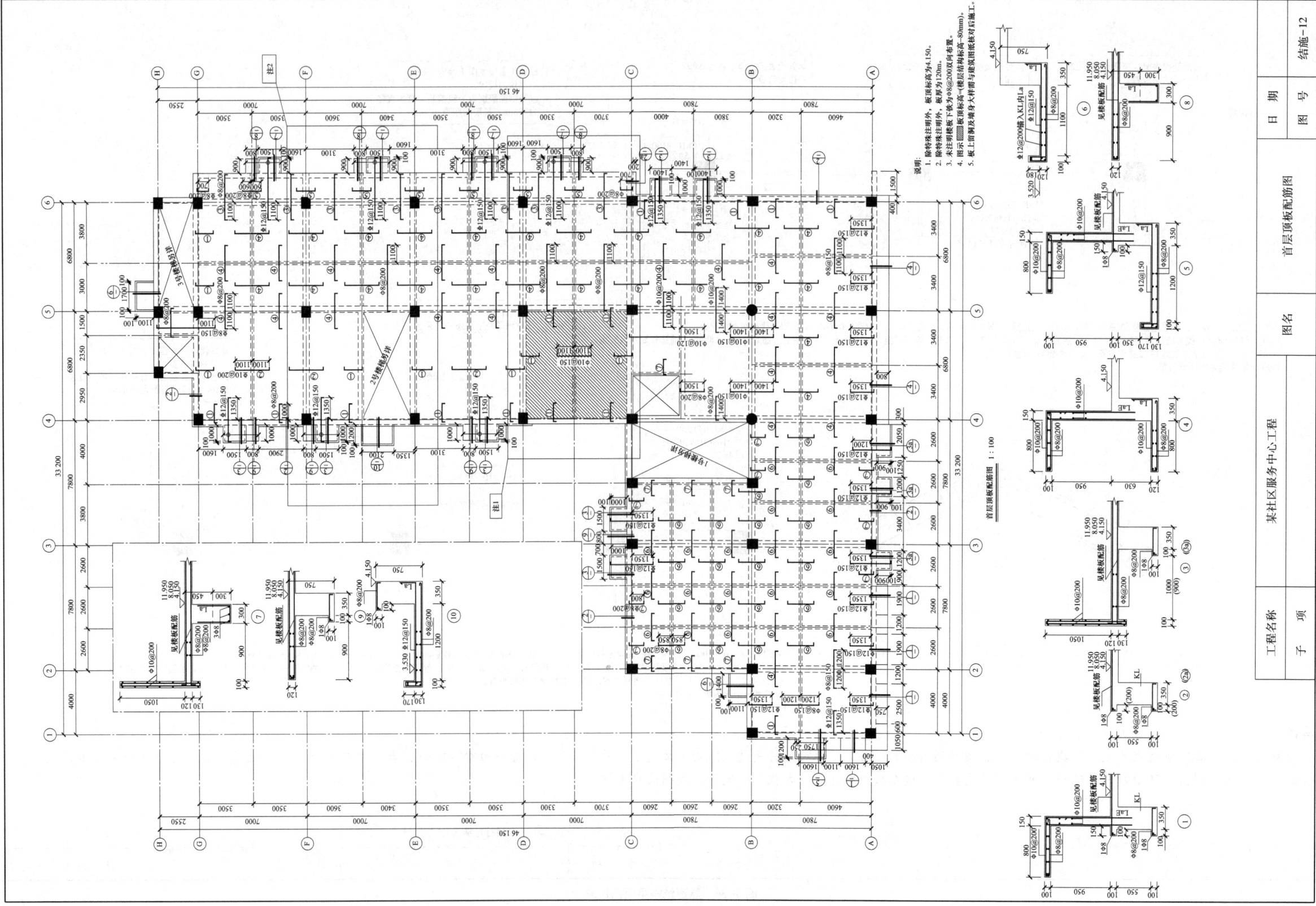

图 3-37 首层顶板配筋图

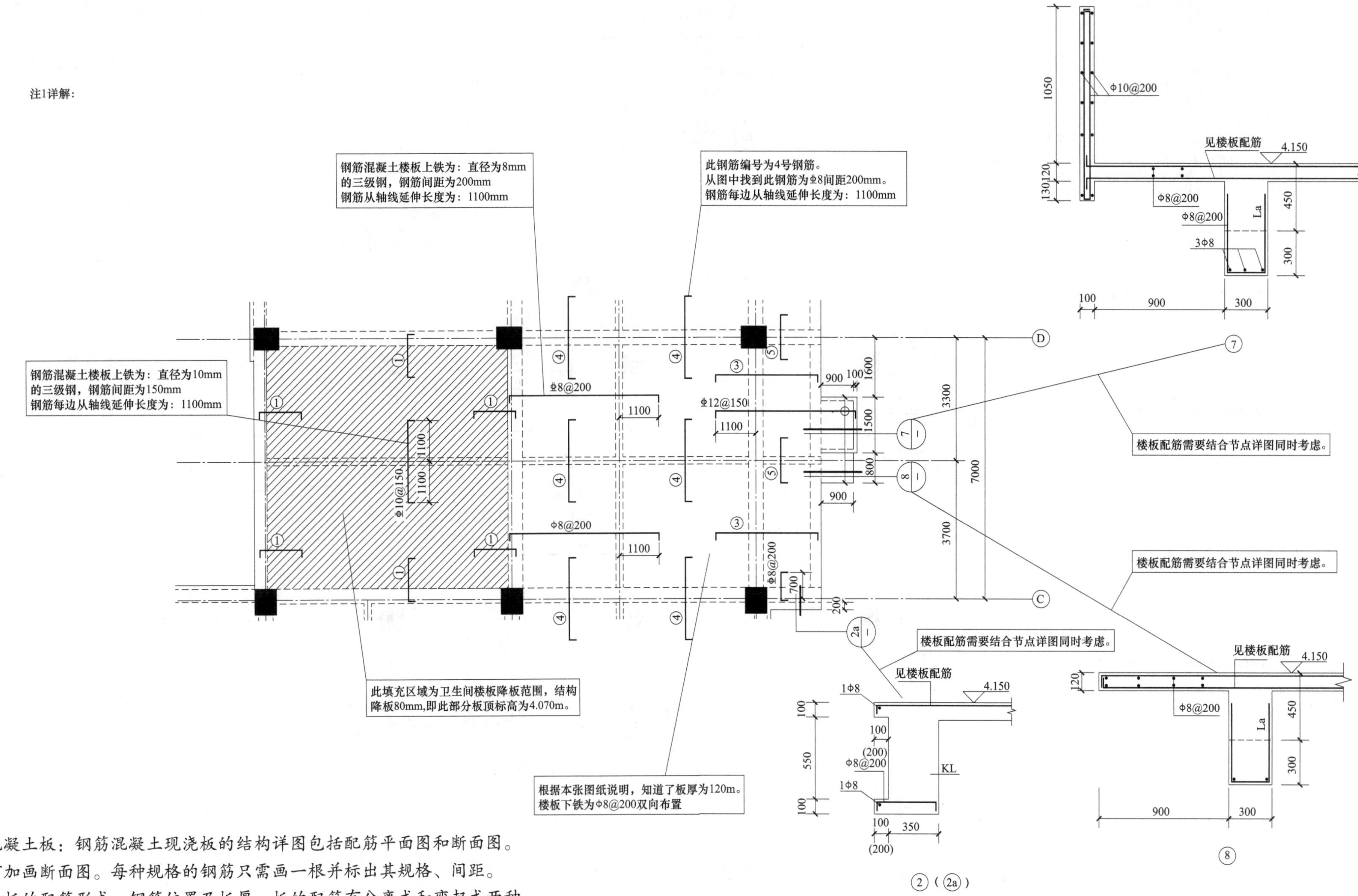

注1详解:

钢筋混凝土楼板上铁为: 直径为8mm
的三级钢, 钢筋间距为200mm
钢筋从轴线延伸长度为: 1100mm

此钢筋编号为4号钢筋。
从图中找到此钢筋为Φ8间距200mm。
钢筋每边从轴线延伸长度为: 1100mm

Φ10@200

见楼板配筋
4.150

Φ8@200
Φ8@200
La
3Φ8

钢筋混凝土楼板上铁为: 直径为10mm
的三级钢, 钢筋间距为150mm
钢筋每边从轴线延伸长度为: 1100mm

Φ8@200

Φ12@150

楼板配筋需要结合节点详图同时考虑。

楼板配筋需要结合节点详图同时考虑。

此填充区域为卫生间楼板降板范围, 结构
降板80mm, 即此部分板顶标高为4.070m。

楼板配筋需要结合节点详图同时考虑。

见楼板配筋
4.150

Φ8@200
KL
1Φ8
1Φ8
(200)
Φ8@200
(200)

②(2a)

见楼板配筋
4.150
Φ8@200
La

⑧

根据本张图纸说明, 知道了板厚为120m。
楼板下铁为Φ8@200双向布置

导读

钢筋混凝土板: 钢筋混凝土现浇板的结构详图包括配筋平面图和断面图。

必要时也可加画断面图。每种规格的钢筋只需画一根并标出其规格、间距。

断面图反映板的配筋形式、钢筋位置及板厚。板的配筋有分离式和弯起式两种。

如果板的上下钢筋分别单独配置, 称为分离式, 如果支座附近的上部钢筋是由下部钢筋弯起得到就称为弯起式, 本图中的配筋即为分离式配筋。

工程名称	某社区服务中心工程	图名	首层顶板配筋图讲解 (一)	日 期	
子 项				图 号	

图 3-38 首层顶板配筋图讲解 (一)

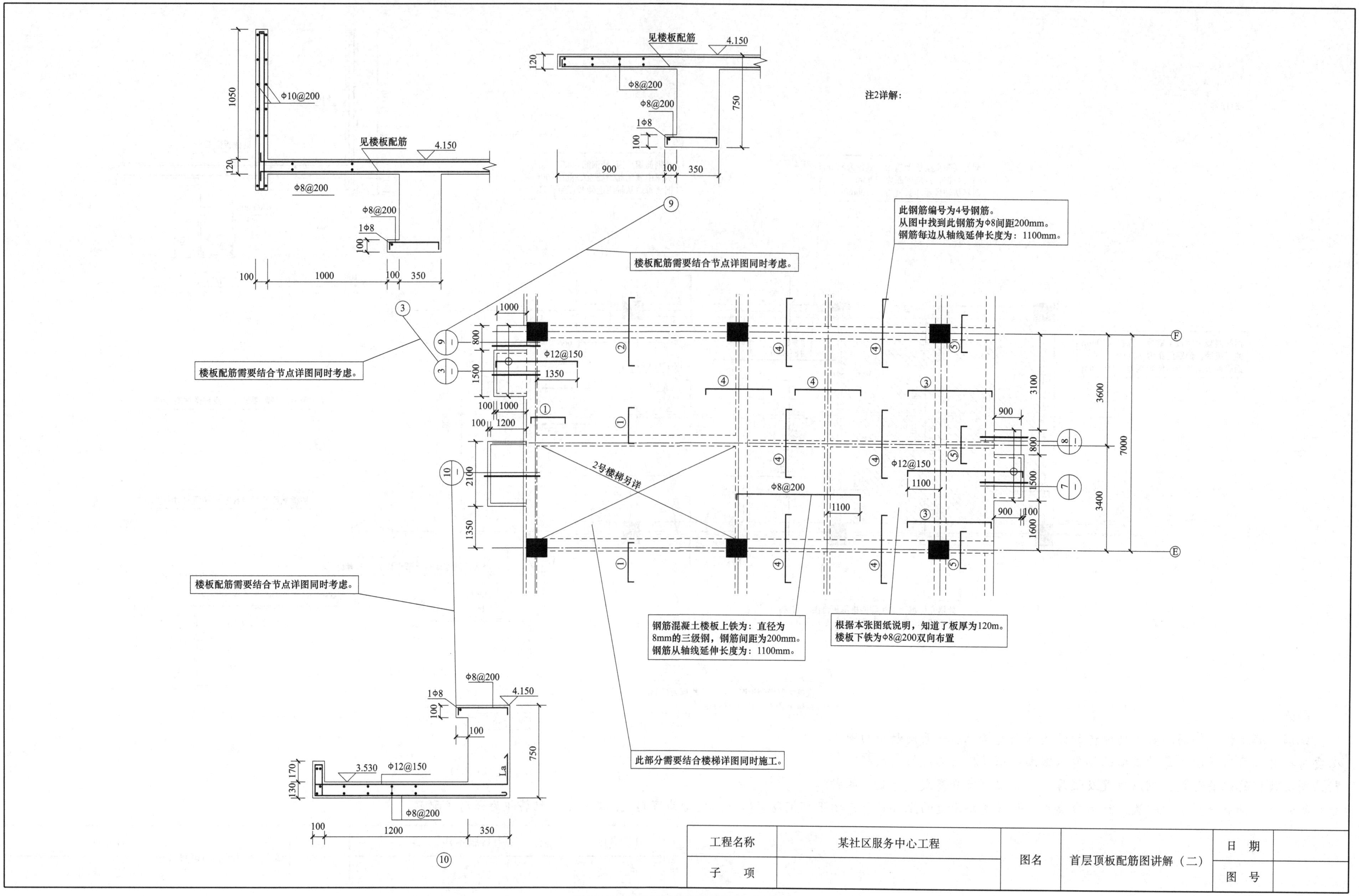

见楼板配筋
4.150
Φ10@200
Φ8@200
Φ8@200
1Φ8
1050
120
100
100
1000
100
350
见楼板配筋
4.150
120
Φ8@200
Φ8@200
1Φ8
750
100
900
100
350
注2详解：
此钢筋编号为4号钢筋。
从图中找到此钢筋为Φ8间距200mm。
钢筋每边从轴线延伸长度为：1100mm。
楼板配筋需要结合节点详图同时考虑。
楼板配筋需要结合节点详图同时考虑。
Φ12@150
1350
1000
1200
2号楼梯另详
Φ8@200
1100
Φ12@150
1100
900
900
3100
3600
7000
3400
1600
楼板配筋需要结合节点详图同时考虑。
钢筋混凝土楼板上铁为：直径为8mm的三级钢，钢筋间距为200mm。钢筋从轴线延伸长度为：1100mm。
根据本张图纸说明，知道了板厚为120m。楼板下铁为Φ8@200双向布置
此部分需要结合楼梯详图同时施工。
Φ8@200
1Φ8
4.150
100
3.530
Φ12@150
La
750
170
130
Φ8@200
100
1200
350
⑩
工程名称
某社区服务中心工程
图名
首层顶板配筋图讲解（二）
日 期
子 项
图 号

图 3-39 首层顶板配筋图讲解（二）

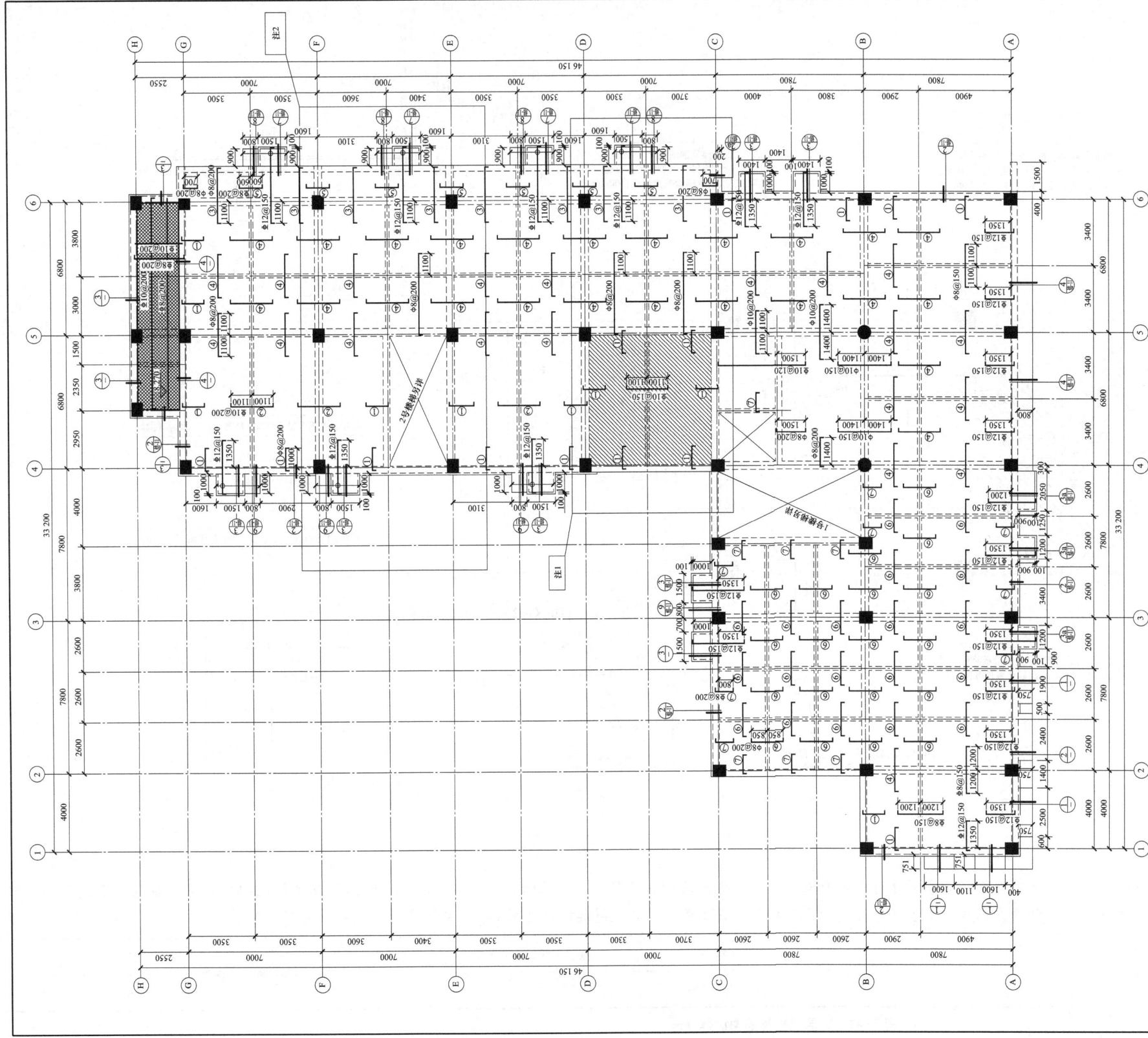
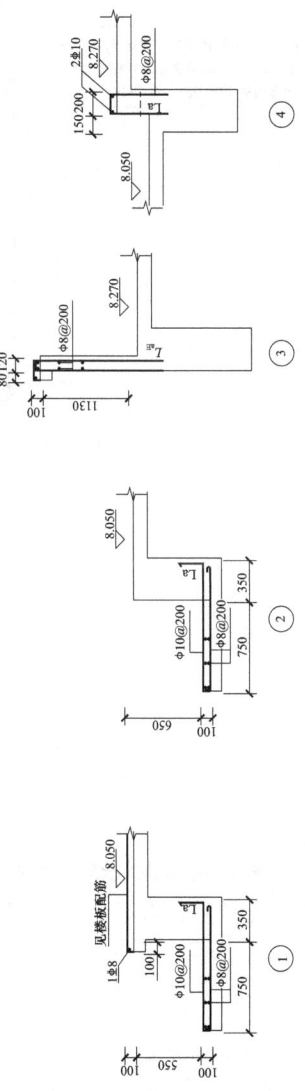

图 3-40 二层顶板配筋图

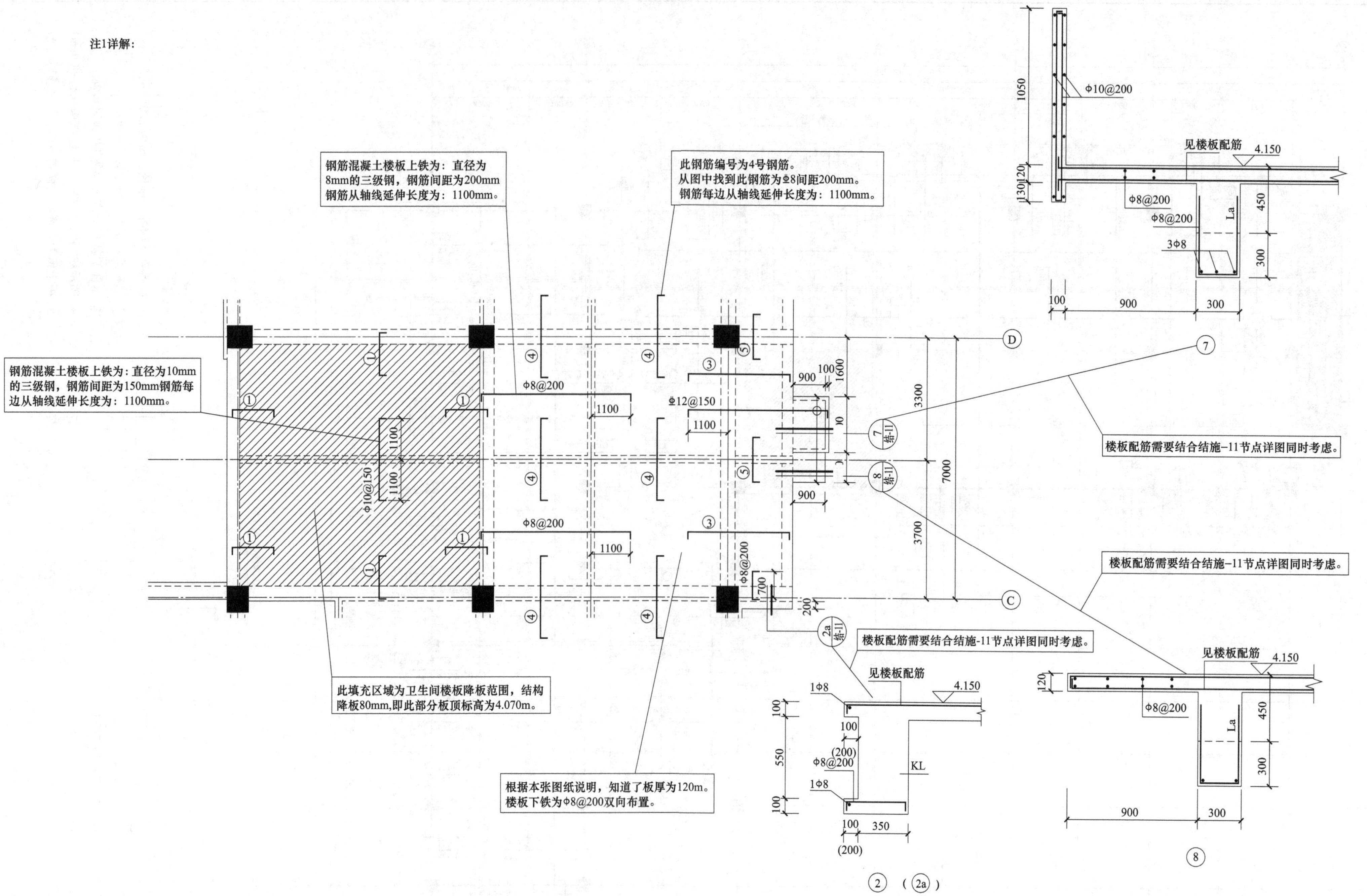

注1详解：

钢筋混凝土楼板上铁为：直径为8mm的三级钢，钢筋间距为200mm钢筋从轴线延伸长度为：1100mm。

此钢筋编号为4号钢筋。从图中找到此钢筋为Φ8间距200mm。钢筋每边从轴线延伸长度为：1100mm。

Φ10@200
见楼板配筋
4.150
Φ8@200
Φ8@200
3Φ8

钢筋混凝土楼板上铁为：直径为10mm的三级钢，钢筋间距为150mm钢筋每边从轴线延伸长度为：1100mm。

Φ8@200
Φ12@150

楼板配筋需要结合结施-11节点详图同时考虑。

楼板配筋需要结合结施-11节点详图同时考虑。

此填充区域为卫生间楼板降板范围，结构降板80mm,即此部分板顶标高为4.070m。

楼板配筋需要结合结施-11节点详图同时考虑。

见楼板配筋
4.150
1Φ8
Φ8@200
(200)
KL
Φ8@200
1Φ8

见楼板配筋
4.150
Φ8@200
La

根据本张图纸说明，知道了板厚为120m。楼板下铁为Φ8@200双向布置。

② (②a)

⑧

导读

钢筋混凝土板：钢筋混凝土现浇板的结构详图包括配筋平面图和断面图。必要时也可加画断面图。每种规格的钢筋只需画一根并标出其规格、间距。断面图反映板的配筋形式、钢筋位置及板厚。板的配筋有分离式和弯起式两种：如果板的上下钢筋分别单独配置，称为分离式，如果支座附近的上部钢筋是由下部钢筋弯起得到就称为弯起式，本图中的配筋即为分离式配筋。

工程名称	某社区服务中心工程	图名	二层顶板配筋图讲解（一）	日　期	
子　项				图　号	

图 3-41　二层顶板配筋图讲解（一）

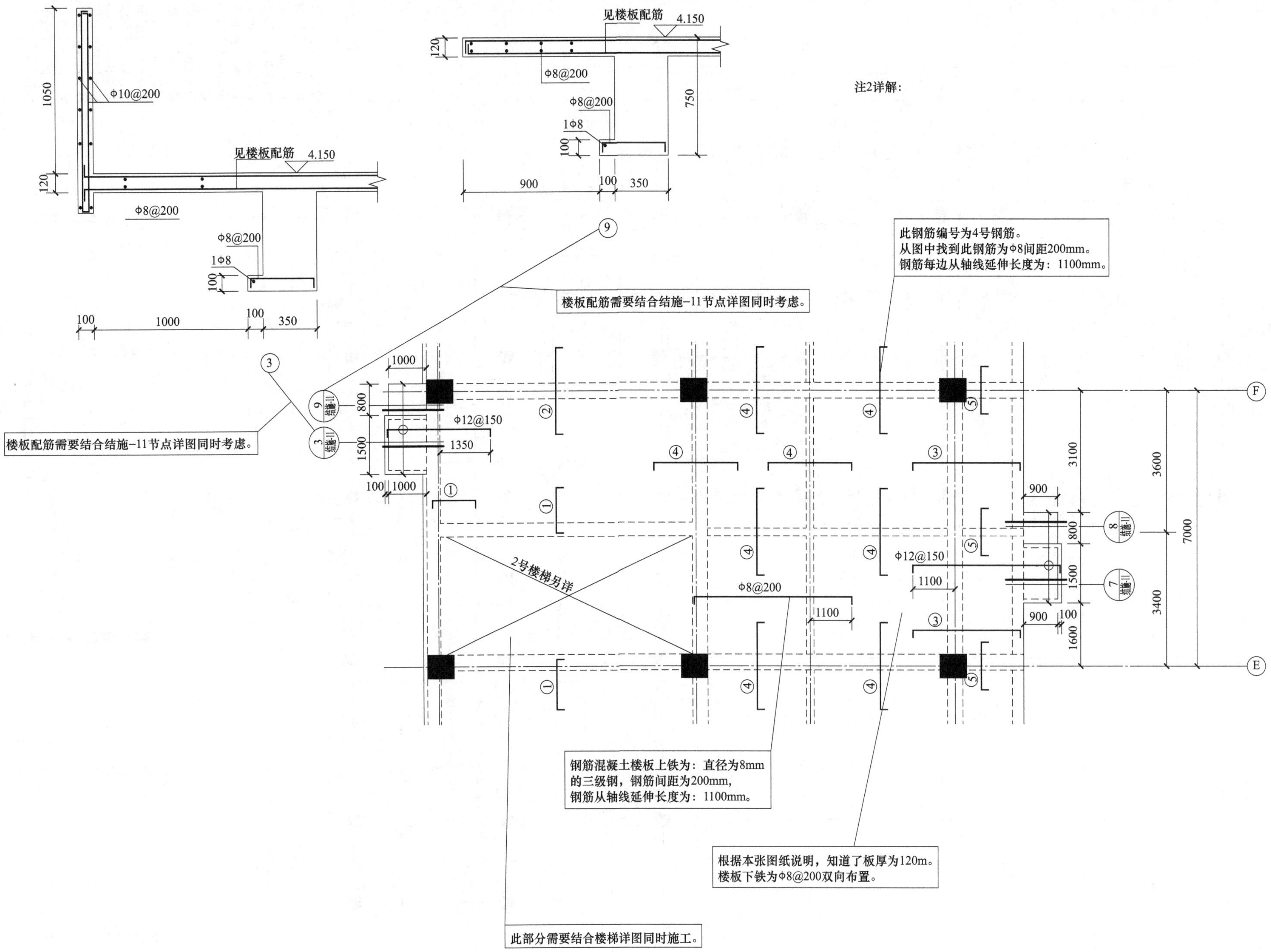

见楼板配筋　4.150

1050
Φ10@200

120
见楼板配筋　4.150
Φ8@200

Φ8@200

1Φ8

100

100 | 1000 | 100 | 350

120
见楼板配筋　4.150
Φ8@200

Φ8@200

750

1Φ8

100

900 | 100 | 350

注2详解：

此钢筋编号为4号钢筋。
从图中找到此钢筋为Φ8间距200mm。
钢筋每边从轴线延伸长度为：1100mm。

楼板配筋需要结合结施-11节点详图同时考虑。

楼板配筋需要结合结施-11节点详图同时考虑。

1000

800

9 墙三

Φ12@150

3 墙三

1350

1500

100 | 1000

2号楼梯另详

Φ8@200

1100

Φ12@150

1100

900

800

8 墙三

1500

900 | 100

7 墙三

1600

3100

3600

7000

3400

钢筋混凝土楼板上铁为：直径为8mm
的三级钢，钢筋间距为200mm，
钢筋从轴线延伸长度为：1100mm。

根据本张图纸说明，知道了板厚为120m。
楼板下铁为Φ8@200双向布置。

此部分需要结合楼梯详图同时施工。

| 工程名称 | 某社区服务中心工程 | 图名 | 二层顶板配筋图讲解（二） | 日　期 | |
| 子　项 | | | | 图　号 | |

图 3-42　二层顶板配筋图讲解（二）

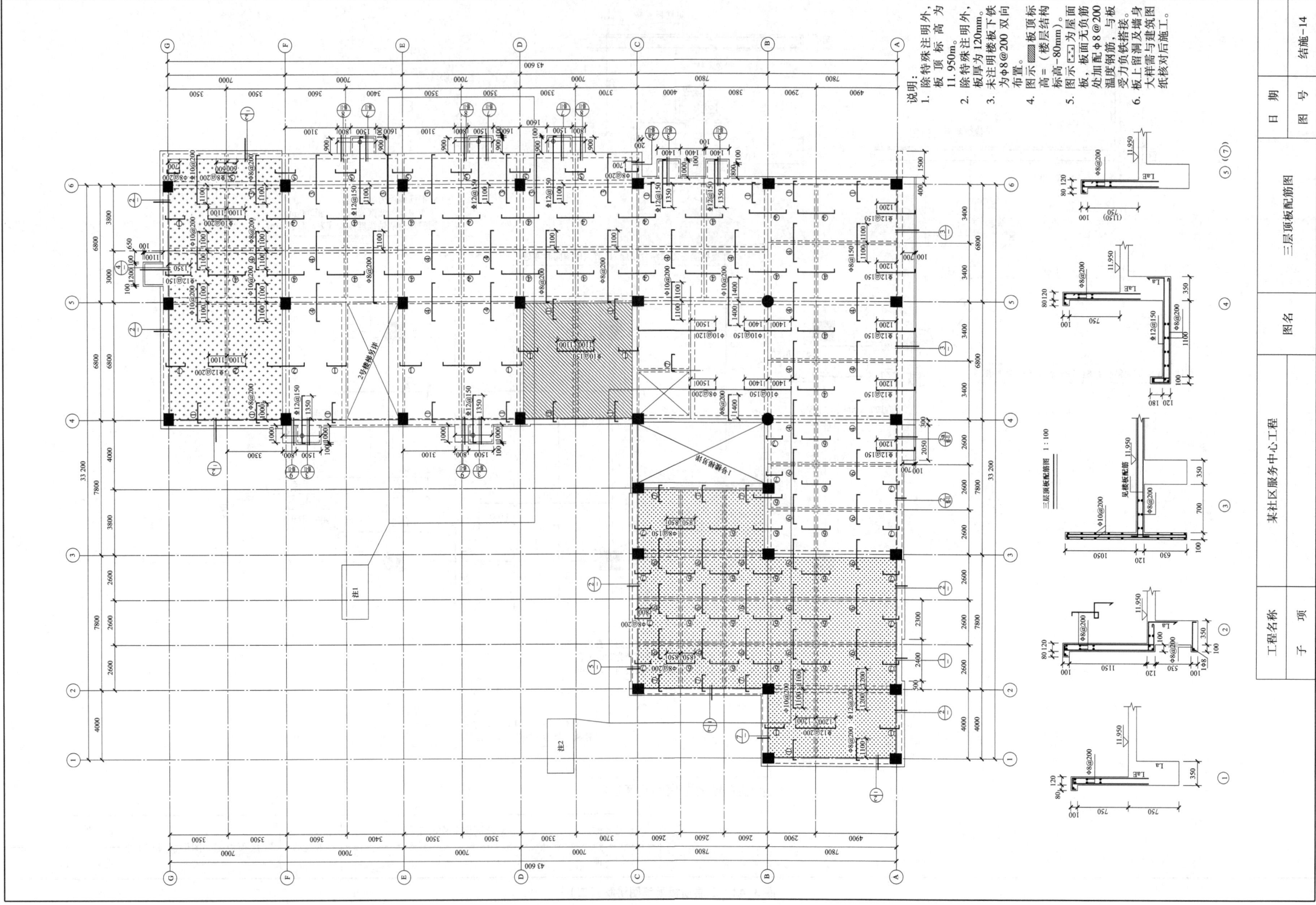

图 3-43 三层顶板配筋图

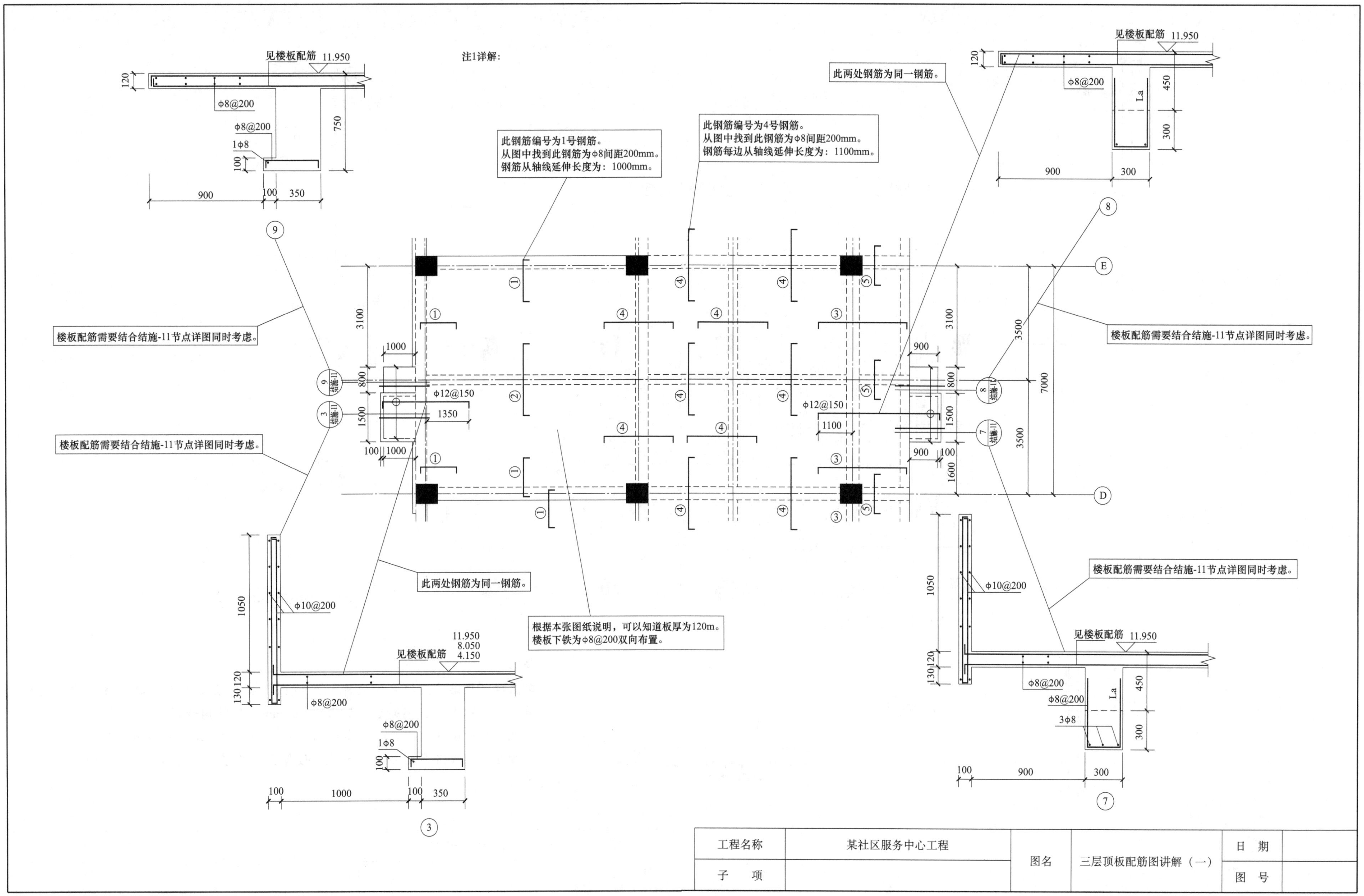

见楼板配筋 11.950

见楼板配筋 11.950

注1详解:

此两处钢筋为同一钢筋。

此钢筋编号为1号钢筋。
从图中找到此钢筋为Φ8间距200mm。
钢筋从轴线延伸长度为：1000mm。

此钢筋编号为4号钢筋。
从图中找到此钢筋为Φ8间距200mm。
钢筋每边从轴线延伸长度为：1100mm。

楼板配筋需要结合结施-11节点详图同时考虑。

楼板配筋需要结合结施-11节点详图同时考虑。

楼板配筋需要结合结施-11节点详图同时考虑。

楼板配筋需要结合结施-11节点详图同时考虑。

此两处钢筋为同一钢筋。

根据本张图纸说明，可以知道板厚为120m。
楼板下铁为Φ8@200双向布置。

| 工程名称 | 某社区服务中心工程 | 图名 | 三层顶板配筋图讲解（一） | 日 期 | |
| 子 项 | | | | 图 号 | |

图3-44 三层顶板配筋图讲解（一）

127

80120

100

1150

Φ8@200

11.950

LaE

⑦

注2详解：

屋顶女儿墙节点大样。

屋顶女儿墙节点大样。

⑤

②

80120

100

100

Φ8@200

1150

11.950

120

530

Φ8@200

100

1Φ8

100

350

La

②

Ⓒ

7800

⑦
—

⑦

⑧

Φ8@200

800

⑦

⑦

⑥

⑥

⑥

⑦

Φ8@200

850

850

⑥

⑦

⑥

⑦

150

850 850

⑦

⑥

⑥

⑥

⑥

⑥

⑦

1号楼梯另详

⑥

⑥

⑥

⑥

⑥

⑦

Ⓑ

⑥

⑥

⑥

⑦

⑦

⑦

Φ8@200

1400

此钢筋编号为6号钢筋。
从图中找到此钢筋为Φ8间距200mm。
钢筋从轴线延伸长度为：850mm。

此部分需要结合楼梯详图同时施工。

80120

100

750

Φ8@200

11.950

L_aE

屋顶女儿墙节点大样。

此填充区域为屋面板，板厚为120mm。楼板下铁
为Φ8@200双向布置，板面无负筋处上表面加配
Φ8@200温度钢筋，与板受力负铁搭接。

⑤

导读

在温度、收缩应力较大的现浇板区域内，应在板表面双向配置防裂构造钢筋，配筋率不小于 0.10%，间距也不宜大于 200mm。防裂构造钢筋可利用原有钢筋贯通配置，也可另行设置钢筋并于原有钢筋按受拉钢筋的要求搭接或在周边构件中锚固。同时一般在双柱或者多柱之间表面时也设置，温度筋是为了防止温差较大而设置的防裂措施。

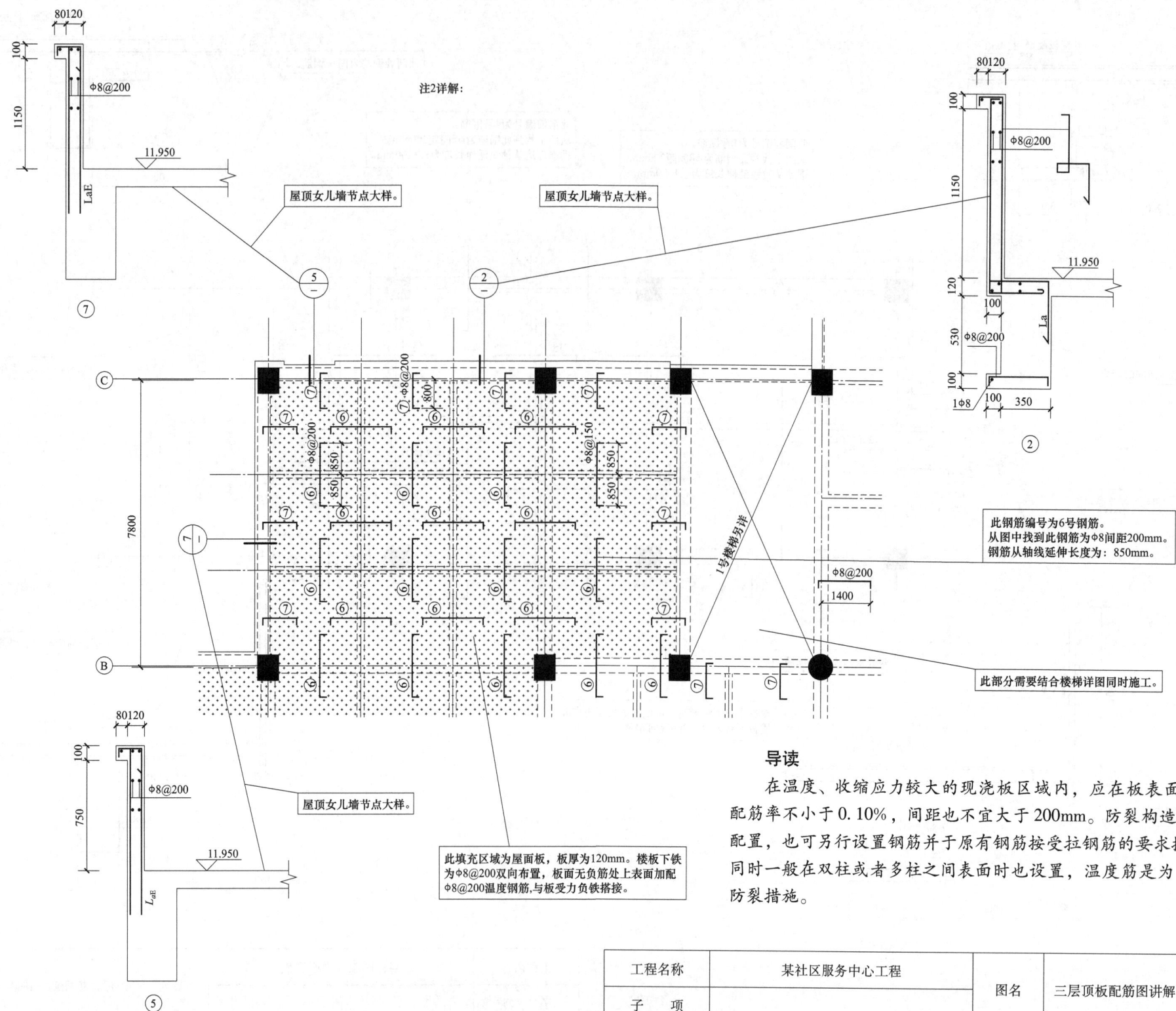

工程名称	某社区服务中心工程	图名	三层顶板配筋图讲解（二）	日 期	
子 项				图 号	

图 3-45　三层顶板配筋图讲解（二）

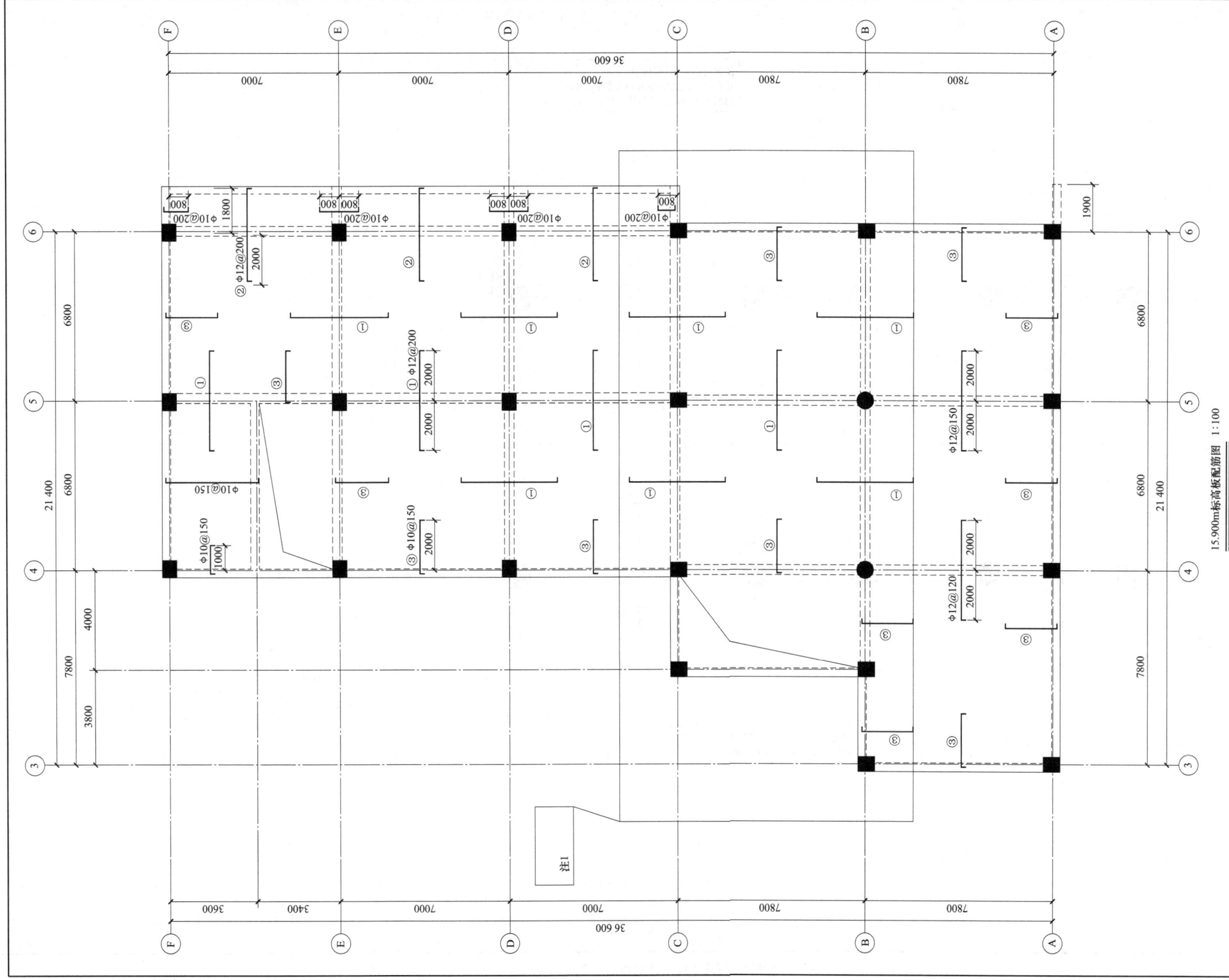

15.900m标高板配筋图 1:100

说明：
1. 除特殊注明外，板顶标高为15.900m。
2. 除特殊注明外，板厚为200mm。
3. 未注明楼板下铁为Φ12@200 双向布置。

图 3-46 15.900m 标高板配筋图

工程名称	某社区服务中心工程	图名	15.900m 标高板配筋图		
子 项				图 号	结施-15
				日 期	

129

注1详解:

此钢筋编号为1号钢筋。
从图中找到此钢筋为Φ12,间距200mm。
钢筋从轴线延伸长度为: 2000mm。

Φ10@200

800

7800

③ ① ③

③ ③

① ①

C

B

此处表示楼板开洞。

根据本张图纸说明,知道了板厚为200mm。
楼板下铁为Φ12@200双向布置。

此钢筋编号为3号钢筋。
从图中找到此钢筋为Φ10,间距150mm。
钢筋从轴线延伸长度为: 2000mm。

工程名称	某社区服务中心工程	图名	15.900m 标高板配筋图讲解	日 期	
子 项				图 号	

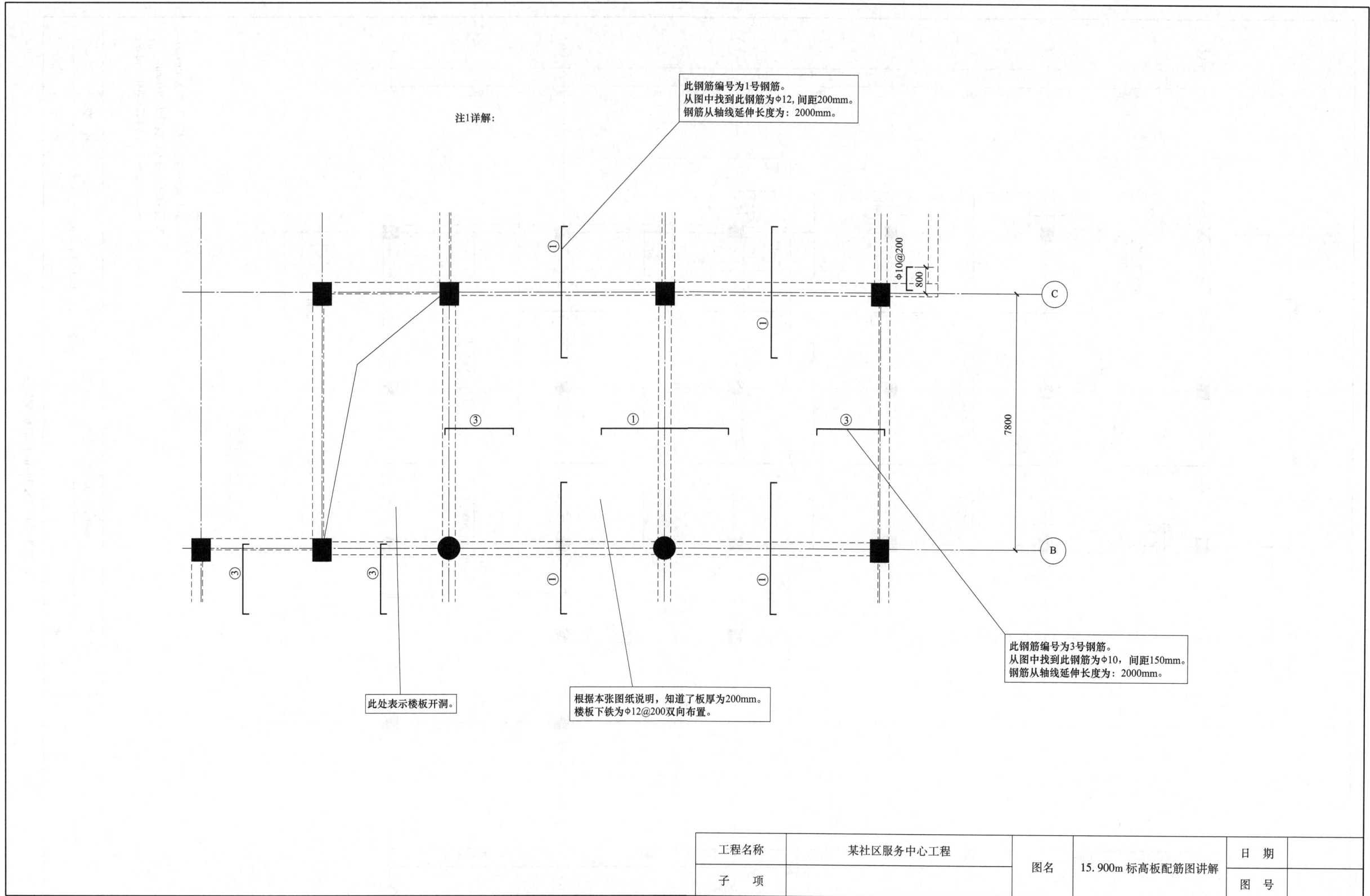

图 3-47 15.900m 标高板配筋图讲解

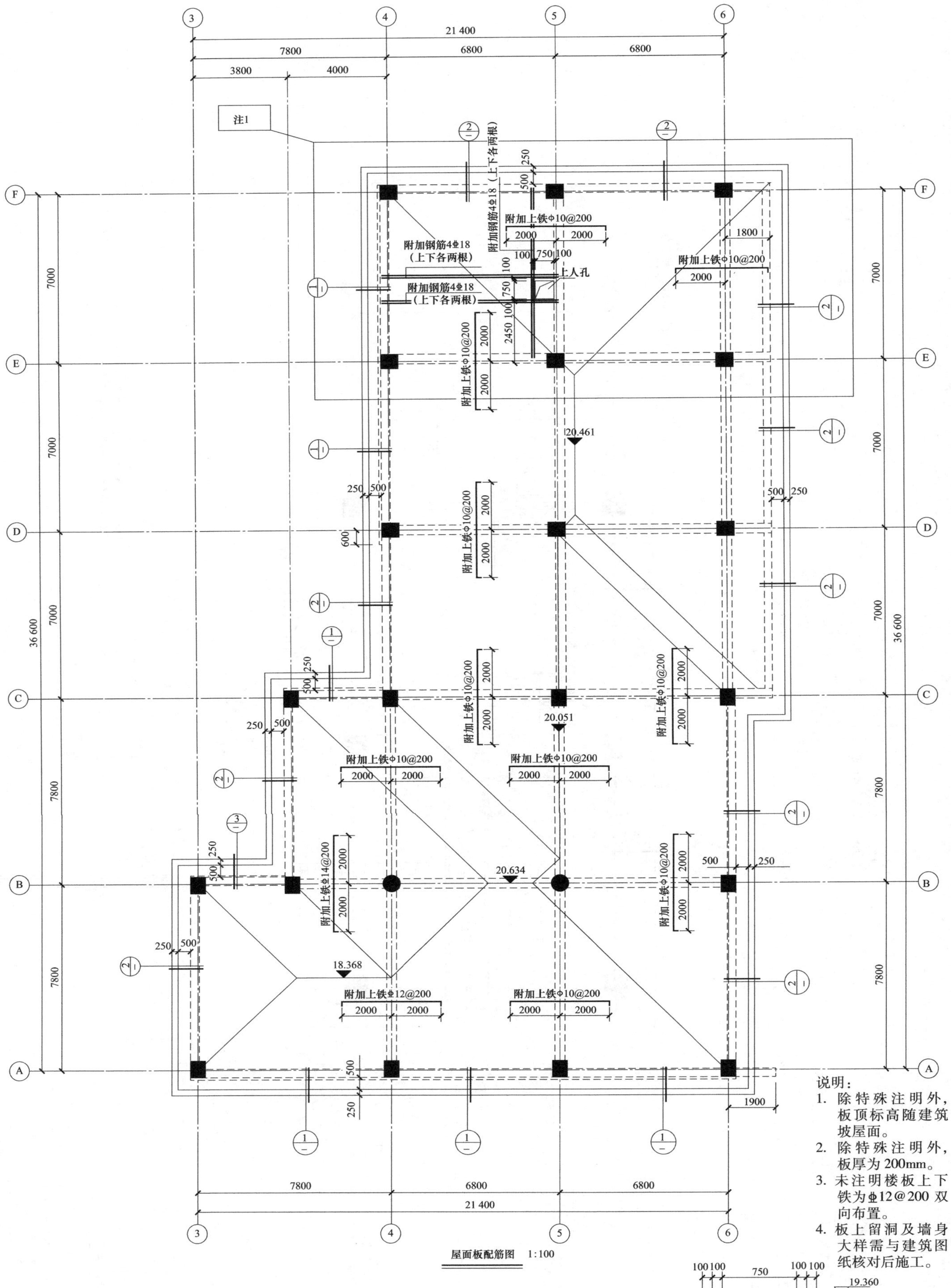

图 3-48 屋面板配筋图

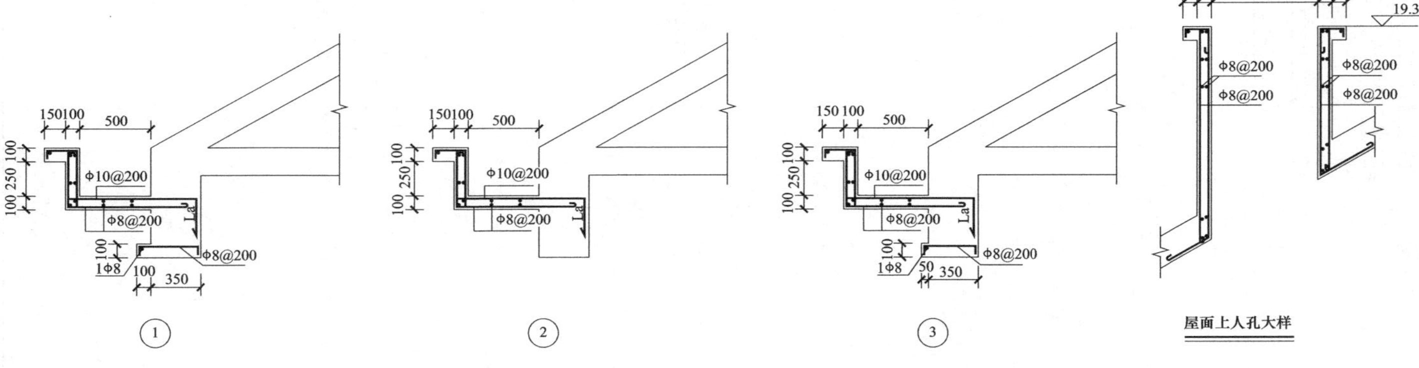

坡屋面天沟做法。
屋面配筋需结合节点施工。

此处表示屋面边支座上铁。

此处表示坡屋面天沟。

附加上铁φ10@200

上人孔洞边加强钢筋。

附加钢筋4Φ18（上下各两根）

附加钢筋4Φ18（上下各两根）

上人孔

附加上铁
φ10@200

坡屋面天沟做法。
屋面配筋需结合节点施工。

此处表示屋面上人孔。

根据本张图纸说明，知道了板厚为200m。
楼板上下铁为Φ12@200双层双向布置。

屋面上人孔大样

φ8@200
φ8@200
φ8@200
φ8@200

Φ10@200
φ8@200
φ8@200
Φ10@200
φ8@200
1Φ8
φ8@200

La

19.360

6800   6800

7000

1800

2000
2000
2000
2000
2000
2450
500 250
750
750
100 750 100
100 100 750 100 100
100 350
150 100 500
150 100 500
100 250 100
100 250 100

附加钢筋4Φ18（上下各两根）

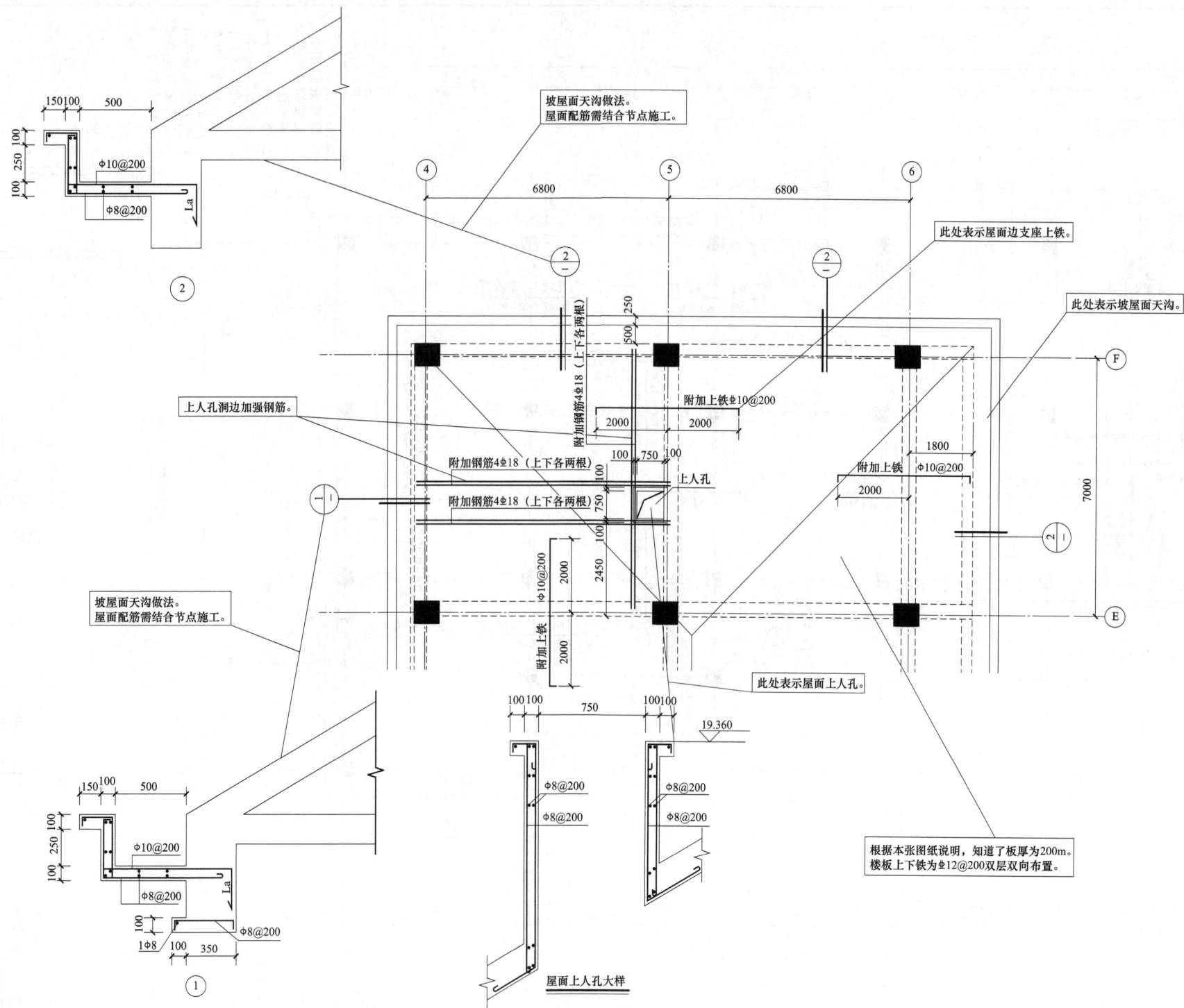

工程名称	某社区服务中心工程	图名	屋面板配筋图讲解	日 期	
子 项				图 号	

图 3-49 屋面板配筋图讲解

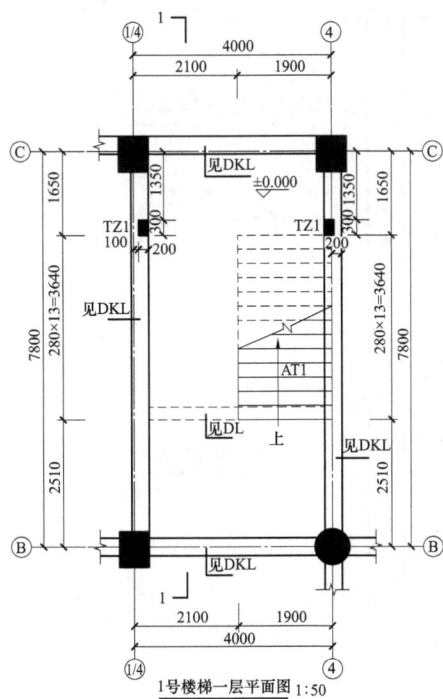

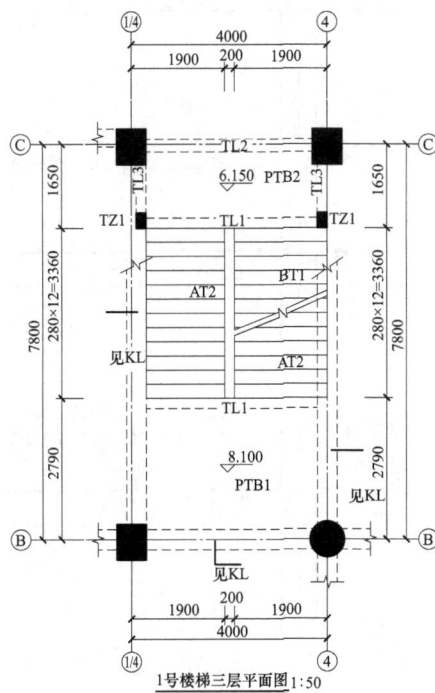

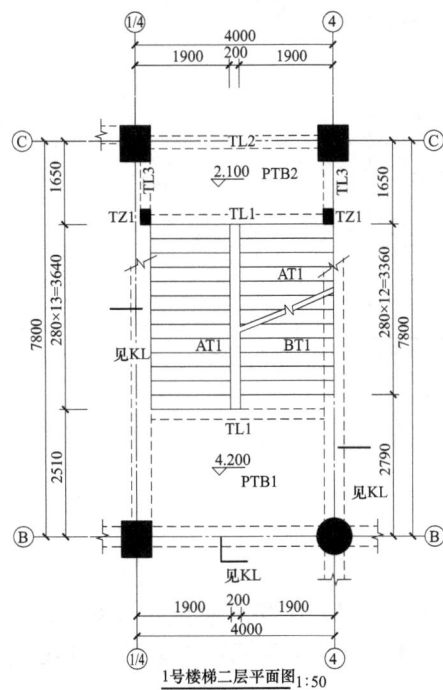

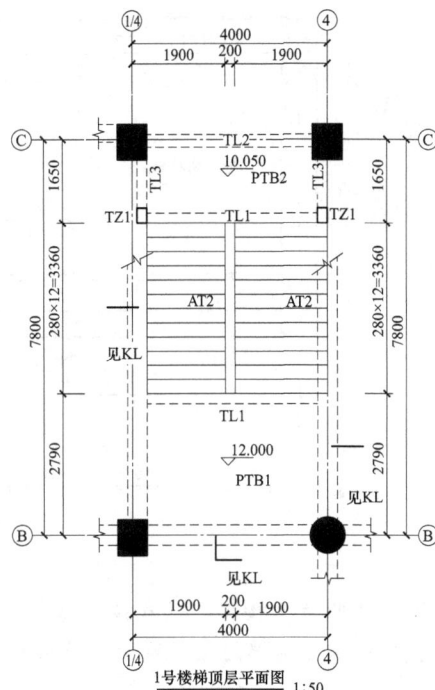

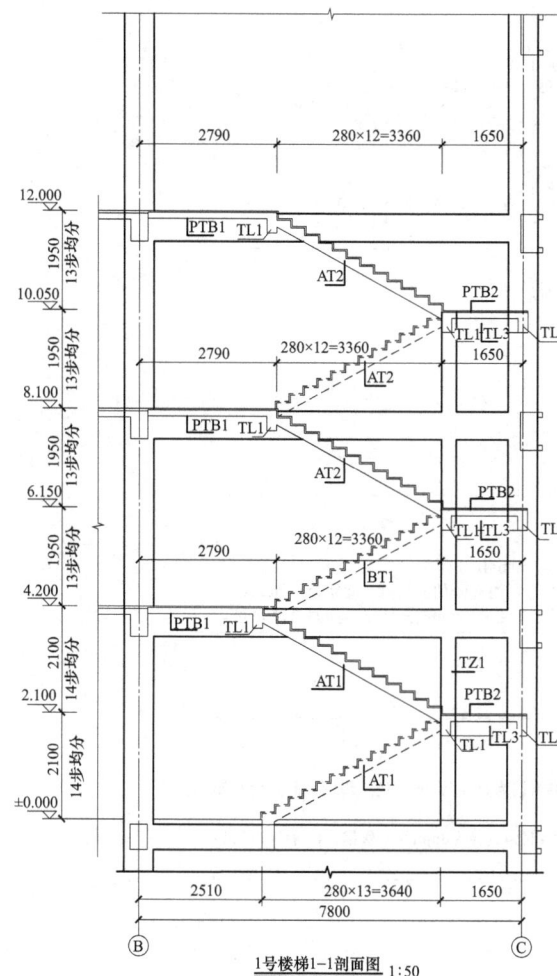

1号楼梯一层平面图 1:50

1号楼梯三层平面图 1:50

1号楼梯二层平面图 1:50

1号楼梯顶层平面图 1:50

1号楼梯1-1剖面图 1:50

AT1	BT1	AT2
h=130	h=130	h=120
Hs=150×14=2100	Hs=150×13=1950	Hs=150×13=1950
上主筋ϕ8@150	上主筋ϕ8@150	上主筋ϕ8@150
下主筋ϕ10@150	下主筋ϕ10@150	下主筋ϕ10@150

PTB1	PTB2	TL1
h=120	h=100	200×400
B:X&Yϕ10@200	B:X&Yϕ8@200	ϕ8@200(2)
T:X&Yϕ8@200	T:X&Yϕ8@200	2$\oplus$16; 3$\oplus$18

TL2	TL3	
200×400	200×400	
ϕ10@100/200(2)	ϕ10@100(2)	
2$\oplus$18; 2$\oplus$18	2$\oplus$16; 2$\oplus$16	

说明:
1. 楼梯梯板分布钢筋ϕ8@200。
2. 采用平法表示,详细构造见图集11G101—2。
3. 楼梯栏杆及埋件见建筑图。
4. 图中所示标高为建筑标高,建筑面层为30mm。
5. 楼梯上下铁均通长布置。

工程名称	某社区服务中心工程	图名	1号楼梯详图	日 期	
子 项				图 号	结施-16

图 3-50　1号楼梯详图

AT1 h=130 Hs=150×14=2100 上主筋Φ8@150 下主筋Φ10@150	BT1 h=130 Hs=150×13=1950 上主筋Φ8@150 下主筋Φ10@150	AT2 h=120 Hs=150×13=1950 上主筋Φ8@150 下主筋Φ10@150
PTB1 h=120 B:X&YΦ10@200 T:X&YΦ8@200	PTB2 h=100 B:X&YΦ8@200 T:X&YΦ8@200	TL1 200×1400 Φ8@200(2) 2Φ16; 3Φ18
TL2 200×1400 Φ10@100/200(2) 2Φ18; 2Φ18	TL3 200×1400 Φ10@100(2) 2Φ16; 2Φ16	

AT1代表楼梯板代号。
h=130代表楼梯板厚度为130mm。
H_s=150mm×14=2100代表楼梯踏步高为150mm，14步。
上主筋Φ8@150代表楼梯板上部钢筋为直径为8mm的三级钢，间距为150mm。
下主筋Φ10@150代表楼梯板下部钢筋为直径为10mm的三级钢，间距为150mm。

PTB1代表休息平台板代号。
h=120代表休息平台板厚度为120mm。
B:X&YΦ10@200代表休息平台板下部钢筋为直径为10mm的三级钢，间距为200mm。双向布置。
T:X&YΦ8@200代表休息平台板下部钢筋为直径为8mm的三级钢，间距为200mm。双向布置。

TL2代表楼梯梁代号。
200×400代表楼梯梁截面宽度为200mm，截面高度为400mm。
Φ10@100/200(2)代表梁箍筋直径为10mm，加密区箍筋间距为100mm。非加密区为200mm。箍筋为双肢箍。
2Φ18; 2Φ18代表梁上下铁均为两根直径为18mm的钢筋。

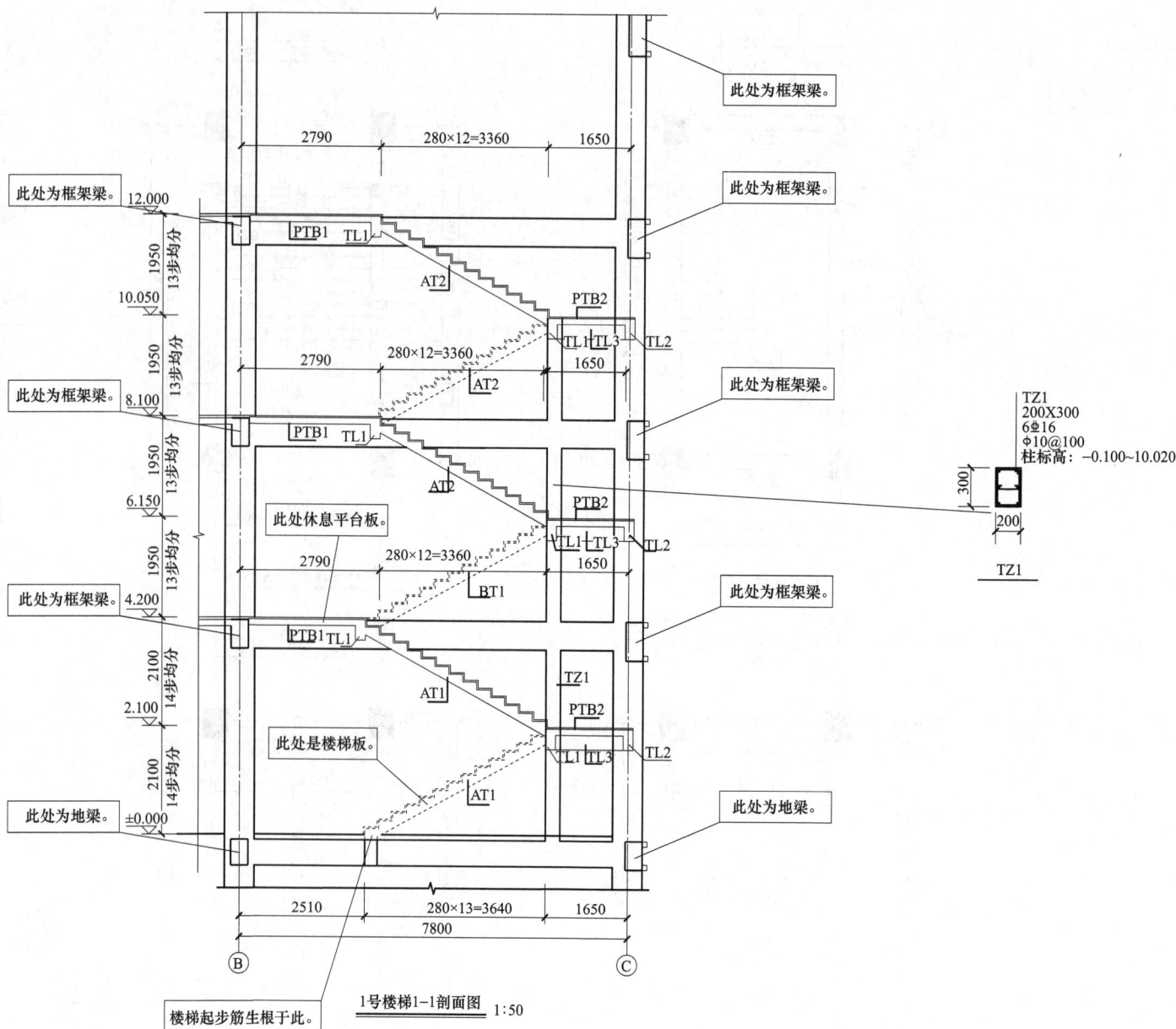

此处为框架梁。
此处为框架梁。
此处为框架梁。
此处为框架梁。
此处为框架梁。
此处为地梁。
此处为地梁。
此处休息平台板。
此处是楼梯板。

2790　280×12=3360　1650
1950 13步均分
2790　280×12=3360　1650
1950 13步均分
2790　280×12=3360　1650
1950 13步均分
2100 14步均分
2100 14步均分
2100 14步均分
2510　280×13=3640　1650
7800

12.000
10.050
8.100
6.150
4.200
±0.000

PTB1 TL1
AT2
PTB2
TL1 TL3 TL2
AT2
PTB1 TL1
AT2
PTB2
TL1 TL3 TL2
BT1
PTB1 TL1
TZ1
AT1
PTB2
TL1 TL3 TL2
AT1

B　C

TZ1
200X300
6Φ16
Φ10@100
柱标高：−0.100～10.020
300
200
TZ1

楼梯起步筋生根于此。
1号楼梯1-1剖面图　1:50

导读

板式楼梯就是由混凝土板直接浇筑而成，梁式楼梯就是在楼梯板下有梁的板式楼梯，因此又叫梁板楼梯。板式楼梯纵向荷载由板承担，但梁式楼梯纵向荷载由梁承担。不过现在一般建筑中梁式楼梯已很少用的了。板式楼梯可把梯段踏步板看成一块大的单向板。板式楼梯就是梯段踏步板直接支撑在两端的楼梯梁上。梁板式楼梯是梯段踏步板直接搁置在斜梁上，斜梁搁置在梯段两端的楼梯梁上。

工程名称	某社区服务中心工程	图名	1号楼梯详图讲解	日 期	
子　项				图　号	

图 3-51　1号楼梯详图讲解

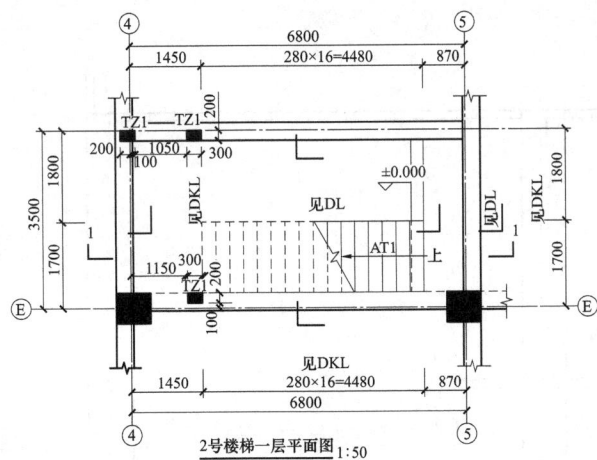

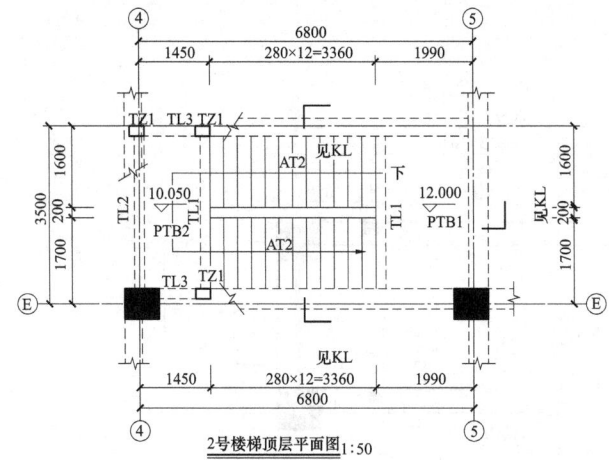

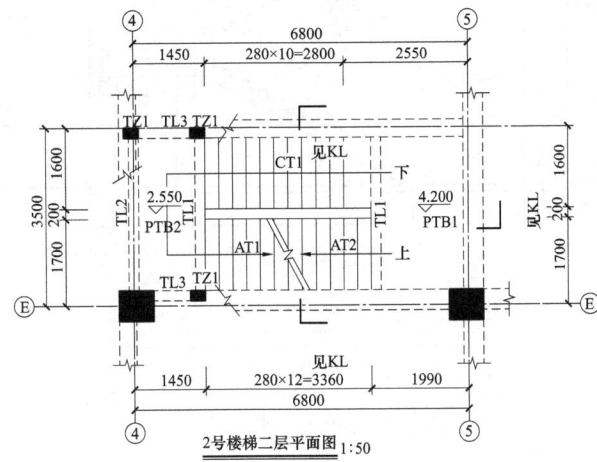

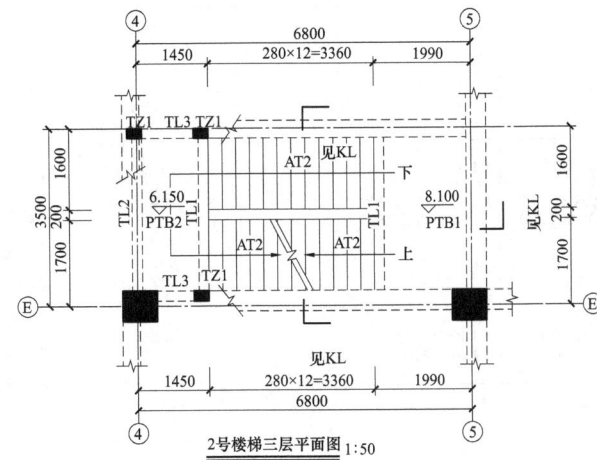

2号楼梯一层平面图 1:50

2号楼梯顶层平面图 1:50

2号楼梯二层平面图 1:50

2号楼梯三层平面图 1:50

AT1	CT1	AT2
h=160	h=120	h=120
Hs=150×17=2550	Hs=150×11=1650	Hs=150×13=1950
上主筋φ10@150	上主筋φ8@150	上主筋φ8@150
下主筋φ12@150	下主筋φ10@150	下主筋φ10@150

PTB1	PTB2	TL1
h=120	h=100	200×400
B:X&Yφ10@200	B:X&Yφ8@200	φ8@200(2)
T:X&Yφ8@200	T:X&Yφ8@200	2⊈16; 3⊈18

TL2	TL3
200×400	200×400
φ10@100/200(2)	φ10@100(2)
2⊈18; 2⊈18	2⊈16; 2⊈16

TZ1
200×300
6⊈16
φ10@100
柱标高：-0.100~10.020

TZ1

2号楼梯2-2 剖面图 1:150

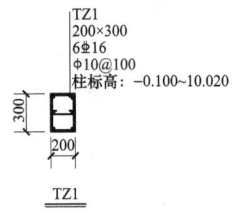

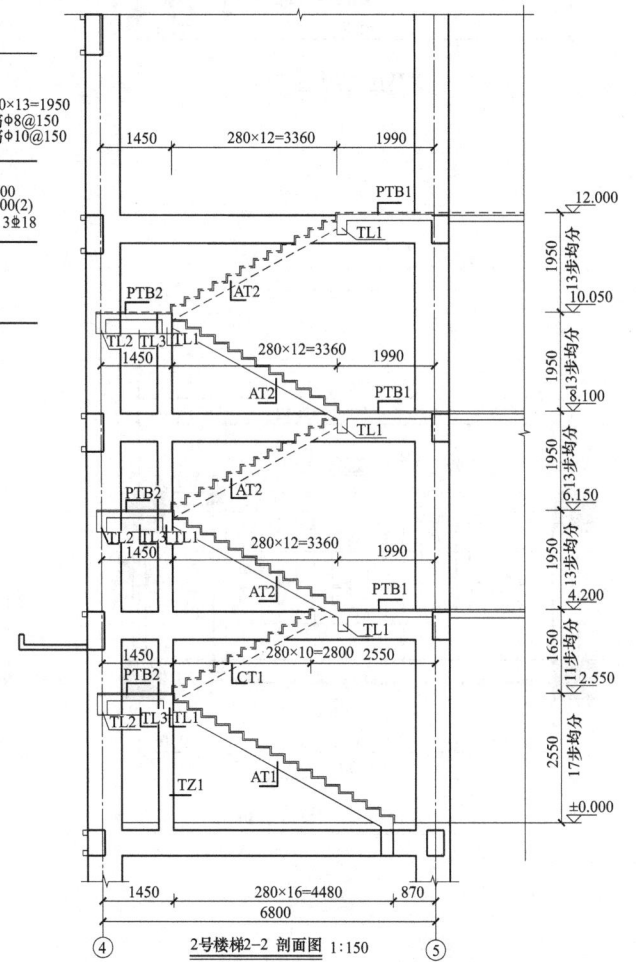

说明：
1. 楼梯梯板分布钢筋φ8@200。
2. 采用平法表示，详细构造见图集 11G101—2。
3. 楼梯栏杆及埋件见建筑图。
4. 图中所示标高为建筑标高，建筑面层为30mm。
5. 楼梯上下铁均通长布置。

工程名称	某社区服务中心工程	图名	2号楼梯详图	日 期	
子 项				图 号	结施-17

图3-52　2号楼梯详图

135

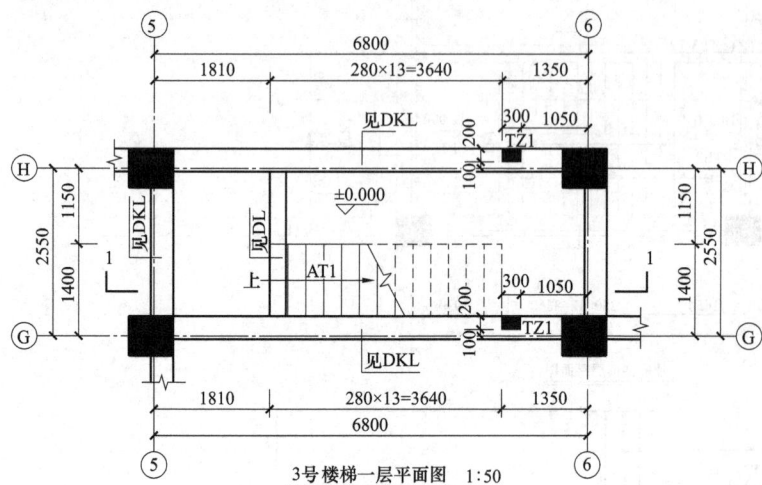

3号楼梯一层平面图 1:50

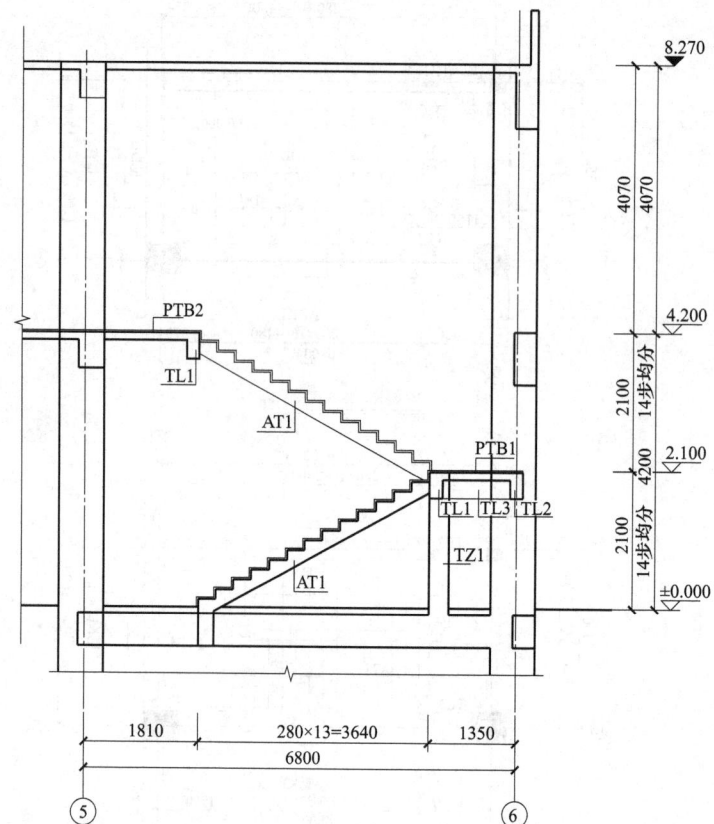

3号楼梯3—3剖面图 1:50

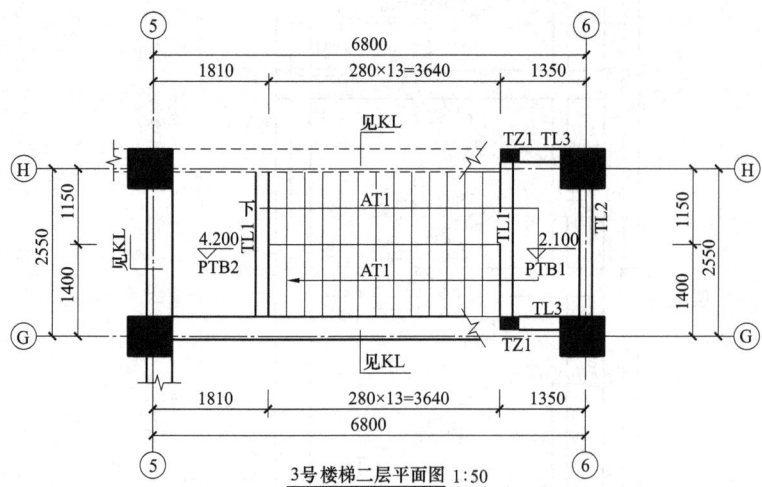

3号楼梯二层平面图 1:50

AT1 h=130 Hs=150×14=2100 上主筋φ8@150 下主筋φ10@150	PTB1 h=100 B:X&Yφ8@200 T:X&Yφ8@200	PTB2 h=120 B:X&Yφ10@200 T:X&Yφ8@200
TL1 200×400 φ8@200(2) 2Φ16; 2Φ16	TL2 200×400 φ10@100/200(2) 2Φ16; 2Φ16	TL3 200×400 φ10@100(2) 2Φ16; 2Φ16

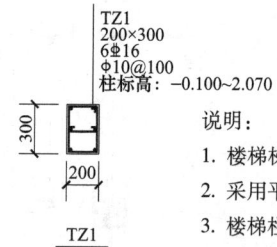

TZ1
200×300
6Φ16
Φ10@100
柱标高：−0.100~2.070

TZ1

说明：

1. 楼梯梯板分布钢筋φ8@200。

2. 采用平法表示，详细构造见图集11G101-2。

3. 楼梯栏杆及埋件见建筑图。

4. 图中所示标高为建筑标高，建筑面层为30mm。

5. 楼梯上下铁均通长布置。

工程名称	某社区服务中心工程	图名	3号楼梯详图	日期	
子项				图号	结施-18

图 3-53 3 号楼梯详图

第三章　工程实例：
某社区服务中心工程结构施工图

全国新华书店、书城、当当网、
亚马逊、京东商城有售

中国电力出版社官方微信　　掌上电力书屋

ISBN 978-7-5123-8703-4

9 787512 387034 >

定价：39.80 元

上架建议：建筑结构/建筑施工